台股
研究室

36種投資模型操作
績效總體檢!

序

　　作者曾在 2013 年出版「台灣股市何種選股模型行得通？」一書，回測期間從 1997/1/1 ～ 2009/9/30，長達 12.75 年。該書採用線上回測（on-line），即使用一套回測軟體進行回測，缺點是其中有些假設可能有誤差，且資料中可能有來自財報重編（restate）的先視偏差（look-ahead bias）。

　　10 年過去了，市場的投資風格或許已有所變化，因此本書重新回測了一次，回測期間從 2008 到 2019 年，長達 12 年。此外，這本書採用離線回測（off-line），即下載歷史資料到試算表軟體進行回測，可以克服上述問題。雖然這種方法仍可能有一些不精確，例如本書模擬回測時，使用第 t 季的財報來選股，是假設在第 t＋2 季交易股票。交易價格使用第 t＋2 季的開盤價。實際上，第一季（Q1）財報規定 5/15 前公布，因此並不需要到第 t＋2 季開始才能交易股票，但這種誤差是偏保守誤差，即它可能會低估而不會高估選股的效果。

　　本書將上述回測實證成果編輯成下列各章（下圖）：

- 單因子選股模型：第 4~12 章回測 7 種單因子模型與其總結。
- 多因子選股模型：第 13~17 章回測多因子模型與其總結。
- 選股模型操作參數與操作策略：第 18~19 章回測操作參數與操作策略的影響。
- 選股模型最佳化與可靠性：第 20 章優化選股模型的權重組合與操作參數，第 21 章分析選股模型之績效的縱向（時間軸）不確定性與橫向（投組內）不確定性。

　　本書的目的在於協助投資人提升 IQ 與 EQ，以培養年化報酬率 15%以上的實力。每一章的結尾都有一節簡明的「對投資人的啟發」總結選股模型的回測結果，以充實投資人的專業知識（IQ）；最後以專章探討選股模型績效的縱向（時間軸）不確定性與橫向（投組內）不確定性，讓投資人徹底認識選股模型的普遍性與不確定性，進而培養出使用選股模型的信心與耐心（EQ）。

葉怡成

於淡江大學

2020/4/10

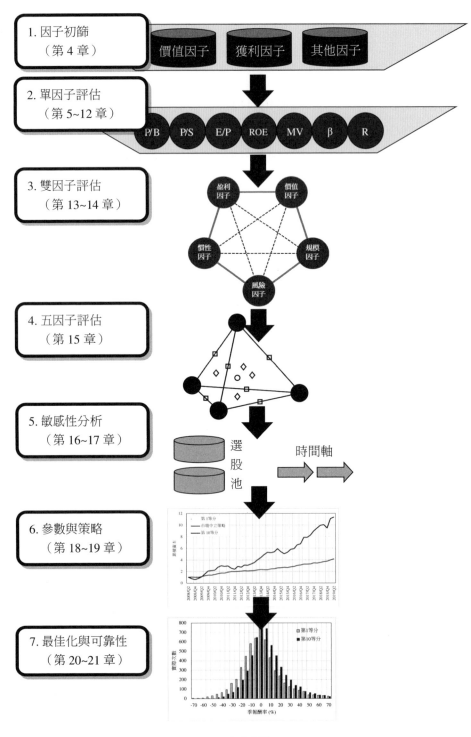

1. 因子初篩
（第 4 章）

價值因子　獲利因子　其他因子

2. 單因子評估
（第 5~12 章）

P/B　P/S　E/P　ROE　MV　β　R

3. 雙因子評估
（第 13~14 章）

盈利因子　價值因子　慣性因子　規模因子　風險因子

4. 五因子評估
（第 15 章）

5. 敏感性分析
（第 16~17 章）

選股池　時間軸

6. 參數與策略
（第 18~19 章）

7. 最佳化與可靠性
（第 20~21 章）

本書大綱

符號表

alpha（α）	超額報酬 α（excess returns）
beta（β）	系統風險 β（system risk）
B/P（或 BPR）	淨值股價比（book value-to-price ratio）
B（或 BVPS）	每股淨值（book value per share）
E/P（或 EPR）	益本比（earnings-to-price ratio）
E（或 EPS）	每股盈餘（earnings per share）
MV	總市值（market value）
P	股價（price）
P/B（或 PB, PBR）	股價淨值比（price-to-book value ratio）
P/E（或 PE, PER）	本益比（price-to-earnings ratio）
P/S	股價營收比（price-to-sale ratio）
R	報酬率（return）
ROA	資產報酬率（return on asset）
ROE	股東權益報酬率（return on equity）
sigma（σ）	標準差（standard deviation）

目錄

第一章　為何需要選股模型？

1-1 為何投資策略如此重要？年化報酬率 15%的魔力

　　投資人都知道投資策略很重要，因為好的策略可以帶來較高的報酬，但到底有多重要？假定您每年投資 12 萬，30 年後會有多少？假設您的年報酬率分別是 0%、1%、2%、5%、10%、12%、15%、20%與 30%，其差別如表 1 與圖 1 及圖 2。只要能把年報酬率從 5%（這是大部分股市投資人賺得到的報酬率）提升到 15%（這是本書設定的目標報酬率），30 年後的終值就可從 797 萬提升到 5,217 萬，多賺了 4,420 萬，很重要吧！

　　台灣股市的年化報酬率約 8%。假設有一種方法年化報酬率 15%，那麼差距有多大呢？假定您每年投資 12 萬元：

　　10 年：174 萬 vs 244 萬（1.4 倍，有差嗎？）

年報酬率	評論	終值
0%	很遜	360 萬
1%	相當於定存	417 萬
2%	略高於定存	487 萬
5%	相當於大盤	797 萬
10%	略高於大盤	1,974 萬
15%	股市達人	5,217 萬
20%	接近巴菲特	14,183 萬
25%	巴菲特	38,726 萬
30%	超越巴菲特	104,760 萬

表 1 不同年報酬率的 30 年差距
資料來源：作者整理

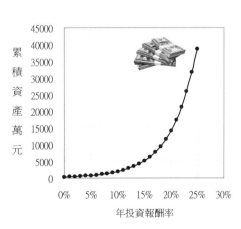

圖 1 年存 12 萬，30 年後有多少萬？
資料來源：作者整理

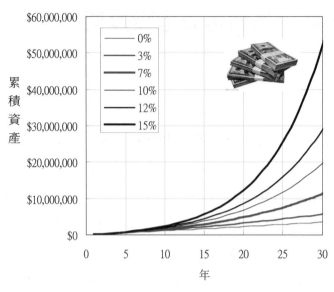

圖 2 年存 12 萬的財富累積速度
資料來源：作者整理

20 年：549 萬 vs 1,229 萬（2.2 倍，有差！）

30 年：1,359 萬 vs 5,217 萬（3.8 倍，差不少。）

40 年：3,109 萬 vs 21,349 萬（6.9 倍，差很大！）

50 年：6,885 萬 vs 86,613 萬（12.6 倍，驚人吧！）

　　提升股票投資績效有選股（stock-picking）與擇時（market-timing）這兩個方法，但股市歷史的教訓告訴我們，在長跑中選股勝過擇時。原因很簡單：股市是「長期向上，但過程有劇烈起伏」，因此如果採用選股策略，所選股票的漲幅高於大盤，則不但可以賺到股市「長期向上」的約 7% 的年報酬率，還可以賺到選股策略的超額報酬率 3%~8% 的年報酬率。

　　如果採用擇時策略，則可以利用股市「過程有劇烈起伏」的特性，在股市低點進場買進，高點退場賣出，但許多不可預期的事件衝擊股市，造成看似低點非低點，看似高點又非高點，低買高賣的企圖往往得到高買低賣的結果，績效反而可能比大盤還差。

要利用股市「長期向上」的特性，只要有耐心就可以了，但要利用股市「過程有劇烈起伏」的特性，則需要有預見未來的超凡能力。例如 2020 年 3 月初，因新冠肺炎危機，美國股市今天可以大跌跌到啟動停止交易機制，明天卻也可以大漲漲到啟動停止交易機制，有誰能掌握高點、低點呢？

　　但長期來看，股市「長期向上」的特性是極其明確的，例如 2008~2009 年的金融海嘯，道瓊指數的低點發生在 2009 年 3 月初（約 6,600 多點），前一個高點是發生在 2007 年 10 月（約 14,000 多點），短短一年半不到，大約跌了 52%。

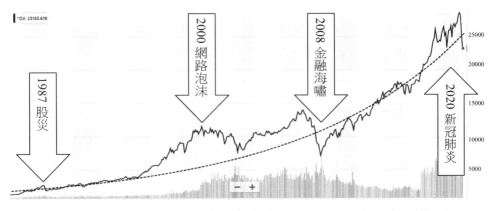

圖 3（a）美國 1985~2020 年初的道瓊指數（虛線為以 8.3%固定成長曲線）：線性尺度

資料來源：作者整理

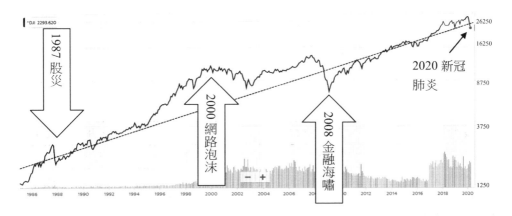

圖 3（b）美國 1985~2020 年初的道瓊指數（虛線為以 8.3%固定成長曲線）：對數尺度

資料來源：作者整理

2020 年的新冠肺炎危機，道瓊指數從 2020 年 2 月的高點（約 29,000 多點），到 2020 年 3 月 14 日（約 21,000 多點），才一個月左右的時間，大約跌了 28%。但把時間拉長，上述兩個高點之間的 12 年多漲幅約 107%，兩個低點之間的 11 年漲幅約 218%，兩者年化報酬率分別為 6% 與 11%。可見只要有耐心就可以好好利用股市「長期向上」的特性，賺取市場報酬率，如果再配合成功的選股策略，產生超額報酬率，兩者合計就可以創造可觀的股票投資報酬率。例如圖 3（a）與圖 3（b）是美國 1985~2020 年初的 35 年內的道瓊指數的**線性尺度與對數尺度**[1]。虛線則為以 8.3% 固定成長的曲線，可見實際指數與固定成長的曲線相當匹配，指數長期而言不會偏離此線太多，但過程起伏不定。也就是長期而言，從道瓊指數來看，美國股市提供了大約 8.3% 的年化報酬率。

為了讓讀者瞭解選股的重要性，在此以三個具有代表性的台灣股市的「季」資料來說明。表 2 與圖 4（a）、圖 4（b）、圖 4（c）顯示：

- **平盤的季**：雖然 2006/Q3 這一季的個股季報酬率中位數為 0.9%，很接近 0%，但個股季報酬率的分布很廣，多數股票分布在（-20% ~ 20%）之間。
- **大漲的季**：雖然 2006/Q4 這一季的個股季報酬率中位數高達 28.5%，大部分股票報酬率為正，但也有不少為負。標準差高達 38.9%。
- **大跌的季**：2008/Q3 這一季是 2008 年金融海嘯的初期，雖然這一季的個股季報酬率中位數低到 -29.3%，大部分股票報酬率為負，但也有不少為正。

從上面的例子可以看出股市變幻莫測，選股十分重要。

本書的目的在於給投資人一套可靠的選股模型，讓投資人在變幻莫測的股市不

個股季報酬率	平盤的季 2006/Q3	大漲的季 2006/Q4	大跌的季 2008/Q3
中位數	0.9%	28.5%	-29.3%
平均值	2.7%	37.9%	-27.6%
標準差	17.2%	38.9%	15.3%

表 2 三個具有代表性的「季」資料的個股季報酬統計
資料來源：作者整理

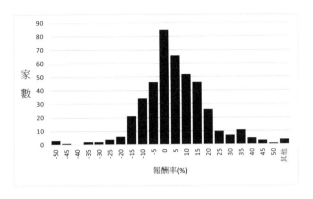

圖 4（a）台灣股市平盤的季（2006/Q3）的個股季報酬率分布
資料來源：作者整理

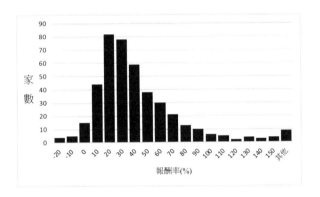

圖 4（b）台灣股市大漲的季（2006/Q4）的個股季報酬率分布
資料來源：作者整理

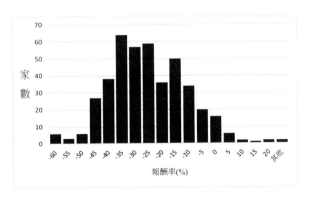

圖 4（c）台灣股市大跌的季（2008/Q3）的個股季報酬率分布
資料來源：作者整理

再徬徨。要知道哪一個選股模型在台灣股市行得通，唯一的方法就是實驗。但我們不可能回到過去去買賣股票做實驗，唯一的辦法是用股市歷史資料庫，以電腦模擬的方式去買賣股票做實驗，以評估選股模型的績效，這就所謂的「回測」（backtest）。為什麼本書敢把目標年報酬率設定為 15%？這不是隨便說說而已，而是建立在上百個不同選股模型在不同操作參數下，在股票交易歷史資料庫上模擬交易的回測之績效數據上。這些績效數據經過統計分析後，產生了許多可靠的有用選股模型與操作參數的經驗法則。這些經驗法則引導我們發現最佳的選股模型與操作參數。因此，我們的信心是建立在有系統的謹慎回測實證的堅實基礎上。讀者讀此書就是在閱讀這數千次回測得到的**金融智慧**（Financial Intelligence）[2]。本書將儘可能做到「有幾分證據講幾分話」這個基本原則。

1-2 台股簡史（1961~2020 年）：長期向上，但過程有劇烈起伏

台灣股市在 1961 年建立。在 1989 年首次破萬點，股市一片榮景，全民瘋股票。投資人都上看 2 萬點，甚至 3 萬點。但非理性投機終究難逃崩盤的命運，股價指數在不到一年的時間內跌破 3 千點。一直到 8 年後，1997 年才第二次破萬點，再過 3 年後，2000 年第三次破萬點。之後隔了 18 年，一直到 2018 年底才再次突破萬點關卡。

如果把時間軸拉近來看，台灣股市 2003~2020 年初股價加權指數如圖 5（a），可見波動十分劇烈。特別是在 2008 年下半年金融海嘯造成的崩盤，以及在 2009 年上半年的大反彈。短短半年之內分別跌幅近 50%，與漲幅近 100%。

因為投資人除了賺價差，還有股利收益，因此「發行量加權股價指數」會低估投資人實際的總獲利。為了解決這個問題，證交所開發了「發行量加權股價報酬指數」來反應投資人的獲利。圖 5（b）顯示，在 2003 年初此指數與傳統的股價指數都是 4 千多點，但到了 2020 年，傳統的股價指數約 12,000 點，而股價報酬指數已高達約 22,000 點，前者與後者的年化報酬率分別為 5.7%與 9.6%。兩者之比

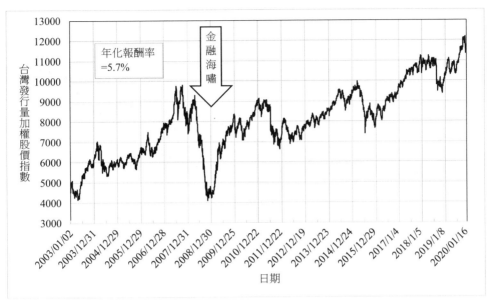

圖 5（a）2003~2020 年台灣發行量加權股價指數
資料來源：作者整理

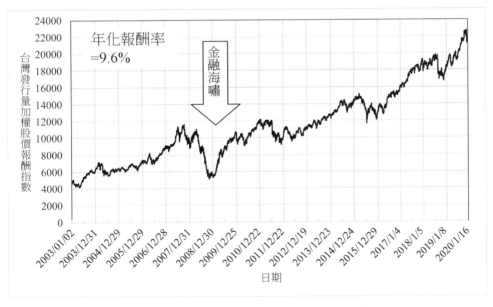

圖 5（b）2003~2020 年台灣發行量加權股價報酬指數
資料來源：作者整理

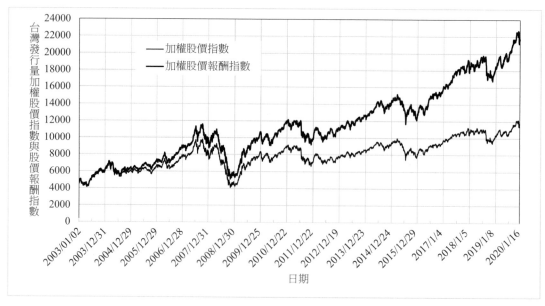

圖 6 2003~2020 年台灣發行量加權股價指數與加權股價報酬指數之比較

資料來源：作者整理

較如圖 6，可見兩者接近同步起伏。

　　綜觀台灣股市歷史，「長期向上，但過程有劇烈起伏」是很貼切的形容詞。第一個超級泡沫在 1990 年破掉後，不到一年的時間，從 1 萬 2 千多點跌到 2 千 5 百點，這在全世界來看也屬罕見。另兩次超級股災，當推 2000 年的網路泡沫與 2008 年的金融海嘯，不過這兩次都是世界性的股災，台灣股市自然很難倖免。

1-3 衡量投資績效的兩類指標：報酬與風險

　　一般而言，可以用來衡量投資組合績效的項目主要有報酬與風險兩類。由於投資人對投資風險的接受程度不同、資金規模不同，因此對各項投資組合績效的重視程度自然也不同。例如，當投資人對風險接受程度較高時，報酬可能是較優先考慮的績效指標；而當投資人對風險接受程度較低時，風險可能是較優先考慮的績效指標。

1. 報酬

報酬率平均值表示一長段投資期間內，各單位時間內（例如一季）的報酬率之平均值。報酬率實際上是一個隨機變數，需用期望值與標準差來表達。當各期的報酬率 R 已知，其報酬的平均值的衡量有兩個方式：

(1) 算術平均值 $= (R_1 + R_2 + \cdots + R_n) / n$

(2) 幾何平均值＝複利報酬率 $= \sqrt[n]{(1+R_1)(1+R_2)\cdots(1+R_n)} - 1$

衡量報酬率時要注意：

- 算術平均值通常略大於幾何平均值。

- 一般未特別註明時，年報酬率是指「算術平均值」，年化報酬率是指「幾何平均值」。

- 注意不可以用下式衡量報酬率的算術平均值，因為此值將嚴重高估。

  $\left(\dfrac{P_n - P_0}{P_0}\right) / n$，其中 $P_n =$ 期末資產價值，$P_0 =$ 期初資產價值。

- 實際的報酬必須考慮購買力，因此還需扣除通膨的影響。令 $r =$ 實際報酬率（扣除通膨影響的報酬率）；$R =$ 名目報酬率（未扣除通膨影響的報酬率）；$i =$ 通膨率，則

  $1 + r = \dfrac{1+R}{1+i}$，故 $1 + r + i + ir = 1 + R$

  因 ir 經常很小，接近 0，故可推得 $r \approx R - i$

2. 風險

證券投資風險是指投資者在證券投資過程中遭受損失或達不到預期收益率的可能性。簡言之，風險的定義是「報酬的不確定性」。證券投資風險就其性質而言，可分為系統性風險和非系統性風險。證券投資的總風險是系統風險和非系統風險的總和。風險的衡量通常以報酬率的標準差表達：

$s = \sqrt{\dfrac{\sum (X_i - \overline{X})^2}{n-1}}$，其中 $\overline{X}$ 樣本平均值

標準差越大代表隨機變數的分布越寬。從投資人的觀點來看，報酬率的標準差越大，代表報酬率的分布越寬，不確定性越大，風險也越大。

3. 台灣股市報酬與風險的歷史

圖 7 是 2004~2019 年這段期間的年報酬率統計：

算術平均值＝11.4%，

幾何平均值＝8.5%，

最小值＝-43.1%

最大值＝83.3%

標準差＝26.1%

幾何平均值的 8.5%低於算術平均值的 11.4%。幾何平均值代表複利報酬率，因此我們可以說這段期間的「年化報酬率」為 8.5%，遠大於定存利率。但是投資人也得忍受高達 26.1%的標準差。平均值加減二倍標準差的機率約 95%，因此每 20 年發生一次偏離平均值 52.2%的事件是相當自然的現象，因此可以說股市存在這巨大的風險或機會。

年度	報酬率（%）
93 年（2004）	7.6
94 年（2005）	10.9
95 年（2006）	24.4
96 年（2007）	12.5
97 年（2008）	-43.1
98 年（2009）	83.3
99 年（2010）	13.6
100 年（2011）	-18.0
101 年（2012）	12.9
102 年（2013）	15.1
103 年（2014）	11.4
104 年（2015）	-6.9
105 年（2016）	15.6
106 年（2017）	19.5
107 年（2018）	-4.8
108 年（2019）	28.9

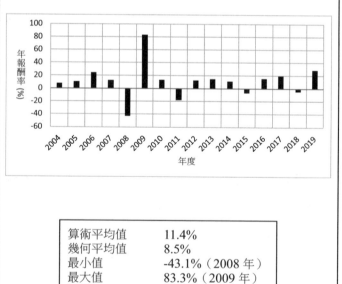

算術平均值	11.4%
幾何平均值	8.5%
最小值	-43.1%（2008 年）
最大值	83.3%（2009 年）
標準差	26.1%

圖 7 台灣 2004~2019 年的年報酬率統計　資料來源：作者整理

1-4 提升投資績效的兩個方法：選股與擇時

股市是一國經濟的櫥窗，台灣股市創建初期只有 42 家公司，至今上市上櫃合計已有一千多家。而加權股價指數也從開始的近百點攀升，在台股將近 60 年的歷史中，曾經 4 次突破萬點，使投資股票成為一種全民運動。投資人為了追求更高的報酬，無不努力尋找出一套可以有效提高投資報酬的方法。

提升股票投資績效有選股與擇時這兩個方法，雖然都可能提高投資績效，但兩者的本質有明顯差異：

· 選股（stock selection）（參閱圖 8）

是指股票買賣標的物的抉擇。例如挑選本益比低的股票買進。透過選股使投資組合（以下簡稱投組）無論在多頭或空頭，其績效都比大盤績效高，逐漸拉開與大盤的差距。選股模型的優點是無論多頭或空頭，績效都經常比大盤高，缺點是會隨大盤劇烈波動，因此在空頭時期，即使績效高於大盤，但績效仍可能處於虧損的狀態。

· 擇時（market timing）（參閱圖 9）

是指股票買賣時間點的抉擇。例如選擇在股價指數由下向上突破指數季移動平均線（季線）時，買進股票；由上向下突破季線時，賣出股票。透過擇時使投組能避過空頭時期，參與多頭時期，逐漸拉開與大盤的差距。擇時模型的優點是經常可以避過下跌期，但缺點是持有期績效只與大盤相同。

圖 10 與圖 11 是選股與擇時模型在台灣股市實證的兩個典型實例，雖然兩者都可提高投資績效，但兩者的本質有明顯差異。選股模型會在多頭賺得多，空頭賠得少，但累積報酬率會隨大盤劇烈波動。圖 10 顯示，在網路泡沫、金融海嘯時期，選股模型一樣會虧損，但在其後的反彈期，漲幅比大盤高。

相反地，擇時模型會在多頭時持有股票，漲幅同大盤一樣高；在空頭時出清股票，避開虧損。因此累積報酬率像爬樓梯一樣，呈現階梯狀，即在持有股票時，累積報酬率是與大盤漲跌方向相同的斜坡；在出清股票時，累積報酬率是水平線（不賺不賠）。圖 11 顯示，在網路泡沫、金融海嘯時期的初期，擇時模型即偵測到空

頭訊息而出清股票，因此只在初期有虧損，避過大部分的下跌期；在反彈期的初期即偵測到多頭訊息而買入股票，因此只錯過反彈的初期，參與大部分的反彈期。

為結合選股模型與擇時模型兩者的優點，即持有期績效比大盤高，且避過下跌期，以進一步提高投資績效，降低投資風險，可整合選股模型與擇時模型為一個「選股擇時複合模型」。不過這難度很高，並不適合一般投資人。

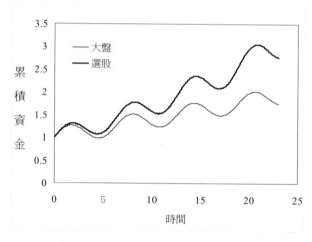

圖 8 選股（stock selection）提高投資績效
資料來源：作者整理

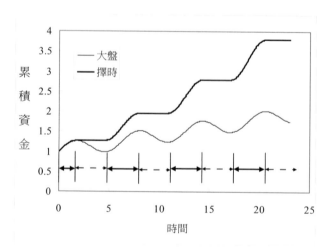

圖 9 擇時（market timing）提高投資績效
資料來源：作者整理

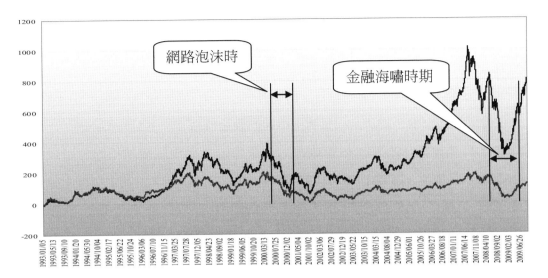

圖 10 選股模型在台股的績效典型案例（縱軸是累積報酬率，金融海嘯時期有虧損）

資料來源：作者整理

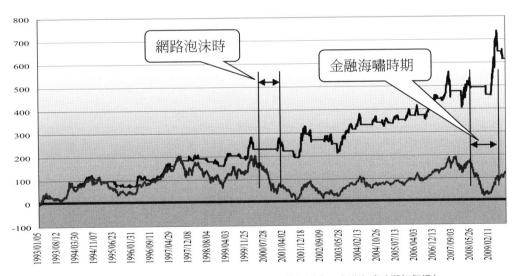

圖 11 擇時模型在台股的績效典型案例（縱軸是累積報酬率，金融海嘯時期無虧損）

資料來源：作者整理

1-5 股市歷史的教訓：在長跑中選股勝過擇時

投資人或許會問，本書為何不討論如何擇時（market timing）？除了本書篇幅有限，擇時需要另外一本書來介紹以外，原因包括：

1. 擇時績效不如選股

依據國外的經驗，投資人如果採用單純的選股模型（只選股而不擇時），即永遠作多，只是定期（每年、每季或每月）選股並交易，組成新投組，可以提升 5~10% 的年報酬率。如果採用單純的擇時模型（只擇時而不選股），即永遠只買賣像 ETF 之類的一籃子股票，但會根據技術指標作多或退場，只可以提升 3~5% 的年報酬率。假設大盤的報酬率為 5%，選股模型與擇時模型分別可以提升 10% 與 5% 的年報酬率，假定您每年投資 12 萬，30 年後終值分別為選股模型 5,217 萬與擇時模型 1,974 萬，選股遠勝擇時。

2. 擇時費時超過選股

選股只要每月或每季操作一次就夠了，但擇時需要至少以日為單位作出買賣決策，非常耗費心力，影響投資人的本業。因此，無法花費太多心力的投資人並不適合擇時操作。

3. 擇時執行難於選股

投資成功除了需要知識，也需要投資紀律。所謂的投資紀律是指投資人依照他／她的投資知識，在該買（賣）的時候買（賣）股票，該買（賣）什麼股票就買（賣）什麼股票。遵守投資紀律看似簡單，其實很難，特別是在執行擇時策略時更難。只選股不擇時之下，投資人只需定期作出買入、賣出什麼股票的決定，不需作出何時買入、何時賣出股票的決定，因此投資人不會受股市短期起伏而影響心情，自然較容易遵守投資紀律。只選股不擇時的策略雖然躲不過金融海嘯下跌期而虧損，但也不會錯過金融海嘯後的反彈期，錯失賺錢良機。擇時則不然，投資人必須作出何時買入、何時賣出股票的決定。由於投資人遇到多頭市場時容易變得貪婪，因此在技術指標出現明顯賣出訊號後，常無法果決地賣出股票；同樣地，遇到空頭市場時容易變得恐懼，因而在技術指標出現明顯買入訊號後，常無法勇敢地買入股

票。所以採取擇時策略的投資人經常無法遵守投資紀律，在該買（賣）的時候買（賣）股票。例如遇到網路泡沫、金融海嘯這種大空頭市場後，大多數投資人都會心靈受創，在技術指標出現明顯買入訊號後，無法達到「八方吹不動」的境界，鼓起餘勇買進股票。因此擇時策略在實務上經常因投資人不遵守投資紀律，錯失買入、賣出良機，無法發揮擇時的優點。

1-6 股票投資分析四構面：基本面、技術面、籌碼面、消息面

在傳統財務理論中的效率市場假說認為，投資者無法透過分析公開或未公開的資訊來獲取超額報酬。但實務上，還是有許多證券投資分析方法被廣泛使用，這些方法可分成四個面向：

1. 基本面分析

基本面分析是藉由研究影響股票本質的因子，來評估或預測證券價值，這些因子包含總體經濟、產業分析或是一家公司的財務報表和非財務資訊。例如政府法令的變革影響分析、人口結構的改變影響分析、供需之間的成長性預測、企業之間的競爭力比較、公司經營績效的分析…等。其中表現公司經營績效的財務報表是基本面分析的核心，例如本益比、股東權益報酬率等都是選股的重要因子。此一方法的代表人物有以價值投資著稱的證券分析之父，班傑明・葛拉漢（Benjamin Graham）及其傳人華倫・巴菲特（Warren Buffet）。

2. 技術面分析

技術面分析是藉由分析過去的股價及交易量，來預測價格的趨勢以決定買賣的時機。技術面分析相信「歷史會重演」，因此企圖藉由統計大量的過去的市場價量交易資料，找出典型的價量樣式，做為預測未來行情走勢的依據。例如移動平均線（季線、月線），常被用來做為決定買賣時機的依據。此一方法被投資人和金融專家們廣為使用，例如在外匯市場裡，技術面分析的使用要比基本面分析要來得廣泛。

3. 籌碼面分析

　　籌碼面分析是藉由觀察三大法人（外資、投信、自營商）進出市場情形，以及資券增減變化…等訊息，判斷主力與大戶的資金動向，藉此以研判後勢。當法人持續不斷的買進股票，且短時間內不會賣出，此時散戶如果早一點布局，有可能從波段操作中賺取利潤。但也有可能投資人後知後覺晚了一步，反而有成了抬轎人的可能。

4. 消息面分析

　　消息面分析是藉由收集來自網路、電子及平面媒體的消息，判斷整體市場或個別公司的股票行情。例如當網路上充斥「牛市」、「看多」、「多頭」這些關鍵字，有可能代表整體市場環境現況為多頭市場。但由於消息面是公開的資訊，所以往往市場早已反應，投資人得知時已經算是後知後覺，無法從消息中獲利。此外，消息面的資訊中可能充斥著蓄意誤導的利多、利空訊息，投資人可能因為被誤導反而有低於大盤的報酬。

　　上述四個構面以基本面分析、技術面分析最重要，簡述如下兩節。

1-6-1 基本面分析

　　在過去的研究中，常用來做為選股的因子可以分成六大類：

1. 價值因子

　　便宜股票的報酬率常高於昂貴股票。價值因子用來衡量股票的價格便宜或昂貴，例如**本益比（P/E）**[3]、**股價淨值比（P/B）**[4]、**股價營收比（P/S）**[5] 常被用來衡量股票是否便宜。這些比值越小，代表股票越便宜。

2. 獲利因子

　　賺錢能力強的公司的股票報酬率常高於賺錢能力弱的公司。獲利因子用來衡量公司的賺錢能力強弱，例如**股東權益報酬率（ROE）**[6] 常被用來衡量公司的賺錢能力。股東權益報酬率值越大，代表公司賺錢能力越強。

3. 規模因子

　　小型公司的股票報酬率常高於大型公司。規模因子用來衡量公司的大小，例如**總市值**[7] 常被用來衡量公司規模大小。

4. 風險因子

　　古典理論認為系統風險越大的股票報酬率越高。風險因子用來衡量股票的風險高低，例如 β 值可衡量系統風險的大小，它表示一段期間內股票（或投資組合）的漲跌百分比相對於市場的漲跌百分比的比值。如果個股的股價波動程度與整體股票市場的波動程度一致，那麼其 β 係數等於 1；如果大於市場，則 β 係數大於 1；如果小於市場，則 β 係數小於 1。

5. 慣性因子

　　慣性現象是指股票目前的報酬率越高，未來的報酬率越高的現象。反轉現象是指股票目前的報酬率越高，未來的報酬率越低的現象。股市中報酬率常存有短期反轉、中期慣性以及長期反轉的現象。慣性因子用來衡量股票的漲跌**趨勢**，例如週、季、三年報酬率分別可用來代表短期、中期、長期報酬率，做為預測未來報酬率的依據。

6. 流動性因子

　　流動性低的股票報酬率經常高於流動性高的股票。流動性因子用來衡量股票的流動性高低，例如月或季成交量常用來衡量股票的流動性。

　　依據對國際股市、台灣股市數十年來的回測結果發現，上述因子以**價值因子**與**獲利因子**最可靠。

1-6-2 技術面分析

　　擇時（market timing）是指股票買賣時間點的抉擇。傳統上，股票的擇時有兩個方法：

　　‧經濟面的方法：從總體經濟面的興衰變動來決定買賣時間點。

　　‧技術面的方法：從股市本身的價量波動及供需情勢變動來決定買賣時間點。

實務上，技術面的方法比經濟面的方法更常被用來擇時。

技術面分析是建立在「歷史性的行為必定會在未來重演」的假設上，也就是股市的價量及指數波動變化可能存在著某種規則性。技術面分析是研究過去金融市場的價量資訊的規則性，來預測價格的趨勢，進而決定買賣股票的時機。技術分析規則的產生有兩種方式：

- 個人主觀歸納：依個人經驗歸納，是較不科學的方法。
- 資料客觀歸納：使用統計分析來發現、驗證規則，是較科學的方法。

技術面分析的優點包括：

- 資料最為即時。
- 資料最為真實。

技術面分析的缺點是在使用統計分析來發現、驗證規則的過程中，可能發生**過度配適**（over-fitting）[8]，使得規則只有解釋過去結果的能力，而沒有預測未來的能力，簡單地說這些規則有可能只是「事後諸葛亮」。因此有很多學者反對使用此類分析，例如「漫步華爾街」一書，嘲諷技術面分析像是瞎子摸象。但學界亦有少數的支持者，例如「技術分析科學新義」一書。但無法否認很多實務界人士喜用此類分析方法之事實。

技術面分析方法大致可歸為兩大類：

1. 順勢系統

其理論基礎是**漲者恆漲、跌者恆跌**，即當漲或跌形成某一趨勢時，會持續一個波段。此類技術面分析專注於擷取長期間波段行情，因此在波段趨勢明顯時的表現往往較佳。雖然這類系統勝率雖不高，但經常大賺小賠，且交易頻率通常不會太高，交易成本較低，所以報酬率較佳。這類系統以**移動平均線**[9]為代表。

2. 擺盪系統

其理論基礎是**漲多必跌、跌多必漲**，即當股價短期漲或跌超過一個合理股價範圍時，終會回到合理範圍。此類技術面分析專注於擷取短期間的振盪高低點價差，因此在振盪盤整時期的表現往往較佳。雖然這類系統勝率較高，但經常小賺大賠，

且交易頻率過高，導致交易成本大增，侵蝕報酬率，所以報酬率較差。有時交易成本的增加甚至可能大於獲利的增加，反而得不償失。這類系統以**相對強弱指數**（RSI）[10] 等為代表。

上述兩類技術面分析方法的邏輯剛好相反，因此適用的情況也剛好相反：

‧順勢系統在「波段趨勢」時期表現較佳；

‧擺盪系統在「振盪盤整」時期表現較佳。

可惜的是我們很難判斷未來股價走勢會是「**波段趨勢**」[11]，還是「**振盪盤整**」[12]。

1-7 為何專家選股老是行不通？偏誤、貪婪、恐懼、自私

1-7-1 專家也是凡人

在金融市場上經常有許多專家幫我們操作的金融商品，例如各式各樣的共同基金。但為何經常有投資人抱怨這些專家操作的績效不怎麼樣呢？理由很簡單：「專家也是凡人」。這個事實造成三個問題：

1. 學習的偏誤

一個財金碩士即使歷經 5 年的實務磨練，也可能只經歷一個多頭或空頭市場。如果是多頭市場，他可能變得過度樂觀；反之，經歷的是空頭市場，他可能變得過度悲觀。其次，即使投資方法千百種，他也只能一次嘗試一種方法，學到的經驗其實很有限，如果他的方法正好在那時候有效，他可能高估那種方法的能耐；反之，低估其效果。

2. 貪婪與恐懼

專家跟我們一樣，抵抗不了貪婪與恐懼。如果沒有客觀的方法，而是以專業知識配合主觀判斷為主來操作，則在多頭時期會因為大賺而變得貪婪，股價已經漲到遠超過基本面了，早就沒有投資價值，仍然捨不得賣出；反過來在空頭時期會因為

大賠而變得恐懼，股價已經跌到遠超過基本面了，投資價值已經浮現，但還是不敢進場買進。貪婪與恐懼無疑會干擾專家的專業判斷。

3. 自私與代理人效應 [13]

專家跟我們一樣，也有七情六慾，當他們擔任代理人幫我們投資理財時，未必能 100% 為我們的利益服務，甚至有極少數不肖者坑殺投資人。只要看看全世界的政客（選民的代理人）的表現就知道什麼是自私與代理人效應了，能 100% 為選民的利益服務的政治人物如鳳毛麟角。

1-7-2 問題的處方─選股模型與投資紀律

為了克服前述問題，我們的處方如下：

1. 使用選股模型以消除學習的偏誤

透過股票交易歷史資料庫，我們可以對最近十數年的市場，回測上百種投資模型後，歸納出最佳的、最可靠的選股模型。由於歷史資料庫可以跨越多個多頭與空頭市場，因此產生的選股模型適用於多頭，也適用於空頭市場。其次，由於回測了上百種投資模型後，因此不至於遺漏最好的選股模型。

2. 遵守投資紀律以消除貪婪與恐懼

選股模型沒有感情，不知何謂貪婪、何謂恐懼。但是市場詭譎多變，選股模型產生的投資組合（以下簡稱投組）的績效並非在任何期間都能打敗大盤，也不是投組內的每個股票都能打敗大盤，自然會引起投資人貪婪與恐懼的情緒波動，因而未能依照選股模型的選股組成投組，造成無法達到應有的投資績效。因此有了選股模型還是不夠，投資人還必須遵守投資紀律，即長期投資（至少 3 年以上，即連續 3 年，每季或每月定期選股並交易，組成新投組）以減少市場的不確定性，以及多元分散投資（至少平均分配資金持有 10~20 種股票）以減少個股的不確定性。

3. 使用選股模型以消除自私與代理人效應

投資人自己根據選股模型來投資，自然不需要專家來代理，當然沒有代理人效應。你也可以這樣想，選股模型沒有七情六慾，當「選股模型」擔任代理人幫我們

投資理財時，一定會 100%為我們的利益服務。

1-8 選股模型的國外實證經驗：年化報酬率 15%是可能的

1-8-1 James O'Shaughnessy 的實證

投資專家詹姆斯（James O'Shaughnessy）寫了一本選股模型的經典之作《What Works on Wall Street》（中譯本：《華爾街股市投資經典》），主張股市並非隨機，許多選股因子都可以提升報酬率。他的回測模式如下：

- 股票樣本：所有 Compustat 資料庫上的美國上市股票，包含下市個股，但排除市值太小的股票（大約有一半股票被選入**候選樣本** [14]）。為探討選股因子在大型股是否也具有選股能力，這本書也測試了大型股（大約有 16%股票被選入候選樣本）。

- 投組股數：採十等分法形成投組，故為 10%。

- 投組組成：個股相同權重，即分配相同比例的資金買入入選的股票。

- 回測期間：1950~2003 年，共 52 年間的股市資料。

- 交易週期：每年年底決定選股標的，於隔年第一個交易日交易，持有一年。為了消除**先視偏差** [15]，財報資料使用 11 個月前的資料。

- 交易成本：每年只交易一次，交易成本很低，因此未考慮。

- 交易策略：作多交易策略。

- 買入規則：採十等分法形成投組，故每個選股因子各回測 10 次。每次回測，買入依選股因子排序後分在特定等分的個股，形成投組。

- 賣出規則：賣出所有不滿足買入規則的股票。

結果顯示：

- **全部股** [16]：**單因子模型** [17] 的最高年化報酬率最高約 17.5%，**多因子模型** [18] 最高約 24%。同期市場上的全體全部股約 13%，因此單因子、多因子模型

超越大盤報酬率最多約 4.5%與 11%。

- **大型股** [19]：單因子模型的最高年化報酬率最高約 16.7%。同期市場上的全體大型股 11.7%，因此單因子模型超越全體大型股報酬率最多約 5.0%。

詹姆斯認為「股市並非隨機」，選股肯定影響投資績效，並提出八個忠告：

1. 只使用經過實證的選股模型：實踐是檢驗真理的唯一標準（至少投資領域是如此）。

2. 只使用簡單明白的選股模型：簡單的模型才能避免資料操弄偏差的陷阱。

3. 多採用基本財務因子的模型：買股票即當股東，股東的獲利來自公司的財務績效。

4. 可以考慮使用多因子的模型：結合獲利因子與價值因子選股會產生明顯的「綜效」。

5. 可以考慮使用多個選股模型：使用多個選股模型可以進一步消散個別模型的風險。

6. 長期持續使用相同選股模型：市場均值回歸會使短期表現不佳的好模型恢復榮光。

7. 不要使用高風險的選股模型：風險不能太高，投資人才容易遵守投資紀律、持續投資。

8. 忽略短期起伏遵守投資紀律：實證告訴我們股市是長期向上，中有起伏。理論告訴我們市場不會永遠理性，但終究要回歸理性。無論多頭或空頭時期都使用選股模型，持續投資才能成為贏家。

1-8-2 Richard Tortoriello 的實證

投資專家 Richard Tortoriello 也寫了一本選股模型大作《Quantitative Strategies for Achieving Alpha》，他也使用 Compustat 資料庫，但更重視消除先視偏差（look-ahead bias）以及**財報重編**（restate）[20] 造成的影響，因此使用 Compustat Point in Time 資料庫。該資料庫的所有資料都有明確的取得時間，可

徹底消除先視偏差的影響。他的回測模式如下：

- 股票樣本：所有 Compustat 上的美國上市股票，包含下市個股。
- 投組股數：採五等分法形成投組，故為 20%。
- 投組組成：個股相同權重。
- 回測期間：1987～2006，共 20 年間的股市資料。
- 交易週期：每年年底決定選股標的，於隔年第一個交易日交易，持有一年。
- 交易成本：每年只交易一次，交易成本很低，因此未考慮。
- 交易策略：作多交易策略。
- 買入規則：（1）單因子模型：採五等分法形成投組，故每個選股因子各回測 5 次。每次回測，買入依選股因子排序後分在特定等分的個股，形成投組。（2）多因子模型：採條件篩選法，只有所有條件都符合才會列在買入名單中。
- 賣出規則：賣出所有不滿足買入規則的股票。

結果顯示，單因子、多因子模型超越大盤報酬率最高約 6%與 10%，和詹姆斯的單因子、多因子模的 4.5%與 11%相較，差異不大，算是英雄所見略同。

1-8-3 中國股市的實證

投資分析師邱小平發表了一篇研究報告「基於財務、估值與動量指標的量化選股策略—Tortoriello 量化選股策略在中國股市中的實現」，算是上述《Quantitative Strategies for Achieving Alpha》這本書的中國版。他回測了 2004～2011 年全部 A 股上市公司，結論是：

- 單因子模型：最好的單因子都是估值因子（即本書的價值因子）與盈利因子（即本書的獲利因子），其他單因子的效果都不佳。
- 雙因子模型：結合一個估值因子與一個盈利因子的雙因子模型，無論是報酬或風險都優於單因子模型。
- 三因子模型：結合三個因子的三因子模型中表現最好的模型無論是報酬或風

險都優於最好的雙因子模型，三個因子中都至少含一個估值因子與一個盈利因子。

1-9 選股模型的限制：為何不是每個人都能達成回測的報酬率？

國外與本書的回測結果都顯示，許多選股模型都可以達到 15%，甚至 20%以上的年化報酬率。既然選股模型的回測報酬率如此高，為什麼並非每一位投資人都能達成回測所能達到的報酬率？幾個可能的原因如下：

1. 選股模型績效的穩健性

過去有效的選股模型，未來未必有效。但本書的許多高報酬選股模型都被證明具有長期穩健性，因此穩健性並非使投資人無法達成回測報酬率的重要原因。

2. 交易時交易成本的侵蝕

選股模型的回測實證告訴我們，交易週期越短，報酬率越高，但扣掉交易成本後，太短的交易週期，報酬率反而降低。不過因為本書的回測採每季交易一次，因此交易成本不是使投資人無法達成回測所能達到的報酬率的重要原因。

3. 投資組合績效的計算方式

本書以「個股相同權重」進行回測，然而「個股相同權重」年化報酬率大多比「市值比重權重」高。市值比重權重是指依照公司市值的大小比例分配資金買入入選的股票。實務上，大型投資人因資金太多，可能無法以「個股相同權重」構成投資組合，因此無法達到上述年化報酬率。但對以大型股為選股池而言，用個股相同權重組成投資組合並不困難。本書的回測均分成全部股、大型股二種，分別適合一般投資人與大型投資人，因此投資組合的組成方式並不是使投資人無法達成回測報酬率的重要原因。

4. 交易時流動性的限制

財報的公布日與財報要表達的時期有時間落差，例如一般上市櫃公司財報公布時間：

第一季（Q1）財報：5/15 前

第二季（Q2）財報：8/14 前

第三季（Q3）財報：11/14 前

第四季（Q4）財報及年報：隔年 3/31 前

也就是第 1~3 季約延遲半季才公布，第 4 季約延遲一季才公布。因此本書模擬回測時，使用第 t 季的財報來選股，但不是在假設第 t＋1 季交易股票，而是假設在第 t＋2 季交易股票。交易價格使用第 t＋2 季的開盤價。然而在現實的世界中，如果買賣的股票交易值小，投資人分配在該股的資金卻很巨大時，有可能無法在一天之內重組投資組合，或者買入、賣出股票的成交價可能分別高於、低於資料庫中儲存的隔日開盤價，無法以季初開盤價完成交易。

此外，模擬回測時，假設投資人的買賣行為不會對股票價格產生影響，投資人為價格接受者。由於回測使用的歷史價格是當時買賣雙方的均衡結果，而回測的買賣是「額外」的買賣，因此在現實世界中有可能影響股價，特別是流動性差的股票。對於機構和其他大型投資者，股票交易時的價格衝擊，即所謂的滑價（slippage），往往是交易成本的最大組成部分。滑價的定義是「買賣的價格跟你預期掛單的價位不同，只要實際成交的價位跟你第一次想掛單的價位不同都叫做滑價」。滑價通常發生在價格波動劇烈或者交易量小的股票身上。因為大型股較少發生滑價，為了避免滑價的影響，本書的所有回測過程除了對「全部股」回測外，也對「大型股」（市值最大的前 20%股票）再回測一次。本書的回測實證顯示，有許多選股模型在大型股樣本上的報酬率仍可高達 15%以上。因此流動性最多只是投資人無法達到回測報酬率的原因之一。

5. 投資人無法遵守投資紀律

即使最好的選股模型都只有大約 4/5 的季能擊敗大盤，也就是投資 10 年，平均會有 8 個季輸給大盤；此外，選出 20 股，平均會有 6~7 股輸給大盤。因此，如果一位投資人只投資很短的時間，投資組合中只含很少的股票，那麼選股模型不能幫他／她打敗大盤並沒有什麼好驚訝的。為了克服這些不確定性，投資人有兩條紀

律要遵守：

- 長期持續投資：至少連續 3 年以上，每季或每月定期選股並交易，組成新投組。
- 多元分散投資：至少平均分配資金給投資組合內的 10~20 支股票。

　　如果投資人無法遵守這兩條投資紀律，將無法消減市場與個股的不確定性，達成回測所能達到的報酬率。這可能是使投資人無法達成回測報酬率的關鍵原因。

　　綜合上面討論，真正使投資人無法達成回測所能達到的報酬率的原因是上述的最後二項。首先，對機構投資人而言，操作時的流動性限制是個嚴重問題，但對散戶可能不是問題。但隨著投資人財富的累積，小咖也有變大咖的時候，這時候流動性限制可能就會成為一個問題了。

　　其次，投資人無法遵守投資紀律對機構投資人與散戶都是嚴重的問題。基金經理人的上級長官三不五時對投資績效的關切，可能干擾長期持續投資的布局。對散戶而言，操作的是自己的血汗錢、棺材本，沒有幾分定力、EQ 不高的人恐怕很難遵守投資紀律。那種股價漲就拉肚子、跌也拉肚子的人，投資股票的過程真的很辛苦。本書的目的之一，正是希望透過讓投資人徹底認識選股模型的優勢與侷限性，培養高投資 EQ，以遵守投資紀律，達成致富的目標。

1-10 恆心是投資人致富的必要條件──巴菲特的財富人生

　　最後，我們給投資人一個良心的建議：「恆心是投資人致富的必要條件」。因為即使投資人能達成本書回測所能達到的 15%，甚至 20%以上的年化報酬率，但這樣還是只能慢速致富，而非快速致富。例如：

1. 每年投資 12 萬

　　假如投資人每年投資 12 萬，能達成 15%的年化報酬率，則到了第 10 年累積財富也只能達 244 萬，但到了第 30 年可達 5,217 萬，相差 21 倍。即使投資人能將年化報酬率提高到 20%，則到了第 10 年累積財富也只能達 312 萬，但到了第

30 年可達 14,183 萬，相差 46 倍。

2. 單筆投資 100 萬

假如投資人單筆投資 100 萬，能達成 15%的年化報酬率，則到了第 10 年累積財富也只能達 405 萬，但到了第 30 年可達 6,621 萬，相差 16 倍。即使投資人能將年化報酬率提高到 20%，則到了第 10 年累積財富也只能達 619 萬，但到了第 30 年可達 23,738 萬，相差 38 倍。

因此，如果投資人沒有恆心投資 30 年，而是一曝十寒，投資期間不夠長，當然達不成致富的目標。投資股票是「將本求利」的常規性經濟活動，簡單地說，就是拿錢給企業家去經營企業。投資人可以指望分得企業經營利潤，但不能指望有什麼暴利能讓投資人一夕致富。不過投資股票的財富累積過程是「指數成長」，當您的資金累積到 100 萬時，每年 15%代表賺進 15 萬；但當您的資金累積到 1,000 萬時，每年 15%代表賺進 150 萬。真正幫投資人致富的是後幾年，而非前幾年的貢獻，因此恆心是投資人致富的必要條件。

就拿股神巴菲特來說，1930 年出生的他

- 在 20 歲擁有資產 9,800 美元（1950 年）。
- 到了葛拉漢退休並結束公司時，26 歲的員工巴菲特已有 174,000 美元（1956 年）。
- 到了他自己經營巴菲特有限合夥事業時，32 歲的他擁有 1,025,000 美元（1962 年）。
- 到了他自己經營波克夏時，60 歲的巴菲特身價達到 10 億美元（1990 年）。
- 《2017 胡潤全球富豪榜》指出，巴菲特資產僅低於微軟總裁比爾蓋茲，成為世界第二首富，87 歲的巴菲特身價達到 756 億美元（2017 年）。

表 3 與圖 12 列出巴菲特的資產與年化報酬率的歷程，可見隨著資產增加，年化報酬率從早期（1950~1956 年間）的 61.5%逐漸降低到近期（1990~2017 年間）的 17.4%。這並不是股神功力大減，也不是美國股市不行了，而是隨著資產

增加，好的投資機會相對於龐大的資產顯得越來越稀少，使得投資的難度越來越大，是一種正常的現象。即使是股神巴菲特，他達到目前的財富是花了超過 67 年的時間（從 1950 到 2017 年）。事實上，到了 1990 年，已經在股市投資了 40 年的他，資產也只有 10 億美元，算得上富翁，但算不上鉅富。但投資的「指數成長」是可怕的，即使在 1990~2017 年間，他的年化報酬率只有 17.4%，27 年後的 2017 年，他已經成了身價達到 756 億美元的世界第二首富。想想，如果股神到了 1990 年，已經投資股市 40 年的他退休了，他今日還會被稱為股神嗎？

如果報酬率能維持 26.7% 不變，在 1950 年擁有資產 9,800 美元，到了 1990 年就能達到 1.3 億美元，但到了 2017 年就能擁有資產 756 億美元。您說「恆心是投資人致富的必要條件」有沒有道理？

年代	資產 （百萬美元）	年化報酬率
1950	0.0098	NA
1956	0.174	61.5%
1962	1.025	34.4%
1990	1000	27.9%
2017	75600	17.4%
	平均	26.7%

表 3 巴菲特的資產與年化報酬率的歷程
資料來源：作者整理

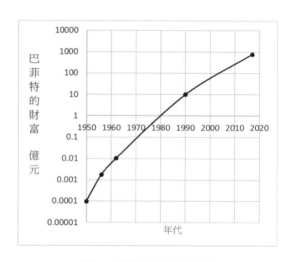

圖 12 巴菲特的資產累積過程
資料來源：作者整理

1-11 本書的架構

我們的回測實證分成四個階段：

1. 單因子選股模型回測

首先，對各種具有代表性的選股因子進行有系統的回測，讓投資人能瞭解每一種選股因子的績效特性與優缺點。

2. 多因子選股模型回測

接著，依據上述單因子選股模型的回測結論，以不同方法來組合多個因子形成「多因子選股模型」，進行有系統的回測，讓投資人能瞭解每一種多因子選股模型的績效特性與優缺點。

3. 選股模型的操作參數與操作策略回測

接著，依據上述回測結論，列出最具潛力的選股模型，調整其操作參數（交易延遲、個股權重、入選比例）與操作策略（作多、市場中立等策略）來探討它們對績效的影響。

4. 最佳化選股模型回測

最後，依據上述回測結論，選用最具潛力的選股模型，調整其操作參數到最佳參數來產生最佳的選股模型，並進行有系統的回測，分析其可靠性。

本書的目的在於協助投資人提升 IQ 與 EQ，以培養年化報酬率 15%以上的實力。每一章的結尾都有一段簡明的「對投資人的啟發」總結選股模型的回測結果，以充實投資人的專業知識（IQ）；最後以專章探討選股模型績效的縱向（時間軸）不確定性與橫向（投組內）不確定性，讓投資人徹底認識選股模型的普遍性與不確定性，進而培養出使用選股模型的信心與耐心（EQ）。

1-12 對投資人的啟發：回測不易，但卻是唯一的方法

綜合以上分析，對投資人有以下的啟發：

原則 1 指數成長原則

投資股票的財富累積過程是「指數成長」，真正幫投資人致富的是後幾年，而非前幾年的貢獻。

原則 2 股市長期趨勢

股票市場的長期趨勢是「長期向上，但過程有劇烈起伏」。

原則 3 投資恆心原則

投資股票是「將本求利」的常規性經濟活動，不能指望有什麼暴利能讓投資人一夕致富。恆心是投資人致富的必要條件。

原則 4 投資績效指標

股票市場的主要績效指標是報酬與風險。一般而言，報酬越高，風險也越高。

原則 5 股市投資方法

股票市場的提升績效方法是選股與擇時。長期而言，選股勝過擇時。

原則 6 選股模型優勢

由於人性的弱點，專家選股經常無法長期打敗市場。由系統化回測產生的計量化選股模型有助於克服人性的弱點，達成長期打敗市場的目標。

原則 7 投資紀律原則

許多投資人無法遵守長期持續投資、多元分散投資兩大投資紀律，這是他們無法達到回測的報酬率之關鍵原因。投資股市是高 IQ，也是高 EQ 的活動。

1-13 新冠肺炎危機衝擊了我們對股市的假設？

美國股市在 2020 年初因新冠肺炎，道瓊股價指數劇烈起伏，在 2020/3/23 一度跌到 18,592 點，到了 2020/4/17 本書出版前夕，已經反彈到 24,242 點（參閱圖 13）。如果將第一節在 2020/3/14 估計的 8.3%固定成長曲線疊在指數上，無論線性尺度或對數尺度，指數都回到這條曲線附近，可見實際指數並不會偏離此一固定成長的曲線太遠。也就是長期而言，從道瓊指數來看，美國股市提供了大約

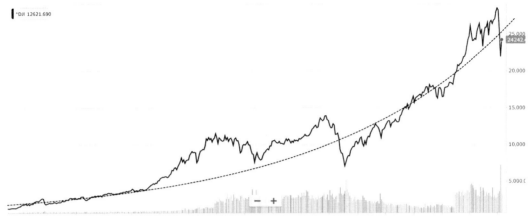

圖 13 美國 1985~2020/4/17 的道瓊指數（虛線為以 8.3%固定成長曲線）：線性尺度
資料來源：作者整理

圖 14 美國 1985~2020/4/17 的道瓊指數（虛線為以 8.3%固定成長曲線）：對數尺度
資料來源：作者整理

8.3%的年化報酬率此一結論並未被這段期間的劇烈漲跌所打破。

台灣股市在 2020 年初因新冠肺炎，股價指數一度跌到 2020/3/19 的 8,524 低點，然而在 2020/4/17 本書出版前夕，已經反彈到 10,597 點（參閱圖 14）。雖然兩者相差約 2,000 點，但從長遠的歷史觀點來看，並未打破作者在第二節的股市是「長期向上，但過程有劇烈起伏」之總結。「發行量加權股價報酬指數」在

2020/4/17 估計的年化報酬率 8.9%，與在 2020/2/11 得到的 9.6%，相差不過 0.7%。

[註]：

1. 線性尺度即一般的尺度，指數 20,000 點的高度是 10,000 點的 2 倍。對數尺度是取對數的尺度，指數 20,000 點的高度不是 10,000 點的 2 倍，20,000 與 10,000 取以 10 為底的對數分別為 4.30 與 4.00。在線性尺度上，等成長率的線是曲線，在對數尺度上，等成長率的線是直線。

2. 金融智慧是一種商業智慧，由會計原理與財務知識構成。

3. 本益比（P/E）為一家公司的股價相對於每股盈餘的比值，公式為

$$本益比 = \frac{股價}{每股盈餘}$$

4. 股價淨值比（P/B）為一家公司的股價相對於每股淨值的比值，公式為

$$股價淨值比 = \frac{股價}{每股淨值}$$

5. 股價營收比（P/S）為一家公司的股價相對於每股營收的比值，公式為

$$股價營收比 = \frac{股價}{每股營收}$$

6. 股東權益報酬率（ROE）是淨利與淨值（股東權益）的比值，公式為

$$股東權益報酬率 = \frac{每股盈餘}{每股淨值}$$

7. 總市值是流通在外股票股數乘以股價，公式為

總市值 = 流通在外股票股數 × 股價

8. 過度配適（over-fitting）在統計學中是指過於精確地匹配樣本內資料，以致於無法精確地匹配樣本外資料的現象。

9. 移動平均線是技術分析中一種分析時間序列數據的工具。最常見的是利用

股價等變數計算出移動平均。移動平均可撫平短期波動，反映出長期**趨勢**或週期。

10. 相對強弱指數（Relative Strength Index, RSI）是一種藉比較價格升降運動以表達價格強度的技術分析工具。

11. 波段**趨勢**是指股市處於一個具有長期**趨勢**的上漲（或下跌）時期。

12. 振盪盤整是指股市處於一個沒有長期**趨勢**的漲跌互見時期。

13. 代理人效應是指事務的代理人的利益與被代理人的利益不一致，導致代理人經常為了自己的利益損害被代理人的利益。例如因為公司的所有權和經營權分離，專業經理人未必忠實追求最大化公司現有股東權益的市場價值。

14. 候選樣本是指回測時列入選股考慮的股票，通常會包含所有上市股票，但排除市值太小的股票。

15. 在建構預測模型時，如果使用了一些得知時間晚於被預測變數的**變數**做為自**變數**，常會產生具有異常高度預測能力的模型，但這種模型不具可用性。這種偏差稱為先視偏差。

16. 全部股是指全體上市公司的股票。

17. 單因子模型是指只使用單一選股因子的選股模型。

18. 多因子模型是指使用多個選股因子的選股模型。

19. 大型股是指公司的總市值較高的股票。

20. 財報重編（restate）是指修改公司以前的一個或多個財務報表，以更正錯誤的一種行為。

第二章　如何回測選股模型？

2-1　選股模型的組成：因子、參數、策略

一個選股模型包含幾個要素：

1. **因子組成**：包括單因子模型（股價淨值比、股東權益報酬率…）、多因子模型（不同的因子權重組合）。
2. **操作參數**：包括交易延遲、個股權重、入選比例…等。
3. **操作策略**：包括作多策略、作空策略、市場中立策略…等。

本書的第 4 章到第 12 章將介紹單因子模型；第 13 章到第 17 章將介紹多因子模型；第 18 章到第 21 章將介紹操作參數與策略，以及模型的最佳化與可靠性。

2-2　選股模型的回測：偏誤

回測是模擬選股模型在歷史資料庫下的績效，如果績效良好，自然可以代表選股模型在「過去」表現良好。但投資人真正關心的是，選股模型在「未來」表現是否良好。然而，任何統計的方法都不能 100%保證模型的未來性。但如果回測過程能夠避免一些可能的偏差，則在「過去」表現良好的選股模型，在「未來」表現也會良好的機會可以增加。

在以回測評估選股模型的獲利能力時，可能會遇到以下幾種偏差：

1. 資料操弄偏差（data-snooping bias）

在建構模型時，對一組資料用大量的、複雜的假設模型來建模，常能找到對「樣本內」的資料具有高度預測能力的模型，但這種模型不見得對「樣本外」的資料具有高度預測能力。有個統計學笑話說：「對資料嚴加拷打，它總會招認你想要的答案。」例如圖 1 黑點是樣本內的點，白點是樣本外的點，用一個複雜的多項

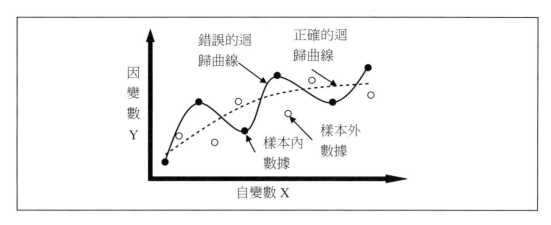

圖 1 資料操弄偏差舉例：如果選股模型建立在複雜模型上，則不具普遍性。
資料來源：作者整理

式函數 Y＝f(X)，可以讓實線曲線通過所有黑點，但此曲線與白點的誤差大，實線曲線是「資料操弄」下的結果。虛線曲線雖然無法通過所有黑點，但無論黑點、白點的誤差都不大，這才是自變數 X 與因變數 Y 的正確的迴歸曲線。

2. 短期偏差（short-term bias）

在建構模型時，對一組具有時間性的資料建模，如果資料跨越的時間長度不足，常會產生對「過去」的資料具有高度預測能力的模型，但這種模型不見得對「未來」的資料具有高度預測能力。俗話說：「路遙知馬力，日久見人心」，有其道理。例如圖 2 虛線範圍的回測時間只有兩年，只包含了 2009~2010 年的反彈期，未包含空頭時期，導致許多只適用在多頭時期的選股模型的選股能力被高估。

3. 先視偏差（forecasting bias, or look-ahead bias）

在建構模型時，對一組具有時間性的資料建模，如果在預測時使用了一些當時尚未得知的未來訊息，常會產生具有異常高度預測能力的模型，但這種模型不具可用性。先視偏差是所有作回測分析者的大敵，當發現選股模型的績效好得離譜時，第一個要懷疑的就是先視偏差在作怪。例如圖 3 顯示，第一季的財報並非在第一季結束的隔日 4/1 公布，而是要等待一段時間才公布。以台灣股市為例，規定在

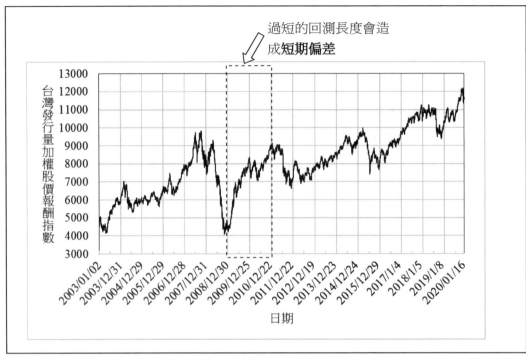

圖 2 短期偏差舉例：如果選股模型建立在短期樣本上，則不具普遍性。

資料來源：作者整理

5/15 前公布。因此，以第一季的財報做為 4/1 的選股依據常會有異常高的報酬，但這是錯誤的回測方式。正確的作法是使用第一季的財報時，因財報公布期限是 5/15，因此只能該日以後選股。因此在回測各國股市時，需要考慮各國財報公布的日期，以避免先視偏差。

4. 存活偏差（survivorship bias）

　　許多具有財務危機的公司如果能安然渡過危機，反而可能因為之前的股價被低估而有較高的投資報酬率。但如果不能安然渡過危機，則可能下市，從市場消失。因此如果回測選股模型時，回測樣本中未包含已下市個股，可能會高估價值因子導向的選股模型的報酬率。統計學上有個關於存活偏差的著名故事。話說二次大戰時，從戰場上飛回來的飛機經常在機翼有最多的彈孔，駕駛座有最少的彈孔，因此許多專家主張強化機翼的防彈能力。但一位學者反駁，認為應該強化駕駛座的防彈

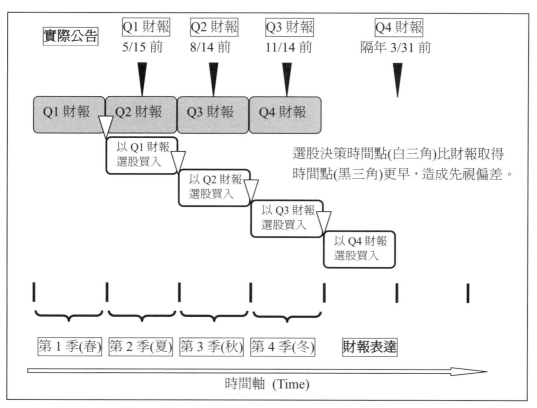

圖 3 先視偏差舉例：如果選股模型建立在先視偏差上，則不具可用性。

資料來源：作者整理

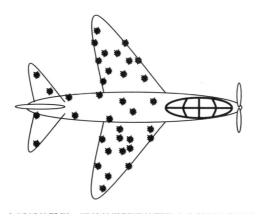

圖 4（a）存活偏差舉例：返航的戰鬥機的彈孔分布統計可能有存活偏差。

能力。原因是表面上駕駛座有最少的彈孔，但事實上，那是因為駕駛座中彈的飛機回不來了。

同理，表面上，財務危機高的公司有較高的投資報酬率，但事實上有可能是因為部分財務危機高的公司撐不下去而下市，從股票市場消失。剩下的財務危機高的公司在度過危機後，因先前股價被低估，股價大幅回升而有較高的報酬率。因此，回測模型時忽略下市個股會高估模型的報酬率。

例如低股價淨值比（P/B）選股模型就有過度偏愛具有財務危機的公司的特性，如果回測時忽略已下市個股，只統計安然渡過危機、「存活」下來的股票的報酬率，很可能會高估其報酬率。例如圖4（b）顯示：

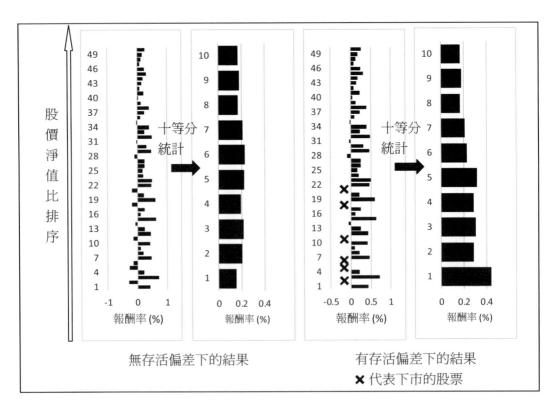

圖4（b）存活偏差舉例：如果選股模型建立在具有存活偏差的樣本上，則績效會被扭曲。

資料來源：作者整理

1. 左邊第 1 張圖是以股價淨值比將 50 支股票排序下的個股報酬率,排序 1 的股價淨值比最低,可見股價淨值比越低風險越大,報酬率的波動也越大。

2. 第 2 張圖是在無存活偏差下,每 5 支股票統計一個報酬率平均值,可見股價淨值比低並無較高的報酬率。

3. 第 3 張圖顯示,因為股價淨值比越低,風險越大,報酬率的波動也就越大,下市的可能性也越大。

4. 第 4 張圖是在有存活偏差下,每 5 支股票統計一個報酬率平均值,可見股價淨值比低有較高的報酬率。

因此,存活偏差可能造成股價淨值比越低,報酬率越高的現象。

5. 小股偏差

小型股可能有較高的報酬,因此許多市值很小的股票或許有不錯的報酬,但這種股票因交易值太小,缺少交易的流動性,並不具投資價值。因此如果選股模型過度偏愛小型股,可能會因為缺少交易的流動性,而不具實務上的可行性(參閱圖5)。

6. 少股偏差

如果投資組合只含一、二支股票,回測的結果可能會意外地有超高或超低的報

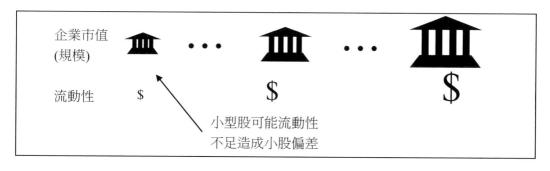

圖 5 小股偏差舉例:如果選股模型偏好小型股,則缺少流動性。

資料來源:作者整理

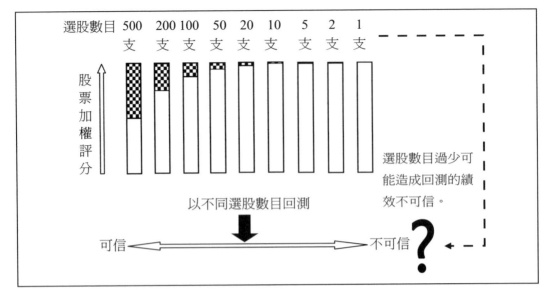

圖6 少股偏差舉例：如果選股模型以極少支股票組成投組，則缺少可信度。

資料來源：作者整理

酬率，但這些結果並不可信，不能視為有用的結論（參閱圖6）。

7. 成本偏差（cost bias）

　　在選股時，頻繁地利用最新的資訊進行選股與交易，常會產生較高的報酬。但頻繁地買入、賣出股票，也會造成可觀的交易成本，在考量成本後，報酬可能反而較低（參閱圖7）。

8. 風險偏差（risk bias）

　　在選股時，冒著較高的風險有可能獲得較高的報酬，但這種冒著高風險的策略，從投資人普遍厭惡風險的觀點來看，未必是好的投資策略（參閱圖8）。

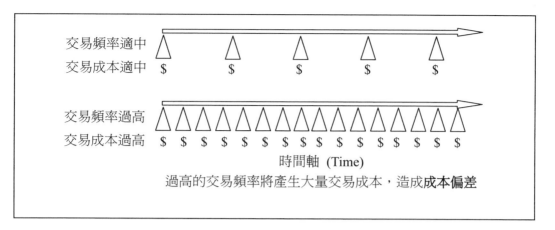

圖 7 成本偏差舉例：如果選股模型的交易過於頻繁，則投資人的交易成本過高。

資料來源：作者整理

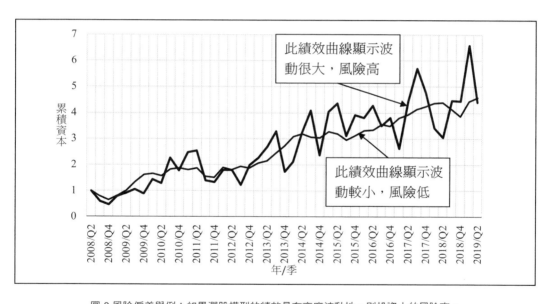

圖 8 風險偏差舉例：如果選股模型的績效具有高度波動性，則投資人的風險高。

資料來源：作者整理

2-3 選股模型的回測：處方

為了增加在「過去」表現良好的選股模型在「未來」表現也會有良好的機會，回測模型時必須遵守下列原則，以避免前述的偏差：

1. **資料操弄偏差**：模型要「簡單」才有普遍性。
2. **短期偏差**：模型要歷經「長期」考驗才有普遍性。
3. **先視偏差**：模型選股時，不可「偷看」在選股時間點之後才能得知的資訊。
4. **存活偏差**：模型選股時，不可「忽略」在選股時間點之前還存在但目前已下市的個股。
5. **小股偏差**：模型要考慮股票的市值不可太小。
6. **少股偏差**：模型要考慮投資組合內的股票不可太少。
7. **成本偏差**：模型要考慮交易成本不可太高。
8. **風險偏差**：模型要考慮風險不可太高。

我們在回測過程將遵守上述原則，使實證結果能儘量避免上述偏差。本書實施上述原則的具體作法如下：

1. **資料操弄偏差**：儘量使用簡單的模型，以避免資料操弄偏差。本書的多因子選股模型最多只組合 5 個選股因子，因此可以避免資料操弄偏差。
2. **短期偏差**：儘可能拉長測試期，以避免短期偏差。本書因回測系統的限制，採用 2008~2019 年，共約 12 年資料。雖然時間不算太長，但這段期間包含了 2008 年下半年的金融海嘯空頭市場，以及隨後股市反彈的多頭市場，以及許多盤整期，故這段期間的樣本具有相當的代表性，因此應該可以大幅降低短期偏差的影響。
3. **先視偏差**：本書模擬回測時，使用第 t 季的財報來選股，並假設在第 t＋2 季初交易股票，並持有一季（參閱圖 9）。故選股模型回測時，只會使用選股日之前已經公布的資訊，因此可以避免先視偏差。

4. **存活偏差**：採用的回測系統所使用的選股池，不包含已下市個股，因此並無法避免存活偏差。但存活偏差主要發生在以價值因子選股的情況，而價值因子只是本書的單因子選股模型中的一類因子。在多因子選股模型中，價值因子會結合非價值因子，例如獲利因子，因此存活偏差的影響有限。

5. **小股偏差**：回測包含兩種選股池：（1）全部股，（2）大型股。大型股是指股票市值是所有上市櫃股票最大的前 20%。由於大型股的市值大約都在 100 億元以上，因此當投資人投資金額龐大，必需考慮交易的流動性時，使用在大型股表現佳的選股模型，不會發生因為買不到或賣不掉而缺少流動性，不具實務上可行性的問題，因此可以避免小股偏差。

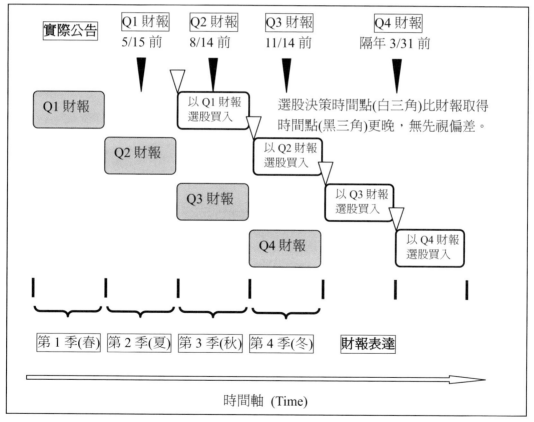

圖 9 交易延遲：為了避免先視偏差，第 t 季的財報的選股在第 t＋2 季初交易，持有一季。

資料來源：作者整理

6. **少股偏差**：回測的投資組合原則上由 1/10 的股票組成。在全部股時，1/10 約 100 多股，在大型股時，1/10 約 20 多股，故回測結果具有高度的可靠度，可歸納得到有用的結論，因此可以避免少股偏差。

7. **成本偏差**：雖然每季交易一次，但如果連續兩季都入選投資組合，並不需買賣，因此根據回測，實際的年週轉率大約 200%，而非 400%。故交易成本不高，因此未考慮。

8. **風險偏差**：不只評估每一交易策略的報酬，也評估其風險，包括表達總風險的報酬率標準差 σ，表達系統風險的 β 係數，因此可以避免風險偏差。

2-4 選股模型的回測：單因子選股方法

為了介紹選股方法，先簡介兩種常用的選股因子：

1. 股東權益報酬率（Return on Equity, ROE）

股東權益報酬率反映公司利用股東權益（資產淨值）產生盈餘（淨利）的能力，是衡量上市公司盈利能力的重要指標。其值越高，代表公司利用資產淨值產生淨利的能力越高。若未來能持續維持高水準，代表公司的盈餘可以持續高度成長。因此股東權益報酬率越大的股票，未來越可能有較高之報酬。

2. 股價淨值比（Price-to-Book Value, P/B）

股價淨值比為一家公司於某一個時間點，其股價相對於每股淨值的比值。當股價高於每股淨值時，比值大於 1；低於每股淨值時，比值小於 1。實務上常把股價淨值比低的股票稱為「價值股」。股票的股價淨值比越低，代表股票越有價值，未來越可能有較高之報酬。

單因子的選股步驟如下：

1. 單因子評分

將同一季的股票依「選股因子」由預設方向排序，排在最佳一端的股票得 1 分，排在最差一端的股票得 0 分，其餘內插，例如中位數得 0.5 分。股價淨值比越

小越好，故最低者得 1 分，最高者得 0 分；股東權益報酬率越大越好，故最高者得 1 分，最低者得 0 分。

2. 十等分選股

每一個股票都有一個評分，加以排序後，可以取出特定數目的股票檔數。為了瞭解單因子選股的性能，我們回測時採用「十等分法」，即各季的投資組合由各季的 1/10 股票組成。例如第一等分是由每季評分最小的 1/10 股票構成，第二等分是由每季評分第二小的 1/10 股票構成，一直到第十等分是由每季評分最大的 1/10 股票構成。

3. 報酬率計算

為了避免先視偏差，第 t 季的財報的選股在第 t＋2 季初交易，持有一季（參閱圖 9）。例如以 2008/Q1 的財報選股，是以隔二季，即 2008/Q3 的股票報酬率為準。以 2008/Q2、Q3、Q4 的財報選股，是以 2008/Q4、2009/Q1、2009/Q2 的股票報酬率為準。統計這些入選股票在第 t＋2 季的季報酬率的平均值，即該季的季報酬率，再將所有季的季報酬率再統計一次平均值，稱為「各季報酬率平均值」。

以股東權益報酬率為例，圖 10 為股東權益報酬率與股票季報酬率之散布圖，其中每一個點是一個股票的一季的資料點，當股東權益報酬率是第 t 季時，季報酬率是第 t＋2 季資料。本書採用了 44 季的財報，從 2008/Q1~1018/Q4，因此對應的季報酬率是 2008/Q3~2019/Q2。因為每季有一千多家上市櫃公司，刪除少數極端值與缺值的資料後，大約有 58,500 筆資料。從圖 10 可以看得出來，股東權益報酬率與季報酬率的關係「渾沌不明」，但可以驟下定論，認定兩者無關嗎？不行。需要進行以下的單因子的選股分析：

1. 單因子評分與十等分選股

圖 11 為股東權益報酬率排序值與股票季報酬率之散布圖，其中橫軸改成股東權益報酬率排序值（0~1），縱軸不變。從圖 11 可以看得出來，兩者的關係仍然「渾沌不明」，但可以驟下定論，認定兩者無關嗎？還不行。

2. 報酬率計算

圖 12 為以股東權益報酬率十等分下選股的季報酬率平均值之柱狀圖，其中橫軸是依照股東權益報酬率排序值的「十等分」，例如第一等分是由每季評分最小（0~0.1）的 1/10 股票構成；第十等分則是由每季評分最大（0.9~1.0）的 1/10 股票構成。縱軸是各等分的股票的季報酬率之平均值。從圖 12 可以看得出來，兩者的關係顯然「開雲見月」，關係似乎是微弱的正相關。但關係真的很微弱嗎？不是。此圖的縱軸範圍採用了同圖 11 的-100% ～ ＋100%之間，因有些個股的報酬率可能極端高或低，因此這對圖 11 是合理的範圍。但對投資組合報酬率而言，雖然包含的個股的報酬率有高有低，但平均值不可能太極端，因此-100% ～ ＋100%對圖 12 的 Y 軸之季報酬率平均值而言，是不合理的範圍。因此接下來看圖 13。

3. 報酬率尺度調整

圖 13 將圖 12 的 Y 軸之季報酬率平均值的範圍改用合理範圍：0%~7%，從圖可以看得出來，XY 軸兩者的關係「豁然開朗」，呈現明顯的正相關，即股東權益報酬率的排序值越大，其股票的季報酬率之平均值越大。

同理，股價淨值比的結果如圖 14~圖 17，但為了讓讀者瞭解「股價淨值比越低，代表股票越有價值，未來越可能有較高之報酬。」在此並不採用「股價淨值比越小，得分越高」，而是採用「股價淨值比越小者，得分越低」。經過抽絲剝繭，發現股價淨值比的排序值越小，其股票的季報酬率之平均值越大。證實了我們在前面提到的「股票的股價淨值比越低，代表股票越有價值，未來越可能有較高之報酬」的假說。

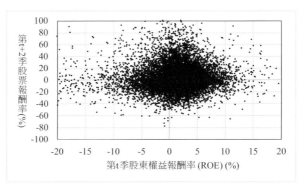

圖 10 股東權益報酬率與季報酬率之散布圖

資料來源：作者整理

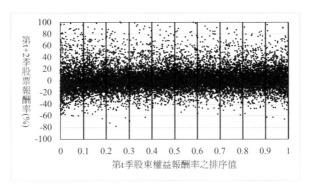

圖 11 股東權益報酬率排序值與季報酬率之散布圖（單因子評分與十等分選股）

資料來源：作者整理

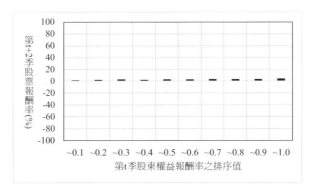

圖 12 以股東權益報酬率十等分下選股的季報酬率平均值之柱狀圖（報酬率計算）

資料來源：作者整理

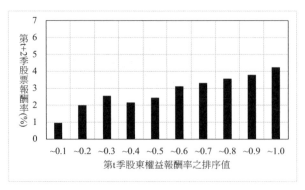

圖 13 以股東權益報酬率十等分下選股的季報酬率平均值之柱狀圖（報酬率尺度調整）

資料來源：作者整理

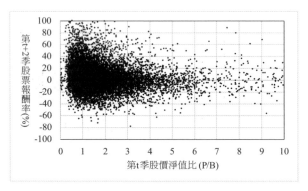

圖 14 股價淨值比與季報酬率之散布圖

資料來源：作者整理

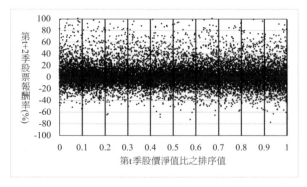

圖 15 股價淨值比排序值與季報酬率之散布圖（單因子評分與十等分選股）

資料來源：作者整理

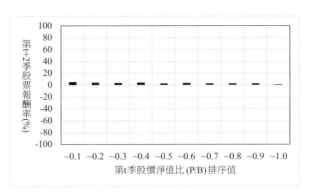

圖 16 以股價淨值比十等分下選股的季報酬率平均值之柱狀圖（計算報酬率）
資料來源：作者整理

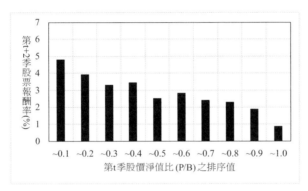

圖 17 以股價淨值比十等分下選股的季報酬率平均值之柱狀圖（報酬率尺度調整）
資料來源：作者整理

2-5 選股模型的回測：多因子選股方法

結合多因子建構一個多因子選股模型的方法很多，本書採用最簡單有效的「加權評分法」。例如一個簡單的雙因子評分法步驟如下：

1. 將股票依「股價淨值比」排序，排在最小一端的股票得 1 分，排在最大一端的股票得 0 分，其餘內插。

2. 將股票依「股東權益報酬率」排序，排在最大一端的股票得 1 分，排在最小一端的股票得 0 分，其餘內插。

3. 然後將「股價淨值比」的得分與「股東權益報酬率」的得分相加，即可以得到該股票的總得分，總得分大的股票就是「賺錢多的公司的便宜股票」，即預期報酬率高的股票；總得分小的就是「賺錢少的公司的昂貴股票」，即預期報酬率低的股票。

上述方法對各因子採用相等權重，但相等權重並不一定是最佳權重。為了最佳化選股績效，一個進階的多因子加權評分法的步驟如下：

1. 單因子評分

將股票依選股因子由預設方向排序，排在最佳一端的股票得 1 分，排在最差一端的股票得 0 分，其餘內插。

2. 多因子評分

將各因子評分乘以預設的權重後，加總後得到加權總分。

3. 評分排序

最後將股票依「加權總分」排序，加權總分越高的股票即越好的股票，越低的就是越差的股票。

4. 十等分法

採用同單因子的技巧，以十等分選股、計算報酬率、報酬率尺度調整進行分析。

以股東權益報酬率加上股價淨值比的雙因子模型為例：

1. 單因子評分

圖 18 為股東權益報酬率排序值與股價淨值比排序值之散布圖，其中每一個點是一個股票的一季的資料點，大約有 58,500 筆資料。但要注意，兩者都採用原值越大，排序值越大之規則。從圖可以看得出來，股東權益報酬率與股價淨值比的關係大致成正比，即股東權益報酬率越大，股價淨值比也越大。

但我們希望加權評分越高是越好的股票。因此，圖 19 將圖 18 的縱軸改成股價淨值比的反向排序值，即股價淨值比越大，排序值越小之規則，而橫軸不變。

2. 多因子評分

接下來假設股東權益報酬率與股價淨值比採用相等權重的「加權評分法」，得圖 20。加權總分的等高線為 45 度的對角線，右上角為股東權益報酬率排序值大，且股價淨值比的反向排序值也大的股票。左下角相反，為股東權益報酬率排序值小，且股價淨值比的反向排序值也小的股票。

3. 評分排序

最後將股票依「加權總分」排序，加權總分越高的股票即越好的股票，越低的就是越差的股票，得到圖 21。其中右下角是以相等權重進行加權之加權總分與季報酬率之散布圖。從圖 21 可以看得出來，加權總分與季報酬率的關係「渾沌不明」。

4. 十等分法（參閱圖 22~圖 24）

採用同單因子的技巧，以十等分選股（參閱圖 22）、計算報酬率（參閱圖 23）、報酬率尺度調整（參閱圖 24）進行抽絲剝繭，發現「加權總分越大，其股票的季報酬率之平均值越大」。而且比較圖 13（股東權益報酬率單因子）、圖 17（股價淨值比單因子）、圖 24（股東權益報酬率＋股價淨值比雙因子）的十等分結果，證實了雙因子遠優於單因子的假說。圖 25 是季報酬率標準差之柱狀圖，可見第 10 等分並沒有太高的風險。

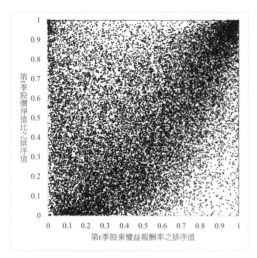

圖 18 股東權益報酬率排序值與股價淨值比排序值之散布圖
（單因子評分）
資料來源：作者整理

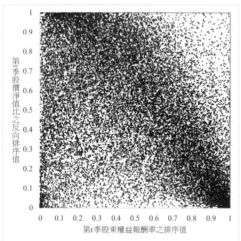

圖 19 股東權益報酬率排序值與股價淨值比「反向」排序值
之散布圖（單因子評分）
資料來源：作者整理

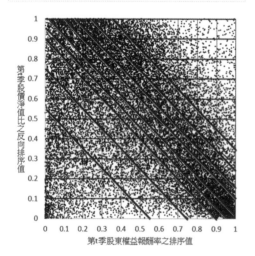

圖 20 股東權益報酬率排序值與股價淨值比「反向」排序值
之散布圖與十等分線（多因子評分）
資料來源：作者整理

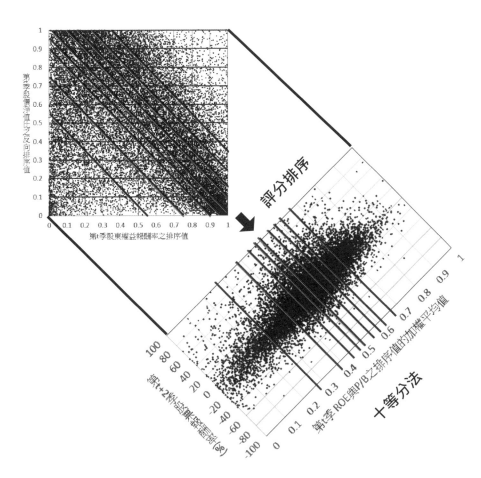

圖 21 股東權益報酬率排序值與股價淨值比反向排序值之散布圖與十等分線（左上），以及以相等權重進行加權
之加權總分與季報酬率之散布圖與十等分線（右下）（評分排序）

資料來源：作者整理

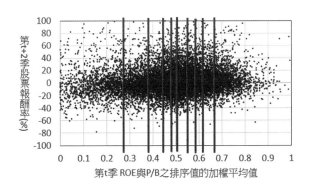

圖 22 股東權益報酬率排序值與股價淨值比反向排序值以相等權重進行加權之平均值與季報酬率之散布圖與十等
分線（十等分選股）

資料來源：作者整理

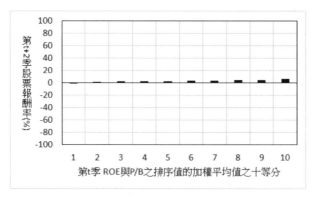

圖 23 以相等權重進行加權之平均值十等分下選股的季報酬率平均值之柱狀圖（計算報酬率）
資料來源：作者整理

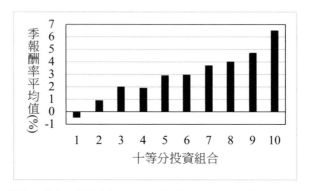

圖 24 以相等權重進行加權之平均值十等分下選股的季報酬率平均值之柱狀圖（報酬率尺度調整）
資料來源：作者整理

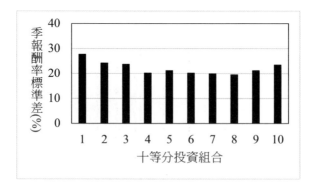

圖 25 以相等權重進行加權之平均值十等分下選股的季報酬率標準差之柱狀圖
資料來源：作者整理

前述的股東權益報酬率、股價淨值比單因子模型可視為股東權益報酬率＋股價淨值比雙因子模型在（股東權益報酬率、股價淨值比）權重組合為（0%、100%）與（100%、0%）的特例（參閱圖 26 與圖 27）。

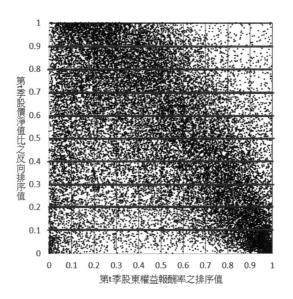

圖 26 股東權益報酬率排序值與股價淨值比反向排序值之散布圖，以（0%, 100%）權重進行加權之平均值作十等分
資料來源：作者整理

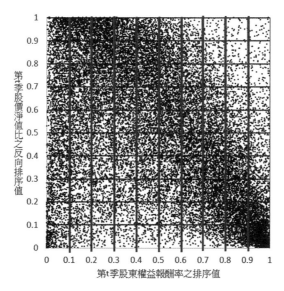

圖 27 股東權益報酬率排序值與股價淨值比反向排序值之散布圖，以（100%, 0%）權重進行加權之平均值作十等分
資料來源：作者整理

經由給予各選股因子不同的權重組合，透過回測得到其績效，找出績效最佳的權重組合，可以達到最佳化多因子選股模型的目的。例如圖 28 為結合股東權益報酬率（預設方向為越大越好）與股價淨值比（預設方向為越小越好）的二因子加權評分法，在台灣股市全部股的實證結果。實證結果顯示：

1. 單因子權重

　　當股東權益報酬率與股價淨值比的權重為 100%與 0%時，報酬率等同使用股東權益報酬率的單因子模型，報酬率 4.40%。當權重為 0%與 100%時，報酬率等同使用股價淨值比的單因子模型，報酬率 4.95%。

2. 等權權重

　　當兩個因子的權重為 50%與 50%時，報酬率達到 6.48%，高於上述兩種單因子模型。

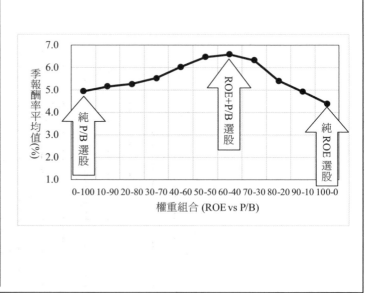

ROE-P/B 權重		
ROE (%)	**PB (%)**	**報酬率 (%)**
0	100	4.95
10	90	5.16
20	80	5.27
30	70	5.54
40	60	6.04
50	50	6.48
60	40	6.60
70	30	6.33
80	20	5.42
90	10	4.93
100	0	4.40

圖 28 二因子權重選股法在全部股的實證　資料來源：作者整理
（橫軸為股東權益報酬率權重，股價淨值比權重＝100%-股東權益報酬率權重）

3. 最佳權重

　　雖然採用相等權重，即權重為 50% 與 50% 時，績效已經很好，但當兩者的權重為 60% 與 40% 時，報酬率達到 6.60%，為最大值。

　　這個例子告訴我們，某些因子的組合可以發揮相輔相成的效果，其選股能力遠優於單因子。

2-6　選股模型的回測：分季評估

　　前述的「十等分法」回測方法雖然是分季選取 1/10 的股票組成投資組合，但在計算報酬率時並不分季，而是把各等分的所有季的所有股票全部加總再取平均值。為了進一步瞭解各種選股模型的穩健性，我們也採用先計算各季報酬率的平均值，再由各季報酬率的平均值計算其他績效指標：

1. 各季報酬率的平均值

　　各季報酬率平均值表示一長段投資期間內，季報酬率之平均值。報酬率實際上是一個隨機變數，需用期望值與標準差來表達。

2. 各季報酬率的標準差

　　各季報酬率標準差表示一長段投資期間內，季報酬率之標準差。標準差越大代表隨機變數的分布越寬，從投資人的觀點來看，報酬率的分布越寬，不確定性越大，風險也越大。此種風險可視為投資標的之「總風險」。

3. 各季報酬率的夏普指標

　　夏普指標即夏普比率（Sharpe Ratio），代表每一單位的風險可以增加的報酬，此值越大，代表每一單位的風險可以增加的報酬越大，績效越好。定義如下：

　　夏普指標＝（報酬率平均值－無風險報酬率）／報酬率標準差

　　由於近年來無風險報酬率非常小，本書回測的無風險報酬率假設為 0。

4. 各季報酬率的相對勝率

　　是指投資組合季報酬率高於市場季報酬率之機率。相對勝率越高，代表投資績

效越好且越穩定。

5. 各季報酬率的絕對勝率

是指投資組合季報酬率高於 0 之機率。絕對勝率越高，代表投資績效越好且越穩定。

6. 各季報酬率的系統風險（beta）

系統風險又稱市場風險，也稱不可分散風險。是指由於某種因素導致股市中所有股票價格下跌，為投資人帶來損失的風險。系統風險的誘因發生在企業外部，上市公司本身無法控制它，其帶來的影響面一般都比較大。系統風險的大小可用 β 值來衡量，它表示一段期間內股票（或投資組合）的漲跌比率相對於市場的漲跌比率的比值的期望值，例如一個股票（或投資組合）的 β＝1.2，代表市場的漲跌 1%，股票（或投資組合）漲跌期望值為 1%×1.2＝1.2%。β 值＞1，表示股票（或投資組合）的變動波幅大於市場變動波幅。β 值越大，系統風險越大。由於投資人總是不喜歡風險的，因此 β 值太大不是好消息。其概念與計算公式見圖 30 與表 1。顯示報酬率系統風險 β 是散布圖之迴歸直線的斜率。

7. 各季報酬率的超額報酬（alpha）

超額報酬代表總報酬超過無風險報酬或基準報酬的部分，又叫相對報酬、積極報酬，經常用來評估經理人的選股能力。α 值＞0 表示投組有正的超額報酬，即投組的績效優於大盤。其概念與計算公式見圖 30 與表 1。顯示報酬率超額報酬 α 是散布圖的迴歸直線的截距。

8. 年化報酬率

年化報酬率表示一段投資期間的累積報酬率以複利報酬率衡量之年報酬率，即以年為單位的複利報酬率或幾何平均報酬率。其概念與計算公式見圖 31 與表 1。

上述 8 種績效指標除了各季報酬率的標準差、系統風險 β 是用來衡量風險，其值越小越好以外，其餘 6 種指標都是用來衡量報酬，其值越大越好。

績效指標	定義
各季報酬率的平均值	一長段投資期間內，各季的報酬率之平均值。
各季報酬率的標準差	一長段投資期間內，各季的報酬率之標準差。
各季報酬率的夏普指標	每單位風險所能獲得的扣除無風險報酬的報酬。公式： $$夏普指標 = \frac{資產報酬率平均值 - 無風險報酬率}{資產報酬率標準差}$$
各季報酬率的相對勝率	季報酬率超越大盤的季數比率。公式： $$相對勝率 = \frac{報酬率超越大盤的季數}{總季數}$$
各季報酬率的絕對勝率	季報酬率超越 0 的季數比率。公式： $$絕對勝率 = \frac{報酬率超越 0 的季數}{總季數}$$
各季報酬率的系統風險 β	系統風險 β 可由下列迴歸方程式得到： $R_i - R_f = \alpha_i + \beta_i \cdot (R_m - R_f)$ 其中 R_f ＝無風險報酬率；R_m ＝市場報酬率；R_i ＝投組報酬率
各季報酬率的超額報酬 α	超額報酬率 α 可由下列迴歸方程式得到： $R_i - R_f = \alpha_i + \beta_i \cdot (R_m - R_f)$ 其中 R_f ＝無風險報酬率；R_m ＝市場報酬率；R_i ＝投組報酬率
年化報酬率	一長段投資期間內的年複利報酬率。公式： $$年化報酬率 = \left(\left((1+R_1) \cdot (1+R_2) \cdot ... \cdot (1+R_n)\right)^{\frac{1}{T}} - 1 \right) \times 100\%$$ 其中 $R_1, R_2, \cdots, R_n$ ＝第 1, 2,…, n 期報酬率。如果以「年」為一期，T ＝n；以「季」為一期，T ＝n/4。

表 1. 衡量投資組合績效的指標
資料來源：作者整理

由於計算上述「各季報酬率的平均值」、「各季報酬率的標準差」較為複雜，本書在簡易評估時採用「季報酬率的平均值」、「季報酬率的標準差」，即不分季，將投資組合內所有選股的季報酬率計算平均值、標準差。理論上的討論如下：

1. 季報酬率的平均值

如果資料庫內每季的股票數目相同，則「季報酬率的平均值」與「各季報酬率的平均值」的結果相同。但實際上每季的股票數目有一點差異，但差異很小，因此這兩個平均值雖不相同，但差異很小。例如，股東權益報酬率＋股價淨值比等權選股模型回測的「季報酬率的平均值」與「各季報酬率的平均值」如圖 32，兩者之間的差異很小。

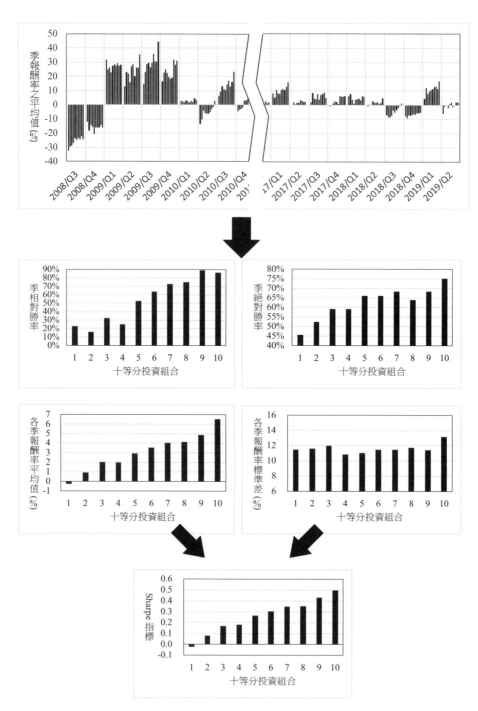

圖 29 相對勝率、絕對勝率、各季報酬率的平均與標準差、夏普指標的計算
資料來源：作者整理

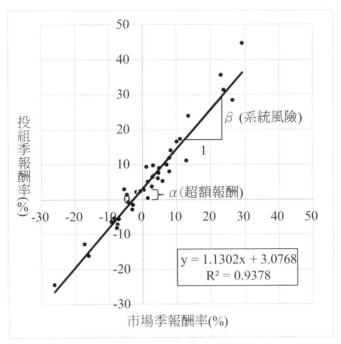

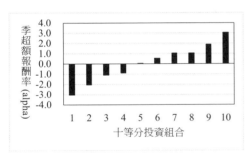

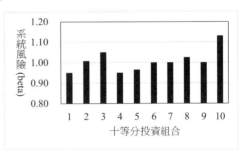

圖 30 報酬率系統風險 β、超額報酬 α 的計算

資料來源：作者整理

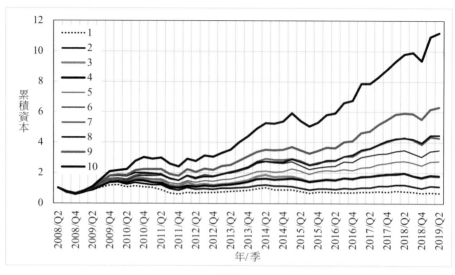

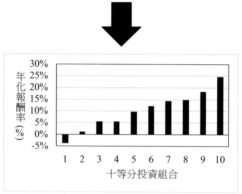

圖 31 年化報酬率的計算
資料來源：作者整理

2. 季報酬率的標準差

　　但即使資料庫內每季的股票數目相同，「季報酬率的標準差」與「各季報酬率的標準差」的結果也會有很大的差異。因為後者先計算各季的平均值，再計算標準差，而前者不分季，直接計算標準差。因此在理論上，前者會比後者大。例如，股東權益報酬率＋股價淨值比等權選股模型回測的「季報酬率的標準差」與「各季報酬率的標準差」如圖 33，兩者之間的差異很大，分別約 20%~30%與約 10%~15%。

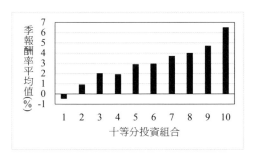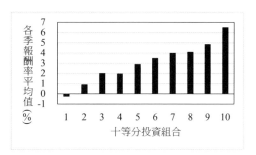

圖 32「季報酬率的平均值」（左圖）與「各季報酬率的平均值」（右圖）之比較
資料來源：作者整理

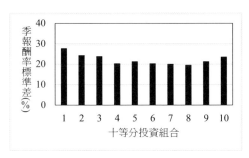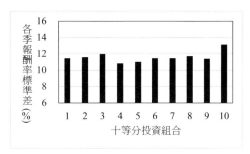

圖 33「季報酬率的標準差」（左圖）與「各季報酬率的標準差」（右圖）之比較
資料來源：作者整理

2-7 選股模型的評估：如何判定一個選股模型是有效的？

選股模型必須滿足以下條件才能算是選股能力強的因子或模型：

1. 最佳投組的報酬績效顯著較高：十等分投組的最佳投組的報酬要明顯高於市場。

2. 最差投組的報酬績效顯著較低：十等分投組的最差投組的報酬要明顯低於市場。

3. 投組之間報酬績效連續性高：十等分投組的報酬之間要單調連續變化。

4. 縱向（時間軸）不確定性低：投組的各期間之間的報酬變異性低。

5. 橫向（投組內）不確定性低：投組內各股票之間的報酬變異性低。

為了評估前四項條件，本書在回測每一個選股模型後，都會以柱狀圖表達十等分投組的報酬績效指標：

1. 季超額報酬率 α
2. 各季報酬率的平均值
3. Sharpe 指標
4. 季相對勝率
5. 季絕對勝率
6. 年化報酬率

與風險報酬績效指標：

7. 系統風險 β
8. 各季報酬率的標準差

第五項條件則在本書第 21 章介紹。

例如股東權益報酬率＋股價淨值比等權選股模型的回測結果如圖 29~圖 31，其中圖 29 的季相對勝率、季絕對勝率、各季報酬率的平均值、夏普指標，圖 30 的季超額報酬率，圖 31 的年化報酬率，都顯示它滿足上述條件 1~3，是一個選股能力很強的選股模型。圖 29 的各季報酬率的標準差，圖 30 的系統風險 β，都顯示它的風險只略高於平均水準，滿足上述條件 4。

2-8 對投資人的啟發：回測不易，必須克服許多偏誤

綜合以上分析，對投資人有以下的啟發：

原則 1 選股模型的組成原則

選股模型由選股因子、參數、策略組成。

原則 2 選股模型的謹慎回測原則

回測選股模型的過程會面臨許多偏差：資料操弄偏差、短期偏差、先視偏差、

存活偏差、小股偏差、少股偏差、成本偏差、風險偏差，影響回測的正確性。雖然這些偏差各有處方，但仍然必須以戒慎恐懼的態度來回測，才能將偏差的影響控制在可接受的範圍，以產生可靠有用的選股模型（經驗法則）。

原則 3 選股模型的多角度評估原則

對於回測的結果，必須小心謹慎以多個績效指標—報酬、風險、流動性—來評估，才能找出真正適合投資人的選股模型。

原則 4 選股模型的評估可靠性原則

回測產生的十等分投組的報酬率之間要有單調的連續變化，才能代表選股模型具有可靠性。

 **第三章** **選股模型的理論基礎─權益證券的兩個權益**

3-1 效率市場假說─市場真的那麼有效率嗎？

　　學者 Fama 指出，在資訊容易取得的情況下，市場中所有可能影響股票漲跌的因素，都能即時且完全反應在股票漲跌上面，因此任何投資人都無法持續擊敗市場而獲得超額報酬。Fama 的效率市場假說（Efficient Market Hypothesis, EMH）建立在三個基本假設上：

- ・新資訊的出現是呈隨機性，即好、壞資訊是相伴而來的。
- ・市場能立即反應新的資訊，調整至新的價位。因此，價格變化是取決於新資訊的發生，股價呈隨機走勢。
- ・市場上許多投資者是理性且追求最大利潤，而且每人對於股票分析是獨立的，不會相互影響。

　　由效率市場假說發展延伸，Fama 將效率市場性質分成三個層級（參閱圖1）：

1. 弱式效率市場（Weak Form Efficiency）（技術分析無效）

　　過去股票價格、交易量資訊所提供的各項情報已充分反應在目前股票價格上，所以，投資人無法運用各種方法對過去的股票價量資訊進行分析，來預測股票未來的價格，意即投資人無法利用過去價量資訊來獲得超額報酬。

2. 半強式效率市場（Semi-Strong Form Efficiency）（基本分析無效）

　　所有已公開的資訊（財務報表、經濟情況、政治情勢…等）已充分反應於目前股票價格，所以，投資人無法運用各種方法對已公開的資訊進行分析，來預測未來股票的價格，意即投資者無法利用基本面資訊來獲得超額報酬。

3. 強式效率市場（Strong Form Efficiency）（內線消息無效）

　　所有已公開和未公開的資訊，均已充分反應於目前股票價格。雖然部分情報未公開，但投資者能利用各種管道來獲得資訊，所以所謂未公開的消息，實際上是已公開的資訊，而且已經反應在股票價格上。因此，任何投資者都無法從市場中獲取超額報酬。

　　很明顯的，強式效率市場應該是不成立的，至於半強式效率市場與弱式效率市場就眾說紛紜了。如果半強式效率市場成立，本書就不用寫了，讀者也不用讀了，因為那代表「基本分析無效」成立。所幸近年的實證研究發現，許多因子具有顯著的選股能力，例如：

- **價值股效應**：高價值股票的報酬率高於低價值股票；例如低本益比股票的報酬率高於高本益比股票。
- **成長股效應**：高獲利公司的股票的報酬率高於低獲利者；例如高股東權益報酬率公司的股票的報酬率高於低股東權益報酬率者。
- **小型股效應**：小型股的報酬率高於大型股。小型股、大型股是指總市值較小、較大的股票。
- **慣性效應**：贏家股的報酬率在較短期間內會高於輸家股。贏家股、輸家股是指最近報酬率高於、低於大盤的股票。

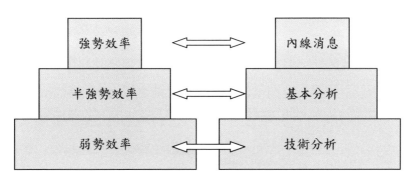

圖 1 效率市場層級與證券分析資訊層級之關係

資料來源：作者整理

．**反轉效應**：輸家股的報酬率在較長期間後會高於贏家股。反轉效應與動能效
應方向相反，通常發生在較長（數年）的期間。

依據對各國股市數十年來的實證結果發現，上述效應以價值股效應與成長股效
應最為重要。此外，也有許多投資專家結合了多個效應的因子組成選股能力更強的
多因子模型。由於價值股效應與成長股效應是相輔相成的效應，因此結合了這兩種
效應的因子之多因子模型的選股能力常可大幅提升。

3-2 成長股與價值股的本質─持有股票的兩個權益

依據對台灣股市十多年來的回測結果發現，各類選股因子中以價值因子與成長
因子最可靠。這個現象可用權益證券的本質分析如下：

3-2-1 價值股的理論基礎

投資人買進股票相當於買入兩個權益：

．**剩餘財產請求權**

當公司清算時，股東有權分配公司的淨值，即扣除負債後的資產。故股價應與
每股淨值成正比，因此，可從「資產負債表」中的淨值除以公司的總股數得到每股
淨值來評價股價，即將每股淨值乘以「合理」的股價淨值比來估計「合理」的股
價。

．**盈餘分配請求權**

當公司經營有盈餘時，股東有權分配這些盈餘，這些盈餘可用現金股利的形式
分配給股東。由於金錢具有時間價值，未來的金錢之價值不如等額的現在的金錢之
價值，因此未來的現金股利需用「必要報酬率」折現為現值。因此股價可以從股利
折現得到，股利又來自盈餘，因此可從「損益表」中的淨利除以公司的總股數得到
每股盈餘來評價股價，即將每股盈餘乘以「合理」的本益比來估計「合理」的股
價。

因此，用市場股價來計算實際的股價淨值比（P/B）、本益比（P/E），兩者越小，股票越有價值，這就是「**價值股**」的理論基礎。

3-2-2 成長股的理論基礎

每股淨值、每股盈餘、股價之間的關係如圖2。從這張圖可以看出，投資人以股價（P）換得每股淨值（B），每股淨值在企業家經營下產生每股盈餘（E），每股盈餘再以現金股利的形式分配給投資人或轉入每股淨值，周而復始，生生不息。連結「資產負債表」的每股淨值與「損益表」的每股盈餘正是衡量企業獲利能力的「股東權益報酬率」（ROE），或稱「淨值報酬率」。無論每股淨值或每股盈餘，其成長的真正動力來自淨值報酬率。當淨值報酬率為正時，企業的淨值與盈餘得以成長；反之，長期下來必定消亡。因此，淨值報酬率是判定股票是高成長股或低成長股最重要的財務比率。這就是「**成長股**」的理論基礎。

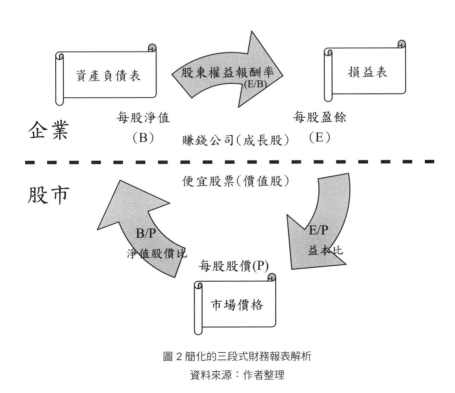

圖2 簡化的三段式財務報表解析

資料來源：作者整理

3-3 成長股與價值股的關係—從一維觀點到二維觀點

　　Fama 與 French 兩位學者在其著名的「三因子模型」中以淨值股價比（每股淨值除以股價, B/P）大者為價值股，小者為成長股，並以實證證明價值股的報酬率高於成長股。事實上，價值股並無一致的定義，常見者除了淨值股價比以外，益本比（每股盈餘除以股價）、營收股價比（每股營收除以股價）也是常用的定義；即益本比（E/P）、營收股價比（S/P）大者為價值股，小者為成長股。不論哪種定義，基本上都是將「價值」與「成長」視為對立的特徵，即高價值股必為低成長股；低價值股必為高成長股。

　　但近年來許多學者認為價值與成長並非對立的特徵，而是二個不同的特徵。他們以淨值股價比或益本比為價值因子，而以股東權益報酬率或盈餘成長率為成長因子，將傳統的「價值—成長」一維維度擴張為「低價值—高價值」與「低成長—高成長」二維維度，把股票區分為四種類型（參閱圖 3）。

- 高成長／低價值股
- 高成長／高價值股
- 低成長／低價值股

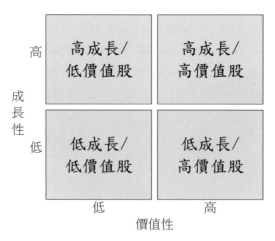

圖 3 價值股與成長股的二維觀點

資料來源：作者整理

・低成長／高價值股

由於成長因子應以表彰公司經營績效為主，故經常以股東權益報酬率（ROE），即淨值報酬率（每股盈餘除以每股淨值）做為成長股的指標，即股東權益報酬率值大者視為成長股。由於本書所指的成長股是指具有高股東權益報酬率的股票，與許多文獻定義成長股是指具有低淨值股價比的股票，即價值股的反面有所不同。為了避免混淆，本書以下將具有低淨值股價比的股票不再稱之為「成長股」，而改稱之為「低價值股」。

許多研究指出，高成長（高股東權益報酬率）股票的報酬率高於低成長（低股東權益報酬率）股票，此即所謂成長股效應。此外，也指出同時具有「高價值」與「高成長」特性的股票獲利遠高於單純具有高價值或高成長特性的股票。

合理的股價淨值比與公司的獲利能力有關。公司越賺錢，未來的每股淨值自然越來越高，因此目前的淨值相對未來的淨值是低估值，故合理的股價淨值比越高。相反的，賠錢公司的股票未來的每股淨值會越來越低，因此目前的淨值相對未來的淨值是高估值，故合理的股價淨值比越低。所以投資人以股價淨值比評論股票是否便宜時，必須考量公司的獲利能力。由於股東權益報酬率越高，代表公司越賺錢，因此合理的股價淨值比（P/B）越高，或者說合理的淨值股價比（B/P）越低。

以台灣股市 1996~2008 年的上市公司為例，其淨值股價比（BPR）與股東權益報酬率（ROE）的散布圖如圖 4。可以看出二者確實是負相關，即大多數情況下，傳統的價值股與成長股為對立特徵的觀點，即「高價值股為低成長股；低價值股為高成長股」是近似成立的。但也有不少股票是「高價值高成長股」（參閱圖 4 右上方）及「低價值低成長股」（參閱圖 4 左下方），特別是後者更是為數不少。

為了進一步說明這個現象，在此將圖 4 改用排序法來表達，即將各股票的淨值股價比與股東權益報酬率值分季排序，該季最大者其排序值（Rank）＝1；最小者排序值＝0，其餘依此內插。將圖 4 利用排序值重繪後得圖 5，可知價值特徵與成長特徵大致上成反比，但在圖 5 的右上方與左下方也有不少樣本。

股東權益報酬率（ROE）%

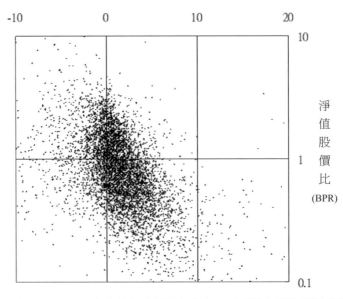

圖 4 台灣股市 1996~2008 年的上市公司淨值股價比（BPR）與股東權益報酬率的散布圖
資料來源：作者整理

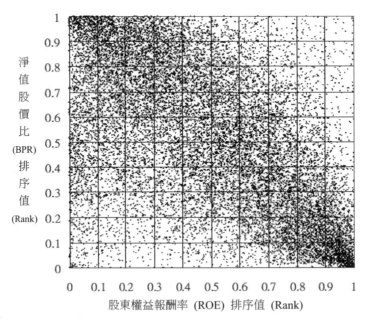

股東權益報酬率 (ROE) 排序值 (Rank)

圖 5 台灣股市 1996~2008 年上市公司淨值股價比與股東權益報酬率分季排序值的散布圖
資料來源：作者整理

3-4 成長股與價值股的關係─從靜態觀點到動態觀點

許多對各國股市的實證研究發現，價值股效應與成長股效應相當明顯。此外，價值股效應與成長股效應是相輔相成的效應，因此結合了這兩種效應的因子之多因子模型的選股能力常可大幅提升。面對許多因子具有顯著的選股能力，可以不需承

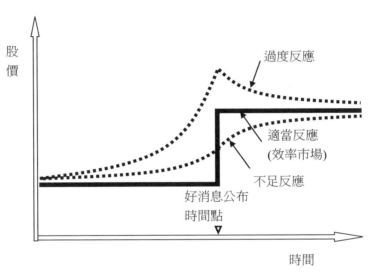

圖 6 市場對好消息的反應
資料來源：作者整理

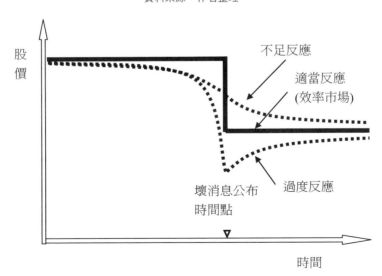

圖 7 市場對壞消息的反應
資料來源：作者整理

受較高不可分散的系統風險而擊敗市場的大量證據，必須提出新的理論來解釋。行為財務學派因應而生。行為理論學者主張投資者的行為並非總是厭惡風險的，也並非總是理性的，認為非理性投資者的**趨勢**行為導致了異常報酬。而非理性行為可分成過度反應（over-reaction）和不足反應（under-reaction）兩種行為。市場很有效率，但並不完美，對好消息、壞消息的反應經常也是過度反應、不足反應。圖6與圖7分別顯示市場對好消息、壞消息的過度反應、不足反應。

3-4-1 過度反應（參閱圖8、圖9）

股票市場經常對一系列連續發生的「非例行性」的好消息或壞消息反應過度。例如突發性、轟動性的天災、人禍新聞即屬於這類消息。即股價因為好消息而上漲，但股價過度反應，高過該消息所隱含的合理股價；反之，股價因為壞消息而下跌，但股價過度反應，低過該消息所隱含的合理股價。接著而來的是對股價過度反

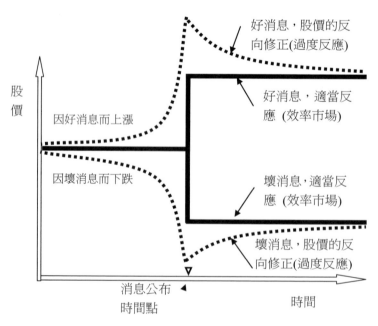

圖 8 股價過度反應現象
資料來源：作者整理

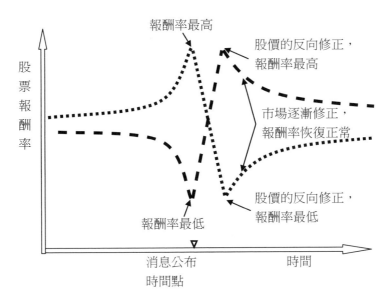

圖 9 股價過度反應下的報酬率驟變現象

資料來源：作者整理

應的反向修正，此一修正造成了過度上漲的股票報酬率最低；過度下跌的股票報酬率最高。股票之所以成為價值股，經常是因為它們通常歷經了因為壞消息而股價過度下跌的過程，而有較高的淨值股價比。因此接著而來的反向修正造成了較高的報酬率。

3-4-2 不足反應（參閱圖 10、圖 11）

有許多研究指出，股東權益報酬率較高的股票具有較高的報酬率，而對於成長股效應之成因的一個可能的解釋是不足反應（under-reaction）。股票市場經常對盈餘這類「例行性」的基本面消息反應不足。例如定期性財報的資訊即屬於這類消息。即股價雖因為此類好消息而上漲，但股價反應不足，仍低於該消息所隱含的合理股價；反之，股價因為此類壞消息而下跌，但股價反應不足，仍高過該消息所隱含的合理股價。接著而來的是對股價的持續修正，造成了上漲不足的股票報酬率最高，下跌不足的股票報酬率最低。

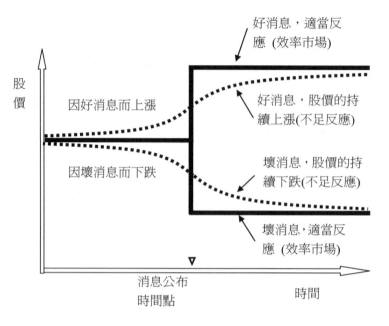

圖 10 股價不足反應現象

資料來源：作者整理

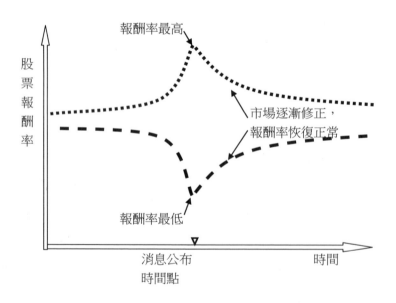

圖 11 股價不足反應下的報酬率漸變現象

資料來源：作者整理

3-5 成長股與價值股的關係──二維動態觀點

為了深入瞭解成長股與價值股的關係,我們可以用二維動態觀點來觀察。我們以台灣股市從 1999 年~2010 年,共 12 年的上市櫃公司年財報資料為研究範圍。首先,在形成組合時當季、隨後一季與二季的股東權益報酬率與股價淨值比,如圖 12 所示,其中線段的圓圈端為隨後第二季位置,轉折點為隨後第一季位置,另一端為形成組合時的位置。注意橫座標的範圍較小,只有-5%~+5%,許多組合其形成組合時的位置在橫座標的範圍之外。從圖可以得到以下觀察:

1. 在第 t 季排序形成的組合,在第 t+1 季、第 t+2 季的變動趨勢有相當的群體一致性,大趨勢都是往對角線區域集中,展現了二維均值回歸的特徵。

2. 在左上方第 t 季市場評價非常偏高的組合,從第 t 季到第 t+2 季常產生水平 L 型迴轉現象,即這些在第 t 季被看好的股票,公司的本質(股東權益報酬率)確實有大幅提升,但到了第 t+2 季會有一些反向修正。同理,在

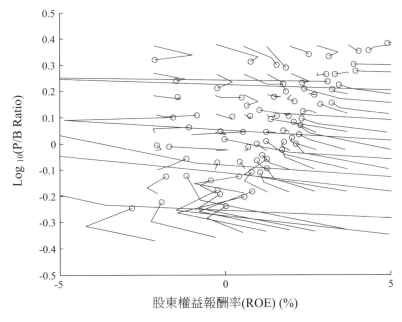

圖 12 在形成組合時,當季、隨後一季與二季的股東權益報酬率與股價淨值比

資料來源:作者整理

右下方第 t 季市場評價非常偏低的組合，也有類似的現象，在第 t 季被看差的股票，公司的本質（股東權益報酬率）確實有大幅降低，但到了第 t＋2 季會有一些反向修正。

基於上面的觀察可知，選擇右下方的股票買入會比選擇左上方的股票買入，在未來更有機會向圖的上方移動，即股價淨值比（P/B）提升。由於右下方的股票股東權益報酬率較大，股票淨值變小的可能性較低，剩下能使股價淨值比變大的原因就剩股價提升，因此獲利機會較大。

為了消除經濟景氣的榮枯的影響，我們改用當季排序值來計算平均值。在形成組合時，當季、隨後一季與二季的股東權益報酬率與股價淨值比如圖 13 所示。從圖 13 可以得到與圖 12 相似，但更為清晰的結論。

從圖 13 可以觀察到在左上方第 t 季市場評價非常偏高的組合，從第 t 季到第 t＋2 季常產生 L 型轉彎現象，即這些在第 t 季被市場看好的股票，公司的本質（股

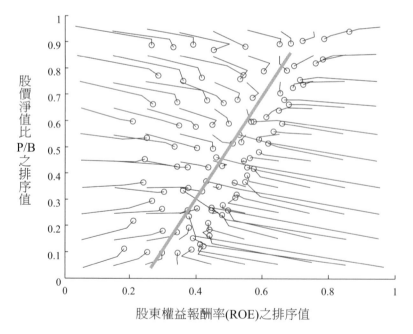

圖 13 在形成組合時，當季、隨後一季與二季的股東權益報酬率與股價淨值比
資料來源：作者整理

東權益報酬率）確實有大幅提升，而市場評價變化不大，但到了第 t＋2 季公司的本質（股東權益報酬率）不再大幅改善，而市場評價向下修正。同理，在右下方第 t 季市場評價非常偏低的組合，也有類似的現象，在第 t 季被市場看壞的股票，公司的本質（股東權益報酬率）確實有大幅降低，而市場評價變化不大，但到了第 t＋2 季公司的本質（股東權益報酬率）不再大幅退步，而市場評價向上修正。這些現象顯示市場相當有效率，但還是存在著一些無效率。

基於上面的觀察可知，選擇右下方的股票買入會比選擇左上方的股票買入，在未來更有機會向圖的上方移動，即股價淨值比（P/B）提升，因此獲利機會較大。

3-6 成長股與價值股的效應

為了證明價值特徵與成長特徵都會影響股票報酬率，我們將股票依它們在第 t 季的淨值股價比與股東權益報酬率的排序值各分五等分，形成 5×5＝25 的投資組合，並計算各投組的 t＋2 季的股票報酬率的排序值的平均值，如圖 14。可見具有最大價值特徵與最大成長特徵的投資組合（圖 14 中淨值股價比 5（BPR5）與股東權益報酬率 5（ROE5）的組合）具有最高的報酬率排序值平均值，即「高價值、高成長」投資策略有很好的投資績效。相反地，具有最小價值特徵與最小成長特徵的投資組合（淨值股價比 1（BPR1）與股東權益報酬率 1（ROE1）的組合）有最差的投資績效。

不過由統計各投資組合內的股票數目（參閱圖 15）可知，大多數的股票分布在「高價值、低成長」（圖 15 中淨值股價比 5（BPR5）與股東權益報酬率 1（ROE1）的組合）與「低價值、高成長」（淨值股價比 1（BPR1）與股東權益報酬率 5（ROE5）的組合）的對角線上。「高價值、高成長」（淨值股價比 5（BPR5）與股東權益報酬率 5（ROE5）的組合）與「低價值、低成長」（淨值股價比 1（BPR1）與股東權益報酬率 1（ROE1）的組合）的股票十分稀少。這就如同市場上同時存在著大量高品質高價格、低品質低價格的商品，但極少高品質低

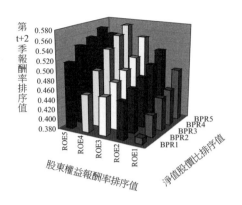

圖 14 第 t 季的淨值股價比與股東權益報酬率的排
序值五等分下的 t＋2 季報酬率的排序值平均值
資料來源：作者整理

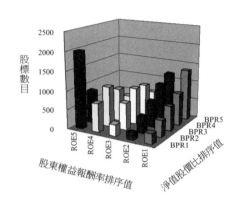

圖 15 淨值股價比與股東權益報酬率的排序值五等
分下的個股數目
資料來源：作者整理

價格、低品質高價格的商品，特別是前者更是罕見，因為如果有的話，早就被搶購一空，供不應求，導致價格上漲，不再是高品質低價格了。

　　圖 16 是 1997~2009 年台灣股市個股的股價淨值比與股東權益報酬率之關係圖，可以看出兩者有近似正比的關係。注意圖 4 與圖 16 的縱座標正好相反，前者縱座標是淨值股價比（BPR, B/P），後者縱座標是股價淨值比（PBR, P/B），兩者互為倒數。故圖 4 的淨值股價比（B/P）與股東權益報酬率成反比，與圖 16 的股價淨值比（P/B）與股東權益報酬率成正比是一致的。

　　圖 16 顯示市場會給高成長（高股東權益報酬率）的股票較高的評價（高股價淨值比），低成長（低股東權益報酬率）的股票較低的評價（低股價淨值比）。簡單地說，賺錢多的公司的股票經常都昂貴；便宜股票的公司經常都賺錢少，甚至賠錢。公司賺錢多與股價便宜就像「魚與熊掌」很難兼得。但價值投資法的精髓就是買公司賺錢多、股價便宜的股票，這種好股票在有效率市場中當然不會很多。

　　讀者可能會有一個困惑，既然股價淨值比與股東權益報酬率成正比，而股東權益報酬率與報酬率成正比，直覺的想法是股價淨值比與報酬率成正比。但無論從財務理論來看或實證研究的結果，都指出股價淨值比與報酬率成反比，昂貴的股票經

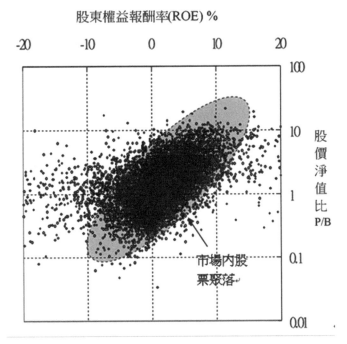

股東權益報酬率(ROE) %

股價淨值比 P/B

市場內股票聚落

圖 16 台股股價淨值比與股東權益報酬率之關係圖

資料來源：作者整理

常是報酬率低的股票。這是怎麼回事？

在此用一個相當直覺的觀點來解釋這個現象。首先讓我們看圖 17 的股價淨值比、股東權益報酬率與報酬率關係圖，圖中虛線「右下方」的股票屬於公司賺錢多、股價便宜的好股票，因此是高報酬率股票；虛線「左上方」的股票屬於公司賺錢少、股價昂貴的壞股票，因此是低報酬率股票。事實上，這條虛線並不能把股票以二分法分成高、低報酬率股票，應該是虛線右下方、左上方距離虛線越遠的股票其報酬率分別會越高、越低，即報酬率的變化是一個漸變過程。更嚴格來說，即使位在虛線「右下方」的股票雖然是公司賺錢多、股價便宜的好股票，也不一定是高報酬率股票。事實上，它的報酬率並非一個確定值，而是一個隨機變數，只是它的期望值較高，不過標準差可能很大；反之，位在虛線「左上方」的股票也不一定是低報酬率股票，只是它的期望值較低。不過為了簡化分析起見，以下假設這條虛線

將股票以二分法分成高、低報酬率股票。

圖 18 是單純用股價淨值比選股或股東權益報酬率選股的示意圖。顯示單獨採取低股價淨值比的價值面策略的篩選邊界是水平線；單獨採取高股東權益報酬率成長面策略的篩選邊界是垂直線。這兩種策略選出的股票中，落在虛線「右下方」的高報酬股票的數量都高於落在虛線「左上方」的低報酬股票的數量，因此都可以得到高於市場平均值的報酬。所以，雖然股價淨值比與股東權益報酬率成正比，但是「股東權益報酬率與報酬率成正比，股價淨值比與報酬率成反比」的現象並不矛盾。

進一步來看，單純的價值面或成長面選股都不能只選到高報酬股票，因此無法最大化報酬。而同時考量價值面與成長面的選股策略可以只選到高報酬股票，因此可以最大化報酬。例如加權評分法在採取價值面的股價淨值比越低評分越高、成長面的股東權益報酬率越高評分越高的評分準則下，在適當的權重時，篩選邊界可以是與圖中虛線近似平行的邊界，因此能夠只選到高報酬股票，最大化報酬。讀者可回憶一下，我們曾在第二章舉出一個加權評分法的實例，說明當股東權益報酬率與

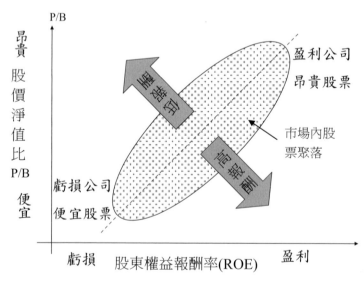

圖 17 股價淨值比、股東權益報酬率與報酬率關係圖
資料來源：作者整理

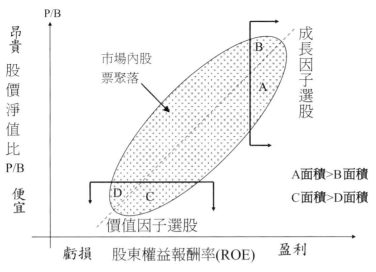

圖 18 單純用股價淨值比或股東權益報酬率選股示意圖

資料來源：作者整理

股價淨值比的權重分別為 60% 與 40% 時，選股模型的報酬率達到最大。上述的幾何圖解可以合理地解釋此一現象。

3-7 對投資人的啟發：買「賺錢公司」的「便宜股票」就對了

綜合以上分析，對投資人有以下的啟發：

原則 1 市場效率原則

股票市場很有效率，但並不具有完美的效率。

原則 2 價值股本質原則

價值股的本質是持有股票的兩個權益：剩餘財產請求權、盈餘分配請求權。

原則 3 成長股本質原則

成長股的本質是企業投入與產出相較之效率。

原則 4 價值股動態原則

股票之所以成為價值股，經常是因為它們歷經了因為壞消息而股價過度下跌的過程，而有較高的淨值股價比。因此接著而來的反向修正造成了較高的報酬率。

原則 5 成長股動態原則

股票之所以成為成長股，經常是因為它們歷經了因為好消息而股價上漲不足的過程，接著而來的補償修正造成了較高的報酬率。

原則 6 成長股與價值股的二維關係原則

成長股與價值股不是對立的關係，是股票的二個不同的維度。在股東權益報酬率（ROE）─股價淨值比（P/B）的二維圖上，股票有往對角線集中的趨勢，展現了二維均值回歸的特徵。

原則 7 選股的成長價值兩構面原則

真正值得買的股票是「賺錢公司」的「便宜股票」。

這一章的解釋讓投資人看出了選股的關鍵：買「賺錢多公司」的「便宜股

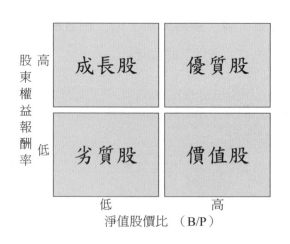

圖 19 價值成長矩陣
資料來源：作者整理

票」，即圖 19 中右上方的優質股。當然這種股票一定不多。選股的工作很像「沙中淘金」。金塊有價，必定稀少。

最後我們有兩個有趣的比喻來說明價值股與成長股的關係：

- 解釋（一）：雞肉與雞蛋

    - 價值面：單位金錢（P）買到較多的雞肉（B）等同高淨值股價比（B/P）。

    - 成長面：單位雞肉（B）生產較多的定期產生的雞蛋（E）等同高淨值報酬率（ROE, E/B）。

    - 最佳母雞：短期看雞肉對價格的比例；長期看雞蛋對雞肉的比例；中期兩者都要看。

- 解釋（二）：起薪與加薪

    - 價值面：單位努力（P）取得較高的起薪（B）等同高淨值股價比（B/P）。

    - 成長面：單位起薪（B）生產較多的定期產生的加薪（E）等同高淨值報酬率（ROE, E/B）。

    - 最佳工作：短期看起薪對努力的比例；長期看加薪對起薪的比例；中期兩者都要看。

上面兩個比喻對投資人的啟發都是：買股票，短期看價值面的淨值股價比；長期看成長面的淨值報酬率；中期兩者都要看。選股模型必需配合定期重組（rebalance）投資組合來操作。研究結果顯示，這個週期約以每月或每季重組投資組合一次的投資報酬率最高。以月或季為投資週期說長不長，說短不短，算是中期，因此投資人買股票時，代表價值面的淨值股價比與成長面的淨值報酬率兩者都要考慮，才能獲得最高的報酬率。

參考文獻（價值股與成長股的動態本質可參閱以下文獻）

1. 葉怡成（2017），誰都學得會的算股公式，財經傳訊。

2. Liu, Yi-Cheng and Yeh, I-Cheng（2014）. "Which drives abnormal returns, over- or under-reaction? -Studies applying longitudinal

analysis," Applied Economics, 46（26）, 3224-3235.

3. Yeh, I-Cheng and Hsu, Tzu-Kuang（2014）. "Exploring the Dynamic Model of the Returns from Value Stocks and Growth Stocks Using Time Series Mining," Expert Systems with Applications, 41（17）, 7730–7743.

第四章　單因子的初步篩選—價值因子、獲利因子、風險因子、規模因子、慣性因子

4-1 回測的因子

　　財報中有四個數字與市場股價構成五角形（參閱圖 1），其中淨值，即股東權益，是企業的起點，啟動了如下循環：

　　每股淨值（B）× 財務槓桿（A/B）＝每股資產（A）

　　每股資產（A）× 營運槓桿（S/A）＝每股營收（S）

　　每股營收（S）× 盈利效率（E/S）＝每股盈餘（E）

　　每股盈餘（E）× 市場本益比（P/E）＝每股股價（P）

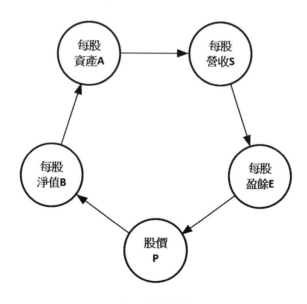

圖 1 財報五角形

資料來源：作者整理

每股股價（P）× 淨值股價比（B/P）＝每股淨值（B）

圖 1 中的 5 個數字彼此相除可以構成許多財務比率，其中一部分是以基本面選股的重要因子。我們參考各方專家心得，採用以下選股因子（參閱圖 2）：

1. **價值因子**：是基於價值股效應的選股因子，包括
   - 股價淨值比（P/B）
   - 股價營收比（P/S）
   - 本益比（P/E）

2. **獲利因子**：是基於成長股效應的選股因子，包括
   - 股東權益報酬率（ROE）
   - 資產報酬率（ROA）
   - 銷貨利潤率（E/S）

3. **其他因子**：包括
   - 風險因子：系統風險係數 β，是基於古典理論的選股因子。
   - 規模因子：總市值，是基於規模效應的選股因子。
   - 慣性因子：前期股票報酬率，是基於慣性效應的選股因子 。

上述選股因子的定義與公式整理如表 1。

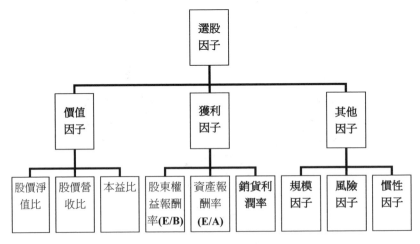

圖 2 選股因子分類

資料來源：作者整理

選股因子	定義與公式
股價淨值比（P/B）	$=\dfrac{股價}{每股淨值}=\dfrac{P}{B}$
股價營收比（P/S）	$=\dfrac{股價}{每股營收}=\dfrac{P}{B}$
本益比（P/E）	$=\dfrac{股價}{每股盈餘}=\dfrac{P}{E}$ 　註：益本比（E/P）$\dfrac{每股盈餘}{股價}$
股東權益報酬率（ROE）	$=\dfrac{每股盈餘}{每股淨值}\times100\%=\dfrac{E}{B}$
資產報酬率（ROA）	$=\dfrac{每股盈餘}{每股資產}\times100\%=\dfrac{E}{A}$
銷貨利潤率（E/S）	$=\dfrac{每股盈餘}{每股營收}\times100\%=\dfrac{E}{S}$
系統風險係數 β（beta）	＝最近 250 日個股報酬率對大盤報酬率迴歸之斜率係數
總市值（Market Value）	＝股價×流通在外股數
前期股票報酬率	第 t 季的股票報酬率 $=\dfrac{（第\,t\,季季末的還原收盤價－第\,t\,季季初的還原收盤價）}{第\,t\,季季初的還原收盤價}\times100\%$

表 1 選股因子的定義與公式

資料來源：作者整理

4-2 價值因子的回測結果

價值因子是基於價值股理論的選股因子，它是將投資人取得股票的代價，即股價 P，除以取得股票的權益（參閱圖 3）。因採用的權益不同，價值因子分成（參閱圖 4）：

1. 股價淨值比（Price-to-Book Value, P/B）

股價淨值比為一家公司於某一個時間點，其股價相對於每股淨值的比值。當股價高於每股淨值時，比值大於 1；低於每股淨值時，比值小於 1。實務上常把股價淨值比低的股票稱為「價值股」。股票的股價淨值比越低，代表股票越有價值，未來越可能有較高之報酬。

2. 本益比（Price-to-Earnings, P/E）

本益比為一家公司於某一個時間點，其股價相對於每股盈餘的比值。由於無法即時獲得當季財報對於每股盈餘的資訊，因此實務上只能採用最近公告的財報每股盈餘來計算，例如最近四季的每股盈餘。實務上常把本益比低的股票稱為「價值股」。股票的本益比越低，代表股票越有價值，未來越可能有較高之報酬。

3. 股價營收比（Price-to-Sale, P/S）

股價營收比（P/S）可以分解成

$$P/S = \frac{P}{E} \times \frac{E}{S}$$，其中 S 為營收，E 為盈餘，P/S 為股價營收比，E/S 為銷貨利潤率。

如果銷貨利潤率不變，則股價營收比與本益比成正比。因此股價營收比也可以用來衡量股價是否便宜，股票的股價營收比越低，代表股票越有價值，越可能有較高之報酬。不過各產業的銷貨利潤率可能差異很大，因此不同產業的股價營收比不宜直接比較。此外，盈餘來自營收減去成本，企業的成本有固定成本與變動成本。因為企業經營有固定成本存在，營收必須大於一個特定門檻值才會有盈餘，但是一旦營收大於此一門檻值，盈餘將會大增。故股價營收比越小，本益比也可能越小，股價越便宜。

本章的回測分成在全部股、大型股（市值最大前 20%）、小型股（市值最小前 20%）中回測，以瞭解價值因子在不同規模公司中選股的表現。股價淨值比、股價營收比、本益比均採用由小到大排序，結果如圖 5~圖 7。

- 全部股：選股能力：股價淨值比＞股價營收比＞本益比。股價淨值比的選股能力最佳，當股價淨值比最小時，報酬率最大。本益比最小時，報酬率最大；但本益比最大時，報酬率並非最低。
- 大型股：選股能力：本益比＞股價營收比＞股價淨值比。本益比的選股能力最佳，當本益比最大時，報酬率最小；但本益比最小時，報酬率並非最高。因此嚴格說來，在大型股中，本益比的選股能力也不理想。

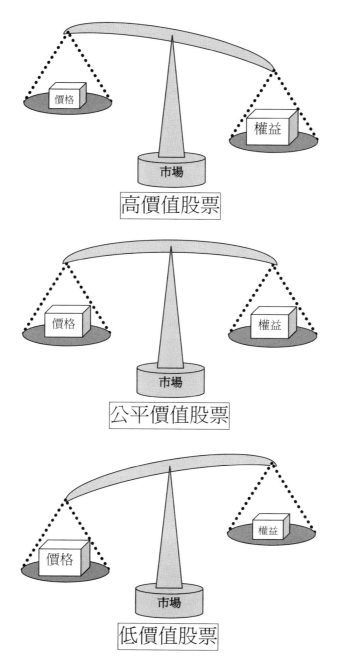

圖 3 價值因子是將投資人取得股票的代價，除以取得股票的權益。

資料來源：作者整理

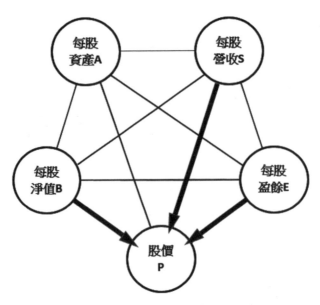

圖 4 財報五角形與價值因子

資料來源：作者整理

· 小型股：選股能力：股價淨值比＞股價營收比＞本益比。股價淨值比的選股
能力最佳，而本益比完全沒有選股能力。

綜合以上分析，實證顯示：

· 基本上價值股效應是成立的，股價淨值比、股價營收比、本益比越小，報酬
率越高，但效果並不理想。

· 在大型股中價值股效應較差，原因可能是市場投資人較關注大型股，市場交
易量較大，因此定價較合理，股價較少偏離股票內在價值。

4-3 獲利因子的回測結果

獲利因子是基於成長股理論的選股因子，它是將企業的產出利潤，即每股盈
餘，除以投入的資源（參閱圖 8）。因採用的資源不同，獲利因子分成（參閱圖
9）：

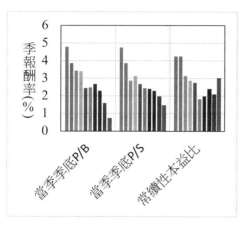

圖 5 價值因子的季報酬率：全部股

資料來源：作者整理

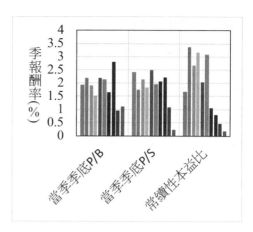

圖 6 價值因子的季報酬率：大型股

資料來源：作者整理

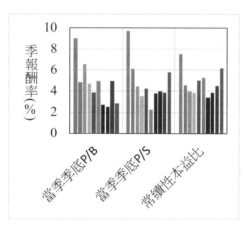

圖 7 價值因子的季報酬率：小型股

資料來源：作者整理

1. 股東權益報酬率（Return on Equity, ROE）

　　股東權益報酬率反映公司利用股東權益（資產淨值）產生盈餘（淨利）的能力，是衡量上市公司盈利能力的重要指標。其值越高，代表公司利用資產淨值產生淨利的能力越高。若未來能持續維持高水準，代表公司的盈餘可以持續高度成長。因此股東權益報酬率越大的股票，未來越可能有較高之報酬。

2. 資產報酬率（Return on Asset, ROA）

　　資產報酬率反映公司利用資產產生盈餘（淨利）的能力，也是衡量上市公司盈利能力的重要指標。其值越高，代表公司利用資產產生淨利的能力越高。因此資產報酬率越大的股票，未來越可能有較高之報酬。

3. 銷貨利潤率（邊際獲利）

　　銷貨利潤率＝淨利／營業收入

　　顯示企業運用營收產生利潤的效率。而股東權益報酬率可以分解成

$$ROE = \frac{E}{B} = \frac{S}{B} \times \frac{E}{S}$$

　　其中 S 為營收，E 為盈餘，B 為淨值，S/B 為淨值周轉率，E/S 為銷貨利潤率。

　　如果淨值周轉率不變，則股東權益報酬率與銷貨利潤率成正比。因此銷貨利潤率也可以用來衡量企業的獲利效率，其值越高，代表企業的獲利效率越高，越可能有較高之報酬。上述概念分母是營業收入，分子「淨利」則可改為不同階段的利潤。例如

$$毛利益 = \frac{營業毛利}{營業收入}$$

$$營益率 = \frac{營業利益}{營業收入}$$

$$盈利率 = \frac{稅前盈利}{營業收入}$$

　　其中，營業毛利＝營收－銷貨成本，營業利益＝營業毛利－營業成本，稅前盈利＝營業利益＋業外損益（如利息、投資收益、資產變賣、匯率等）。

　　本章的回測分成在全部股、大型股（市值最大前 20%）、小型股（市值最小前 20%）中回測。各因子均採用由小到大排序，結果如圖 10~圖 12。

　　‧全部股：選股能力：股東權益報酬率＞資產報酬率＞各種銷貨利潤率。股東

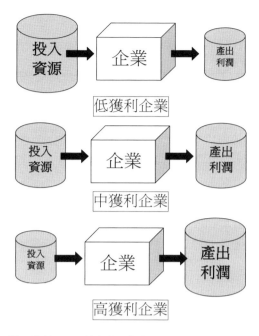

圖 8 獲利因子是將企業的產出利潤，除以投入的資源
資料來源：作者整理

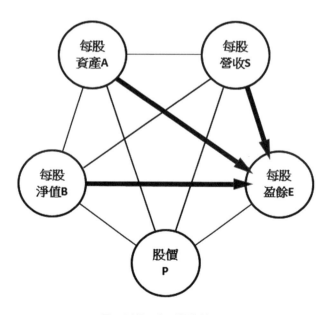

圖 9 財報五角形與獲利因子
資料來源：作者整理

權益報酬率的選股能力最佳，當股東權益報酬率最大時，報酬率最大。

- 大型股：選股能力：股東權益報酬率＞資產報酬率＞各種銷貨利潤率。但各獲利因子的選股能力明顯下降。只有股東權益報酬率能維持顯著的選股能力。

- 小型股：選股能力：股東權益報酬率＞資產報酬率＞各種銷貨利潤率。且各獲利因子的選股能力明顯提高。特別是各種銷貨利潤率在小型股中的表現明顯優於在大型股中的表現。

綜合以上分析，實證顯示：

- 基本上成長股效應是成立的，股東權益報酬率、資產報酬率以及各種銷貨利潤率越大，報酬率越高。

- 在大型股中成長股效應較差，原因可能是市場投資人較關注大型股，市場交易量較大，因此股價較能即時反應企業的獲利能力，因此股價較少偏離股票內在價值。

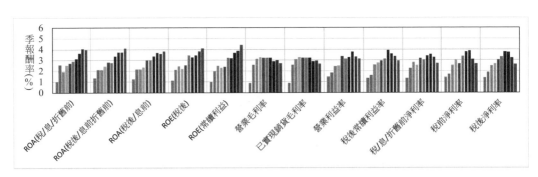

圖 10 獲利因子的季報酬率：全部股

資料來源：作者整理

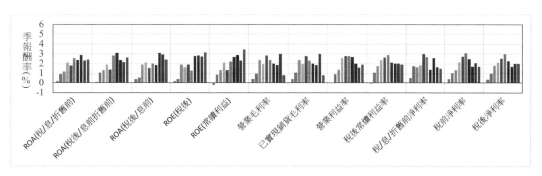

圖 11 獲利因子的季報酬率：大型股

資料來源：作者整理

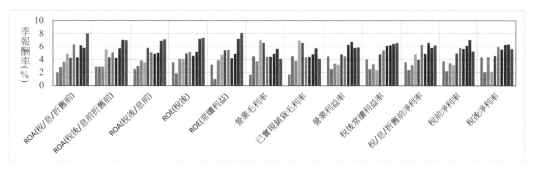

圖 12 獲利因子的季報酬率：小型股

資料來源：作者整理

4-4 其他因子的回測結果

除了基於價值股效應、成長股效應的價值因子、獲利因子，其他因子包括：

1. 總市值（Market Value, MV）

總市值為衡量公司規模大小之指標。若公司總市值在其產業位居高端，表示該公司在其產業處於領導地位，並且可能享有規模經濟的效益；反之，位居低端，則表示該公司可能仍處於快速成長階段。雖然小型股可能有較高的報酬，但此種股票可能有風險較高，以及交易量太小而缺少市場流動性的問題。

2. 系統風險係數 β

個股 β 值係指個股股價變動與市場大盤指數變動之間的比例，可以表達無法透

過多元投資消散的系統風險之大小。古典理論認為，一般投資人不喜歡風險，由於系統風無法透過多元投資消散，投資人對於系統風險較高的股票會要求較高的必要報酬率做為補償，因此推測系統風險 β 值較大的股票應該有較高之報酬。但許多實證研究否定此一推測。

3. 前期股票報酬率

慣性效應是指最近報酬率高（低）的股票未來會持續報酬率高（低）。反轉效應是指最近報酬率高（低）的股票未來報酬率會變低（高）。股市中報酬率常存有短期反轉、中期慣性以及長期反轉的現象。因為考慮到交易成本，較佳的持股週期是數個月，屬於中期，因此可能有慣性效應存在。由於我們回測時，使用第 t 季的財報來選股，並假設在第 t+2 季初交易股票，並持有一季。故其報酬率指的是第 t+2 季的股票報酬率，以避免先視偏差。但股票報酬率與財報無關，沒有時間落差，因此我們採用兩種前期股票報酬率：第 t 季的股票報酬率、第 t+1 季的股票報酬率。我們預期第 t+1 季的股票報酬率因為是更接近交易時間點的資訊，其基於慣性效應的選股能力，會優於第 t 季的股票報酬率。

4. 營收成長率

台灣股市的一個獨特規定是每個月的 10 日前要公告上個月的營收。營收越高，如盈餘對營收比率不變，自然有較高的盈餘。因此營收成長經常會帶來盈餘成長。但從另一個角度來看，企業的成本除了變動成本之外，還有固定成本，因此企業的營收有一個損益平衡點，超過這個平衡點才會有盈餘。因此，光是營收成長，不足以帶來盈餘成長，必須營收超過損益平衡點才有盈餘。為了計算營收成長率，首先，因為單月的營收成長率可能波動甚鉅，因此常採用累計近 3 個月的值來估計營收，其次，因為營收可能具有季節性，因此常採用相對去年同期營收的成長率來估計營收成長率，故公式為

$$營收成長率 = \frac{該月的近 3 月營收 - 去年同月的近 3 月營收}{去年同月的近 3 月營收}$$

雖然上述公式中的營收是 3 個月的總營收，但營收成長率的比較基準是去年

同期的總營收，因此反映出來的是一年成長率，而非一季（3 個月）成長率。例如去年 1~3 月累計營收 100 億，今年 1~3 月累計營收 120 億，則代表年成長率約 20%。

5. 財務槓桿

衡量企業有效運用資金擴大經營的能力的常用比率有

$$淨值資產比 = \frac{淨值(B)}{資產(A)}$$

$$財務槓桿 = \frac{資產(A)}{淨值(B)}$$

因此兩者互為倒數。股東權益報酬率的基本公式：

$$股東權益報酬率 = \frac{總盈餘(E)}{總淨值(B)} = \frac{總資產(A)}{總淨值(B)} \times \frac{總營收(S)}{總資產(A)} \times \frac{總盈餘(E)}{總營收(S)}$$

＝財務槓桿（A/B）×資產週轉率（S/A）×銷貨利潤率（E/S）

因此股東權益報酬率有三個因素：

- 財務槓桿（A/B）：衡量公司的融資管理的能力。
- 資產週轉率（S/A）：衡量公司的資產管理的能力。
- 銷貨利潤率（E/S）：衡量公司的成本管理的能力。

所以財務槓桿只是構成獲利能力的一個要素，光是財務槓桿本身並無法表達公司的獲利能力。財務槓桿較高有可能是公司有很好的獲利機會，積極透過提高財務槓桿增加獲利；但也有可能因為公司長期虧損，折損了資產，在負債不變下，淨值自然降低，財務槓桿當然提高。因此光是財務槓桿本身並無法判定是正面或負面訊息，所以不適合當做選股因子。不過投資人必須注意，財務槓桿太高的公司在不景氣時受傷最重，具有較高的風險。

6. 總資產週轉次數

衡量企業有效運用企業資源進行經營活動的能力。常用的比率有

總資產週轉次數＝銷貨收入（S）／總資產（A）

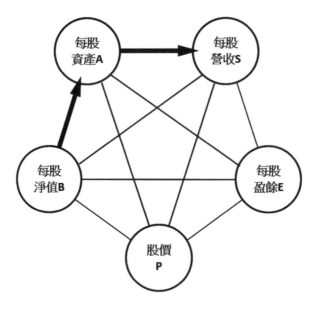

圖 13 財報五角形與財務槓桿（A/B）、營運槓桿（S/A）

資料來源：作者整理

　　由上面的股東權益報酬率的分解可知，總資產週轉次數只是構成獲利能力的一個要素，無法全面表達公司的獲利能力。

　　本章的回測分成在全部股、大型股（市值最大前 20%）、小型股（市值最小前 20%）中回測。各因子均採用由小到大排序，結果如圖 14~圖 16。

- 總市值（Market Value, MV）：規模效應成立，總市值越小，報酬率越高，但只有在總市值最小的 1/10 較明顯。但在大型股時，因為市值都已經超過 100 億元，無規模效應。

- 系統風險係數 β：與古典理論相反，實證發現系統風險係數 β 越小，報酬率越高。但在大型股時，無此效應。

- 前期股票報酬率：慣性效應成立，前期股票報酬率越大，報酬率越高。但在小型股時，無慣性效應。第 t＋1 季的股票報酬率的選股能力優於第 t 季的股票報酬率，與預期相符。

- 營收成長率：不具選股能力。

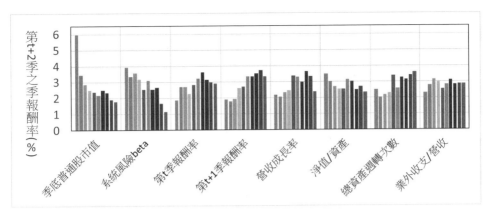

圖 14 其他因子的季報酬率：全部股

資料來源：作者整理

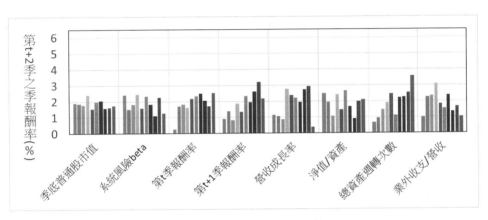

圖 15 其他因子的季報酬率：大型股

資料來源：作者整理

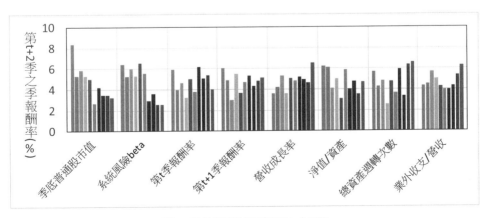

圖 16 其他因子的季報酬率：小型股

資料來源：作者整理

- 淨值資產比：不具選股能力。
- 總資產週轉次數：總資產週轉次數越大，報酬率越高。但效應不明顯，且在小型股時，無此效應。

綜合以上分析，實證顯示：

- 在大型股時，第 t＋1 季的股票報酬率越大、總資產週轉次數越大，報酬率越高。
- 在小型股時，總市值越小、系統風險係數越小，報酬率越高。

4-5 對投資人的啟發：7 個重要的選股因子—股價淨值比、股價營收比、益本比、股東權益報酬率、系統風險係數 β、總市值、前期季報酬率

彙整全部股、大型股、小型股的選股因子與十等分股票季報酬率之實證結果，如表 3~表 5。基於上述的實證，我們選出 7 個最具選股效果的因子，如圖 17，並歸納選股因子與股票報酬率的關係，如表 2。綜合以上分析，對投資人有以下的啟發：

原則 1 價值因子效應原則

基本上價值股效應是成立的，股價淨值比、股價營收比、本益比越小，報酬率越高，但效果並不理想。股價淨值比是價值因子中表現最佳者，但在大型股時，無選股效果。

原則 2 獲利因子效應原則

基本上成長股效應是成立的，股東權益報酬率、資產報酬率越大，報酬率越高。股東權益報酬率是獲利因子中表現最佳者。

原則 3 規模因子效應原則

規模效應成立，總市值越小，報酬率越高，但只有在總市值最小的 1/10 較明顯。但在大型股時，無規模效應。

原則 4 風險因子效應原則

與古典理論相反，實證發現系統風險係數 β 越小，報酬率越高。但在大型股時，無此效應。

原則 5 慣性因子效應原則

慣性效應成立，第 t+1 季的股票報酬率越大，第 t+2 季的股票報酬率越高。在大型股時，效應明顯。但在小型股時，無慣性效應。

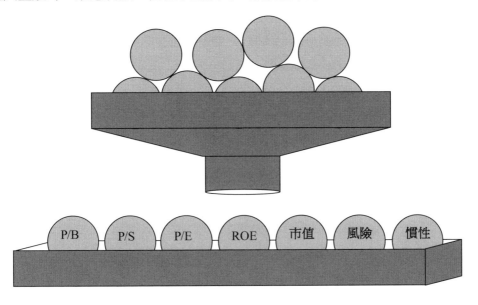

圖 17 初步篩選選出的 7 個選股因子
資料來源：作者整理

選股模型	全部股	大型股	小型股
股價淨值比（P/B）	▼		▼
股價營收比（P/S）	▼		▼
本益比（P/E）	▼	▼	
股東權益報酬率（ROE）	△	△	△
系統風險係數 β	▼		▼
總市值（MV）	▼		▼
前期股票報酬率 R（t+1）	△	△	

表 2 選股因子與股票報酬率的關係（△ 正比，▼反比）
資料來源：作者整理

十等分 選股因子		1	2	3	4	5	6	7	8	9	10
價值因子	股價淨值比（P/B）	**4.8**	3.9	3.4	3.4	2.4	2.5	2.7	2.3	1.6	0.7
	股價營收比（P/S）	**4.7**	3.8	2.9	3.1	2.7	2.4	2.4	2.3	2.0	1.5
	本益比（P/E）	**4.2**	4.2	3.1	2.9	2.8	1.8	2.0	2.4	2.1	3.0
獲利因子	資產報酬率（稅／息／折舊前）	1.0	2.6	1.9	2.5	2.7	2.9	3.1	3.6	4.1	**4.0**
	資產報酬率（稅後／息前折舊前）	1.4	2.1	2.1	2.5	2.8	2.8	3.4	3.7	3.7	**4.1**
	資產報酬率（稅後／息前）	1.3	2.2	2.2	2.3	3.0	3.0	3.4	3.7	3.6	**3.8**
	股東權益報酬率（稅後）	1.1	2.1	2.4	2.2	2.5	3.5	3.3	3.4	3.8	**4.1**
	股東權益報酬率（常續利益）	0.9	2.0	2.5	2.3	2.4	3.2	3.2	3.7	3.8	**4.4**
	營業毛利率	0.9	2.6	3.1	3.3	3.2	3.2	3.2	2.9	3.0	**2.7**
	已實現銷貨毛利率	0.9	2.6	3.1	3.3	3.2	3.2	3.2	2.9	3.0	**2.7**
	營業利益率	1.5	1.8	2.4	2.5	3.4	3.1	3.3	3.8	3.3	**3.2**
	稅後常續利益率	1.3	1.6	2.6	2.8	2.9	3.1	3.9	3.6	3.4	**2.9**
	稅／息／折舊前淨利率	1.3	2.3	2.8	2.5	3.2	3.1	3.4	3.5	3.3	**2.7**
	稅前淨利率	1.4	1.7	2.6	3.0	2.7	3.4	3.8	3.9	3.1	**2.7**
	稅後淨利率	1.4	1.9	2.5	2.7	3.0	3.3	3.8	3.7	3.2	**2.6**
其他因子	季底普通股市值	6.0	3.5	2.9	2.5	2.4	2.2	2.5	2.3	1.9	1.8
	系統風險 beta	3.9	3.3	3.6	3.2	2.5	3.1	2.6	2.7	1.7	1.1
	第 t 季報酬率	1.8	2.7	2.7	2.3	2.8	3.2	3.6	3.1	3.0	2.9
	第 t＋1 季報酬率	1.9	1.8	2.0	2.6	2.7	3.3	3.4	3.6	3.7	3.4
	營收成長率	2.2	2.1	2.3	2.5	3.4	3.3	3.0	3.6	3.4	2.4
	淨值／資產	3.5	3.0	2.7	2.5	2.5	3.1	3.0	2.5	2.7	2.3
	總資產週轉次數	2.5	2.0	2.2	2.3	3.4	2.6	3.2	3.1	3.4	3.6
	業外收支／營收	2.3	2.8	3.1	3.0	2.5	2.8	3.1	2.8	2.9	2.9

表 3 選股因子與十等分股票季報酬率（％）：全部股所有因子一律由小到大排序

資料來源：作者整理

十等分 選股因子		1	2	3	4	5	6	7	8	9	10
價值因子	股價淨值比（P／B）	**1.9**	2.2	1.9	1.5	2.2	2.1	1.7	2.8	1.0	1.1
	股價營收比（P/S）	**2.4**	1.7	2.1	1.8	2.5	1.9	2.1	2.2	1.1	0.2
	本益比（P/E）	**1.7**	3.4	2.7	3.2	2.0	3.1	1.1	0.8	0.5	0.2
獲利因子	資產報酬率（稅/息／折舊前）	0.2	0.9	1.2	2.1	1.8	2.6	2.4	2.9	2.3	**2.4**
	資產報酬率（稅後／息前折舊前）	0.1	1.1	1.3	1.9	1.4	2.8	3.1	2.4	2.1	**2.6**
	資產報酬率（稅後／息前）	0.4	0.6	1.9	2.1	1.6	2.0	1.8	3.1	2.9	**2.4**
	股東權益報酬率（稅後）	0.2	0.4	1.9	1.7	1.9	1.3	2.8	2.8	2.7	**3.2**
	股東權益報酬率（常續利益）	-0.2	0.9	1.4	2.1	1.3	2.2	2.7	2.9	2.3	**3.5**
	營業毛利率	0.4	1.0	2.4	2.0	2.8	2.4	2.0	1.8	3.0	**0.8**
	已實現銷貨毛利率	0.4	1.1	2.4	1.9	2.8	2.3	2.0	1.8	3.0	**0.8**
	營業利益率	0.0	0.9	1.4	2.6	2.8	2.8	2.6	2.0	1.6	**1.9**
	稅後常續利益率	0.0	1.1	1.8	2.4	2.6	2.9	2.1	2.0	2.0	**1.9**
	稅／息／折舊前淨利率	0.5	1.7	1.7	1.8	3.0	2.7	1.4	2.6	1.7	**1.5**
	稅前淨利率	0.4	1.0	1.3	2.1	2.7	3.1	2.5	1.7	2.1	**1.7**
	稅後淨利率	0.3	0.9	1.8	2.1	2.5	3.0	2.2	1.7	2.0	**2.0**
其他因子	季底普通股市值	1.9	1.9	1.8	2.4	1.5	2.0	2.1	1.6	1.6	1.7
	系統風險 beta	2.4	1.5	1.8	2.4	1.6	2.3	1.8	1.1	2.3	1.3
	第 t 季報酬率	0.3	1.7	1.8	1.6	2.2	2.3	2.5	2.0	1.7	2.5
	第 t＋1 季報酬率	0.9	1.4	0.8	1.8	1.3	2.4	1.9	2.6	3.2	2.2
	營收成長率	1.1	1.0	0.9	2.8	2.4	2.2	1.9	2.7	2.9	0.4
	淨值／資產	2.5	2.0	1.1	2.4	1.5	2.7	1.7	0.9	2.0	2.1
	總資產週轉次數	0.7	0.9	1.5	1.9	2.5	1.1	2.2	2.2	2.5	3.6
	業外收支／營收	1.0	2.3	2.3	3.1	1.8	1.6	2.4	1.3	1.6	1.0

表 4 選股因子與十等分股票季報酬率（％）：大型股所有因子一律由小到大排序

資料來源：作者整理

十等分 選股因子		1	2	3	4	5	6	7	8	9	10
價值因子	股價淨值比（P/B）	**9.0**	4.9	6.6	4.7	3.9	4.9	2.7	2.5	5.0	2.8
	股價營收比（P/S）	**9.7**	6.1	4.4	3.6	4.2	2.3	3.8	4.0	3.9	5.8
	本益比（P/E）	**7.6**	4.6	4.0	3.8	5.0	5.3	3.4	3.9	4.5	6.2
獲利因子	資產報酬率（稅／息／折舊前）	2.0	2.9	3.7	4.9	4.3	6.3	4.3	6.2	5.8	**8.0**
	資產報酬率（稅後／息前折舊前）	2.9	2.9	2.9	5.6	4.4	5.1	4.3	5.8	7.1	**7.0**
	資產報酬率（稅後／息前）	2.5	3.0	3.9	3.6	5.8	5.2	4.9	5.0	6.9	**7.1**
	股東權益報酬率（稅後）	3.6	1.9	4.1	4.1	5.0	5.2	4.6	5.2	7.2	**7.4**
	股東權益報酬率（常續利益）	3.2	1.0	3.9	4.7	5.5	5.5	4.2	4.9	7.2	**8.1**
	營業毛利率	1.7	4.5	3.8	7.0	6.6	4.4	4.5	4.9	5.7	**4.2**
	已實現銷貨毛利率	1.7	4.5	3.9	6.9	6.6	4.4	4.5	4.8	5.8	**4.2**
	營業利益率	4.5	2.5	3.3	3.2	4.8	4.6	6.3	6.7	5.8	**5.9**
	稅後常續利益率	4.0	2.5	3.3	2.4	4.9	5.4	6.1	6.2	6.4	**6.6**
	稅／息／折舊前淨利率	3.6	2.4	3.1	4.8	4.0	6.3	4.9	6.6	5.8	**6.2**
	稅前淨利率	3.7	2.2	3.5	3.1	5.0	5.9	5.6	6.1	7.1	**5.3**
	稅後淨利率	4.3	2.1	4.4	2.2	4.6	6.0	5.6	6.3	6.4	**5.7**
其他因子	季底普通股市值	8.4	5.3	5.8	5.3	5.0	2.7	4.2	3.5	3.5	3.3
	系統風險 beta	6.4	5.2	6.0	5.3	6.5	5.6	2.9	3.6	2.6	2.6
	第 t 季報酬率	5.9	4.0	4.7	3.2	5.0	3.8	6.2	5.1	5.4	4.0
	第 t+1 季報酬率	6.1	4.9	3.0	5.5	3.7	4.7	5.3	4.3	4.8	5.1
	營收成長率	3.6	4.2	5.3	3.6	5.0	4.8	5.2	5.0	4.7	6.6
	淨值／資產	6.2	6.1	4.1	5.0	3.1	5.9	4.0	4.8	3.5	4.7
	總資產週轉次數	5.7	4.3	4.9	2.5	4.8	3.6	5.9	3.4	6.4	6.6
	業外收支／營收	4.4	4.5	5.7	5.0	4.3	4.0	4.0	4.4	5.4	6.3

表 5 選股因子與十等分股票季報酬率（%）：小型股所有因子一律由小到大排序

資料來源：作者整理

第五章　**價值因子選股模型Ⅰ─股價淨值比**

5-1 理論基礎

　　股價淨值比（P/B）為一家公司於某一個時間點，其股價相對於每股淨值的比值，股價淨值比的公式如下：（參閱圖1）

$$股價淨值比 = \frac{股價}{每股淨值}$$

　　當每股淨值高於股價時，比值小於 1，低於股價時，比值大於 1。實務上常把股價淨值比低的股票稱為「價值股」。股票的股價淨值比越小，代表股票越便宜，越有可能是股價被低估的股票，因此越有可能在未來因為股價反彈，回到合理價格而有較高之報酬。

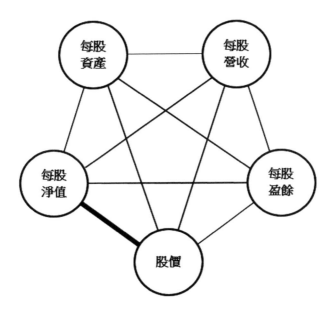

圖 1 財報五角形與股價淨值比（P/B）

資料來源：作者整理

從 2008 年第一季到 2018 年第四季（共 11 年，44 季）的股價淨值比的統計，如圖 2 與圖 3，顯示股價淨值比的平均值 1.82，中位數為 1.35，有 50%的機率會落在 0.92~2.05 之間，有 30%的機率小於 1.0。

台股從 2008 年到 2018 年的股價淨值比的時間軸統計如圖 4，此圖的縱軸是當季的所有上市上櫃股票的平均值，可以看出只有在 2008 年金融海嘯最嚴重時，這個值接近 1.0，因此，很多股市專家說淨值是股價的底線有其道理。

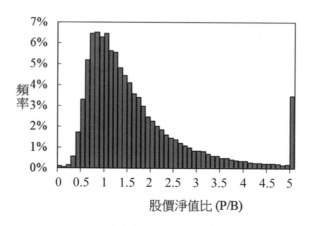

圖 2. 2008~2018 年上市上櫃股票的股價淨值比頻率分布圖
資料來源：作者整理

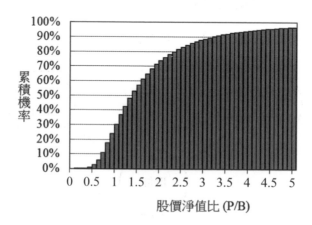

圖 3. 2008~2018 年上市上櫃股票的股價淨值比累積機率圖
資料來源：作者整理

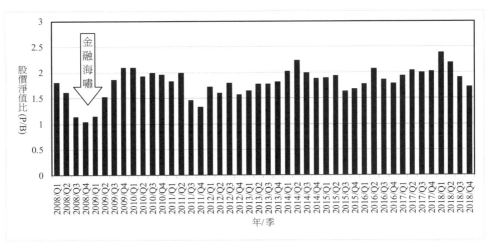

圖 4. 2008~2018 年上市上櫃股票的股價淨值比歷史

資料來源：作者整理

　　合理的股價淨值比與公司的獲利能力有關。公司越賺錢，未來的每股淨值自然越來越高，因此目前的淨值相對未來的淨值是低估值，故合理的股價淨值比越高。相反的，賠錢公司的股票未來的每股淨值會越來越低，因此目前的淨值相對未來的淨值是高估值，故合理的股價淨值比越低。所以，投資人以股價淨值比評論股票是否便宜時，必須考量公司的獲利能力。由於股東權益報酬率（ROE）越高，代表公司越賺錢，因此合理的股價淨值比越高。根據研究，合理的股價淨值比可用下式估計（詳細理論參考章末文獻）

$$合理的股價淨值比 (P/B) = \left(\frac{1+股東權益報酬率}{1+必要報酬率} \right)^{m} = \left(\frac{1+ROE}{1+R} \right)^{m}$$

・必要報酬率（R）

　　必要報酬率一般公司可取 4%~8%。公司的風險低者可取較小的值，例如 4%；高者可取較大的值，例如 8%。

· 成長係數（m）

　　成長係數，根據回測的結果，一般公司可取 7，公司競爭優勢的持續性強者可取較大的值，例如 8；低者可取較小的值，例如 6。

　　上式顯示如果股東權益報酬率（ROE）大於必要報酬率，合理的股價淨值比大於 1；反之，小於 1。股東權益報酬率等於必要報酬率時，合理的股價淨值比正好為 1.0。因此兩者的關係可用圖 5 以及表 1 來表示。例如必要報酬率＝5%，成長係數 m＝7 的假設下，每年股東權益報酬率分別為 0%、5%、10%、15%、20%、25%、30%、35%、40%，合理的股價淨值比分別為 0.71、1.00、1.38、1.89、2.55、3.39、4.46、5.81、7.49。

股東權益報酬率（%）	必要報酬率 4%			必要報酬率 5%			必要報酬率 6%			必要報酬率 7%		
	m=6	m=7	m=8	m=6	m=7	m=8	m=6	m=7	m=8	m=6	m=7	m=8
0	0.79	0.76	0.73	0.75	0.71	0.68	0.70	0.67	0.63	0.67	0.62	0.58
5	1.06	1.07	1.08	1.00	1.00	1.00	0.94	0.94	0.93	0.89	0.88	0.86
10	1.40	1.48	1.57	1.32	1.38	1.45	1.25	1.30	1.34	1.18	1.21	1.25
15	1.83	2.02	2.24	1.73	1.89	2.07	1.63	1.77	1.92	1.54	1.66	1.78
20	2.36	2.72	3.14	2.23	2.55	2.91	2.11	2.38	2.70	1.99	2.23	2.50
25	3.01	3.62	4.36	2.85	3.39	4.03	2.69	3.17	3.74	2.54	2.97	3.47
30	3.81	4.77	5.96	3.60	4.46	5.52	3.40	4.17	5.12	3.22	3.91	4.75
35	4.78	6.21	8.06	4.52	5.81	7.47	4.27	5.43	6.92	4.03	5.09	6.42
40	5.95	8.01	10.78	5.62	7.49	9.99	5.31	7.01	9.26	5.02	6.56	8.59

表 1. 股東權益報酬率（ROE）與股價淨值比（P/B）關係

資料來源：作者整理

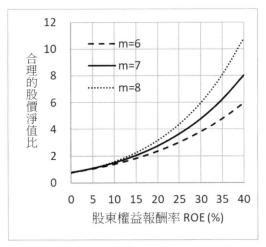

(a) 必要報酬率 4%

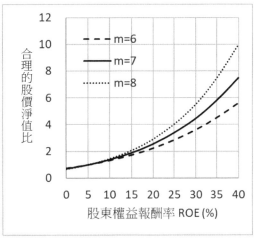

(b) 必要報酬率 5%

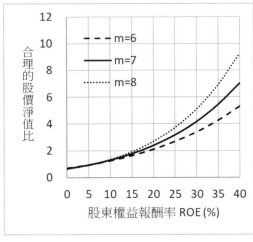

(c) 必要報酬率 6%

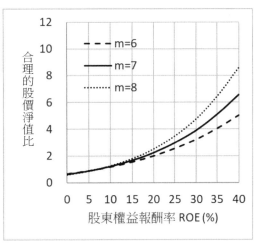

(d) 必要報酬率 7%

圖 5 股東權益報酬率（ROE）與股價淨值比（P/B）關係
資料來源：作者整理

　　例如圖 6 是 2019 年 6 月 26 日台灣上市個股的「股東權益報酬率」（ROE）
與「股價淨值比」（P/B）。股東權益報酬率採用近四季每股盈餘除以季底每股淨
值來計算，排除股東權益報酬率為負值的樣本。可見股東權益報酬率越高，股價淨
值比確實越高。圖中曲線是必要報酬率＝5%，成長係數＝7 的合理股價淨值比估

計曲線，可見曲線與散布圖的趨勢大致相符。

　　把時間拉長到 2008~2018 年，觀察聯電、鴻海、台積電、大立光等個股（參閱圖 7），一樣可以發現相同的現象。股東權益報酬率採用近一季每股盈餘乘以 4 倍，再除以季底每股淨值來計算。大立光因為股東權益報酬率很高，市場也給予很高股價淨值比，而聯電因為股東權益報酬率較低，市場也給予較低股價淨值比。台積電的股東權益報酬率經常比鴻海高，因此股價淨值比也經常較高。台積電的股價淨值比經常維持在 3 以上的高水準，是基於股東權益報酬率經常在 20% 以上的高獲利能力的堅實基礎上。圖中曲線是必要報酬率＝5%，成長係數＝7 的合理股價淨值比估計曲線，其中股東權益報酬率<0 的部分取股東權益報酬率＝0 來估計合理的股價淨值比，可見曲線與散布圖的趨勢相當一致。

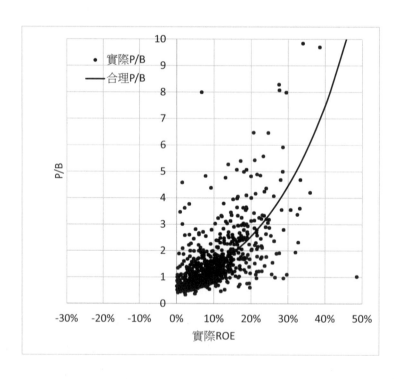

圖 6 股東權益報酬率（ROE）與股價淨值比（P/B）關係：2019 年 6 月 26 日台灣上市個股
資料來源：作者整理

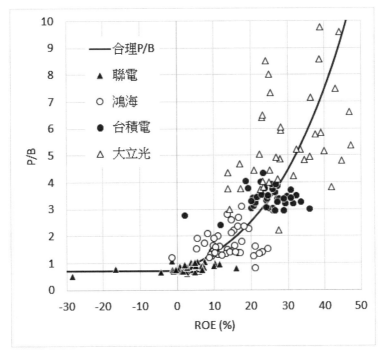

圖 7 股東權益報酬率（ROE）與股價淨值比（P/B）關係：2008~2018 年四支個股
資料來源：作者整理

5-2 實證結果 I：全部股，高風險、低流動性

　　「股價淨值比越小代表股票越便宜，越可能在未來因為股價反彈而有較高之報酬。」這個道理簡單易懂，但真的用這個道理去投資，報酬率會多高呢？此外，這個道理看來相當合理，但如果市場夠有效率，投資人仍無法利用這個資訊獲取超額報酬。因為假設有 A、B 兩股的每股淨值都是 10 元，但股價分別為 11 元與 19 元，即股價淨值比分別為 1.1 與 1.9。如果市場夠有效率，那麼市場的投資人給予 A、B 兩股 1.1 倍與 1.9 倍的股價淨值比，可能是綜合考慮了股票基本面、消息面後的結果。例如或許是 A 股的股東權益報酬率低於 B 股，因此 A 股的股價淨值比低於 B 股；也有可能 A、B 股有利空、利多消息出現，因此有不同的股價淨值比。即當時的股價淨值比是市場上廣大的投資人綜合了當時所能獲得的資訊後所作

出的共識評價。因此如果市場夠有效率，股價淨值比小的股票，其股價並未被低估，投資人仍無法因買入股價淨值比小的股票獲得超額報酬。

　　要知道市場對股價淨值比的反應是否夠有效率，唯一的方法就是實驗。但我們不可能回到過去去買賣股票做實驗，唯一的辦法是用股市歷史資料庫，以電腦模擬的方式去買賣股票做實驗，也就是回測。回測方法的細節已經在第二章介紹過。本書的每一個選股模型，除有特別聲明外，都遵守相同的回測方法。但為了讀者方便，在此仍簡略回顧回測方法的大要。

　　回測是使用 2008/Q1 ~ 2018/Q4，長達 11 年，共 44 季的財報。因為第 t 季的財報用來在第 t+2 季選股持有，因此持股的時間是 2008/Q3 ~ 2019/Q2 的 44 季。回測的方法是假設：

1. 單因子評分與十等分選股

　　以每年第 t 季的財報計算各種財務比率，依照特定財務比率，例如依照股價淨值比，將股票排序分成十等分。

2. 計算每一季報酬率平均值

　　計算這十等分內的股票在第 t+2 季的報酬率的每一季報酬率平均值。

3. 計算績效指標

　　再利用每一季報酬率平均值計算各種績效指標，其計算方法請參閱第二章。包括：

- ・報酬率超額報酬（alpha）
- ・報酬率系統風險（beta）
- ・各季報酬率的平均值
- ・各季報酬率的標準差
- ・報酬率夏普（Sharpe）指標
- ・相對勝率
- ・絕對勝率
- ・年化報酬率

為了評估各種選股模型選股的流動性，我們也計算了這十等分內的股票的總市值中位數，採用中位數而不採用平均值的目的是，避免因為總市值極端大的公司干擾了平均值。

　　我們以股價淨值比為選股因子，形成的十等分投組當做入選原則。由於在前一章已經確定「股價淨值比越小，報酬率越高」，因此在此採用「由大到小」排序，即第 1 等分是由每一季的股價淨值比最高的前 10%股票構成，第 2 等分是最高的前 10%~20%的股票，一直到第 10 等分是股價淨值比最高的前 90%~100%的股票，實際上是股價淨值比最低的 10%的股票。

　　雖然小型股可能有較高的報酬率，但對於手中握有大筆資金的基金經理人而言，小型股因為流動性不足，並不適合做為投資標的。為了瞭解當投資標的限大型股時，模型是否有效，我們以當季總市值最高的 1/5 的股票為「大型股」。這一節先回測全部股樣本，下一節回測大型股樣本。

　　績效評估結果如圖 8。由圖可知，在以全部股為樣本下，股價淨值比越小，其投資績效如下：

1. 報酬

- ·季超額報酬率（alpha）越大
- ·各季報酬率的平均值越大
- ·Sharpe 指標越大
- ·相對勝率越大
- ·絕對勝率越大

　　股價淨值比最小的等分（第 10 等分）季報酬率的平均值達 5.1%；而最大的等分（第 1 等分）只達 0.9%。顯然市場對股價淨值比的反應並不具有完美的效率。股價淨值比最小的等分（第 10 等分）相對勝率可達 68%，絕對勝率可達 73%。

2. 風險

- ·系統風險（beta）越大

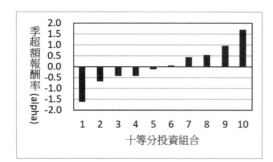

各季報酬率超額報酬（alpha）

各季報酬率系統風險（beta）

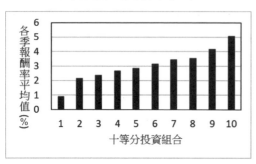

各季報酬率的平均值

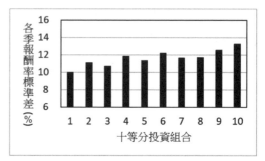

各季報酬率的標準差

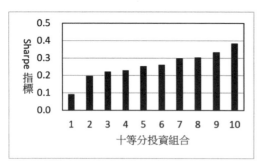

報酬率夏普（Sharpe）指標

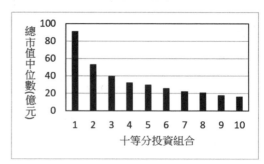

總市值中位數

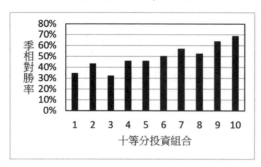

相對勝率

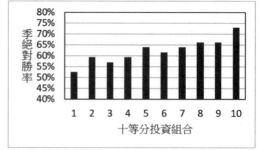

絕對勝率

圖 8 股價淨值比（由大到小排序）的績效：全部股

資料來源：作者整理

・各季報酬率的標準差越大

　　股價淨值比越低，風險越大。這個發現與長期以來許多學者認為股價淨值比越低的股票報酬率越高，是冒著較高系統風險的補償的觀點一致。

3. 流動性

　　股價淨值比越低，所選股票的總市值的中位數也越低。股價淨值比最小的等分（第 10 等分）、最大的等分（第 1 等分）所選股票的總市值的中位數分別為 16 億元、91 億元，顯示代表這種策略偏好小型股，可能會有流動性不足的問題。

　　總之，這種投資策略是一種高風險、低流動性的策略，在使用時要十分謹慎。

　　為了進一步瞭解以股價淨值比為選股因子的績效之歷程，我們以此策略進行模擬，其結果如圖 9 與圖 10。可以看出雖然第 10 等分投組的期末累積資金遠高於第 1 等分投組，但其績效在金融海嘯期間（2008 年下半年）並不突出。

　　此外，為了瞭解以股價淨值比為選股因子的選股能力之穩健性，將十個等分投

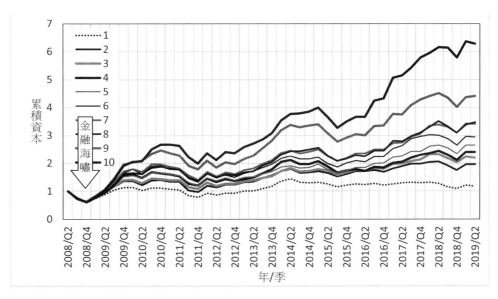

圖 9 股價淨值比（由大到小排序）的累積資本：全部股

資料來源：作者整理

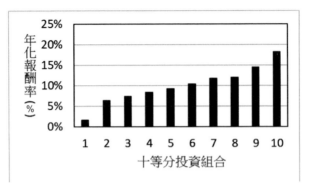

圖 10 股價淨值比（由大到小排序）的年化報酬率：全部股

資料來源：作者整理

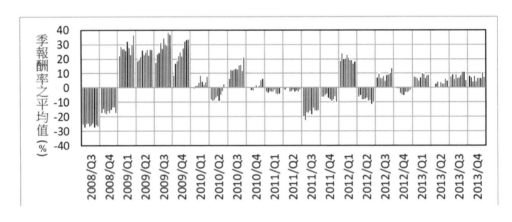

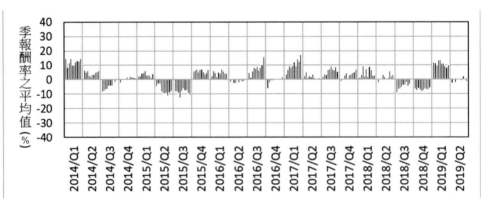

圖 11 股價淨值比（由大到小排序）的每一季的報酬率：全部股

資料來源：作者整理

組的季報酬率分季繪於圖 11，可以看出一個有趣的現象：在金融海嘯期間（2008 年下半年）股價淨值比並無選股能力，但在 2009 年的 Q1~Q4 表現突出，特別是 2009 年 Q4，低股價淨值比策略的報酬率遠高於高股價淨值比策略。雖然許多季股價淨值比都無選股能力，但極少出現選股錯誤的現象，即第 10 等分投組（股價淨值比最小）的報酬率小於第 1 等分投組（股價淨值比最小）的現象。只有在 2011 年 Q4~2012 年 Q2、2015 年 Q2~Q3 出現這種現象。相反的，很多季都出現很好的選股能力，例如 2009/Q1~2010/Q4、2011/Q3、2014/Q3、2016/Q3~2017/Q1、2018/Q3 表現十分突出。

5-3 實證結果 II：大型股，選股成效不佳

由圖 12 可知，在以大型股（當季總市值最高的 1/5 的股票）為樣本下，股價淨值比越小，其投資績效如下：

1. 報酬

- ・季超額報酬率（alpha）越大（但不明顯）
- ・各季報酬率的平均值越大（但不明顯）
- ・Sharpe 指標越大（但不明顯）
- ・相對勝率無越大（但不明顯）
- ・絕對勝率無越大（但不明顯）

股價淨值比最小的等分（第 10 等分）季報酬率的平均值達 2.5%；而最大的等分（第 1 等分）只達 1.1%。顯然市場對股價淨值比的反應並不具有完美的效率。值得注意的是，股價淨值比在大型股的選股能力遠低於在全部股時。

2. 風險

- ・系統風險（beta）無明顯關係
- ・各季報酬率的標準差無明顯關係

股價淨值比高低對各季報酬率的標準差無明顯影響，都在 10~12% 之間。這個

值相對於報酬率的平均值可以說相當大,代表雖然股價淨值比越低,報酬率越高,但不確定性很大。

3. 流動性

股價淨值比越低,所選股票的總市值的中位數也越低。股價淨值比最小的等分(第 10 等分)、最大的等分(第 1 等分)所選股票的總市值的中位數分別為 200 億元、300 億元,顯示代表這種策略偏好小型股。但因為總市值都很高,所選股票具有相當高的流動性。

為了進一步瞭解以股價淨值比為選股因子的績效之歷程,我們以此策略進行模擬,其結果如圖 13 與圖 14。可以看出股價淨值比最小的等分(第 10 等分,粗黑線)到期末時,累積資本為第二高,最大的等分(第 1 等分,虛線)最低。股價淨值比最小的等分的年化報酬率只有 8.2%,比同期的市場報酬率略低。

此外,為了瞭解以股價淨值比為選股因子的選股能力之穩健性,將十個等分投組的季報酬率分季繪於圖 15,可以看出一個有趣的現象:在金融海嘯期間的 2008/Q4 有選股能力,但在 2009 年的 Q1~Q4 表現並不突出。這個現象正好與全部股的結果相反。雖然許多季股價淨值比都無選股能力,但極少出現選股錯誤的現象,只有在 2015 年 Q2~Q3、2019 年 Q1 出現這種現象。相反地,很多季都出現很好的選股能力。例如 2014 年 Q3、2016 年 Q4~2017 年 Q1 表現十分突出。

總之,整體而言,這種投資策略在大型股的成效不佳。

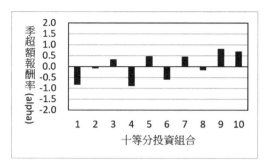

各季報酬率超額報酬（alpha）

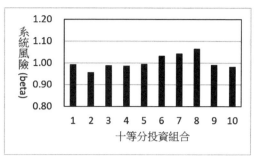

各季報酬率系統風險（beta）

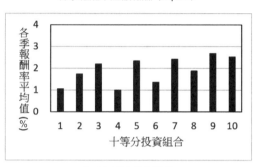

各季報酬率的平均值

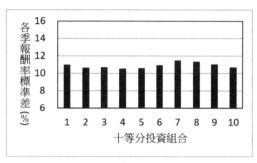

各季報酬率的標準差

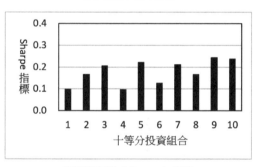

報酬率夏普（Sharpe）指標

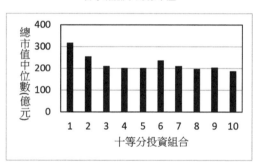

總市值中位數

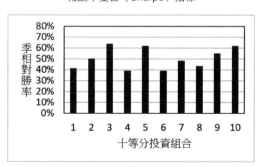

相對勝率

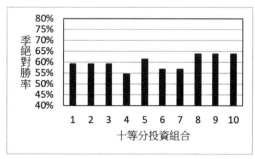

絕對勝率

圖 12 股價淨值比（由大到小排序）的績效：大型股

資料來源：作者整理

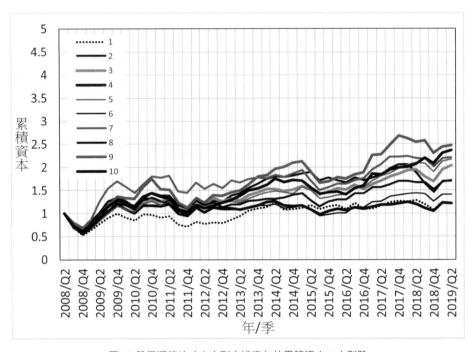

圖 13 股價淨值比（由大到小排序）的累積資本：大型股

資料來源：作者整理

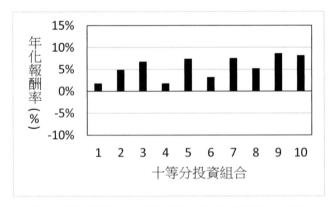

圖 14 股價淨值比（由大到小排序）的年化報酬率：大型股

資料來源：作者整理

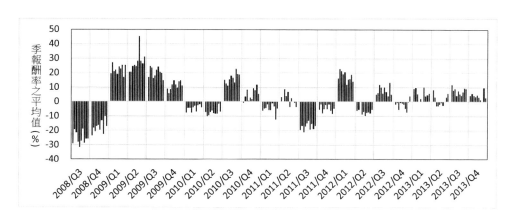

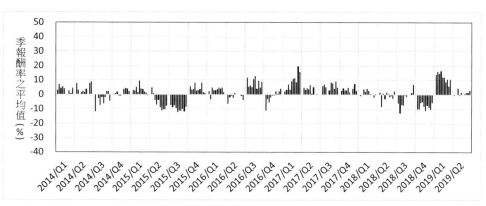

圖 15 股價淨值比（由大到小排序）的每一季的報酬率：大型股

資料來源：作者整理

5-4 對投資人的啟發：股價淨值比是重要但風險高的選股因子

綜合以上分析，對投資人有以下的啟發：

原則 1：股價淨值比越低，報酬率越高。

原則 2：股價淨值比越低，系統風險越大。

原則 3：股價淨值比越低，總市值越小。

原則 4：股價淨值比在大型股的選股能力不佳。

原則 5：合理的股價淨值比與公司的獲利能力有關。股東權益報酬率越高，合理的股價淨值比越高，估計公式如下：

$$合理的股價淨值比 (P/B) = \left(\frac{1+股東權益報酬率}{1+必要報酬率} \right)^m = \left(\frac{1+\text{ROE}}{1+\text{R}} \right)^m$$

其中 R＝必要報酬率，m＝成長係數。

總之，股價淨值比（P/B）是一種高風險、低流動性的選股因子，因此投資人不宜單獨使用股價淨值比選股。原因很簡單，股價淨值比雖能告訴您股票的股價相對於淨值是否便宜，但完全不能告訴您公司是否賺錢。金錢的世界中也要滿足物質不滅定律。買股票就是當公司的股東，公司不賺錢，股東自然很難賺錢。因此，只用股價淨值比低來選股的效果自然不好。我們會在後面的多因子模型中告訴您，股價淨值比的最佳拍檔是基於成長股效應的「股東權益報酬率」，當兩者一起考量時，選股威力是 1＋1＞2。

此外，雖然股價淨值比的表現不盡理想，但它仍有改善的空間：

・使用最新股價

本書的股價淨值比（P/B），其中股價與淨值都是第 t 季的資料，然而股價是即時資訊，因此如果股價改用第 t＋1 季季末的資料，用來在第 t＋2 季季初選股，投資績效可能增加。

・縮短換股週期

本書的回測以季為單位，只在每季季初交易一次。由於股價天天不同，因此股價淨值比也天天不同。如果改成每月交易一次，雖然交易成本會增加，但投資績效的增加可能超過增加的交易成本。

參考文獻

1. 葉怡成、詹翔安（2014）。以收益資產複合基礎法與分量迴歸分析建構營建企業評價模型，營建管理季刊，第 99 期，第 119 頁。

2. 葉怡成（2014）。以分量迴歸建構收益資產複合評價模式—台灣股市與產業差異之實證，貨幣觀測與信用評等，第 110 期，第 1631 頁。

3. 葉怡成（2015）。以雙排序法與迴歸分析建構收益資產複合評價模式—台

灣股市與產業差異之實證，貨幣觀測與信用評等，第 115 期，第 5465 頁。

4. 葉怡成（2017）。誰都學得會的算股公式，財經傳訊。

5. Yeh, I-Cheng and Hsu, Tzu-Kuang（2011）. "Growth Value Two-Factor Model," Journal of Asset Management, Vol. 11, No. 6, 435-451.

6. Yeh, I-Cheng and Lien, C. H.（2017）. "Growth and value hybrid valuation model based on mean reversion," Applied Economics, 49（50）, 5092-5116.

7. Kong, D., Lin, C. P., Yeh, I. C., and Chang, W.（2019）. "Building growth and value hybrid valuation model with errors-in-variables regression," Applied Economics Letters, 26（5）, 370-386.

第六章　價值因子選股模型Ⅱ—股價營收比

6-1　理論基礎

股價營收比（P/S）可以分解成

$$P/S = \frac{P}{E} \times \frac{E}{S}$$

其中 S 為營收，E 為 **盈餘**[1]，P/S 為股價營收比，E/S 為銷貨利潤率。

如果銷貨利潤率（E/S）不變，則股價營收比與本益比成正比。因此股價營收比（P/S）也可以用來衡量股價是否便宜，股票的股價營收比越低，代表股票越有價值，越可能有較高之報酬。不過各產業的銷貨利潤率可能差異很大，因此不同產

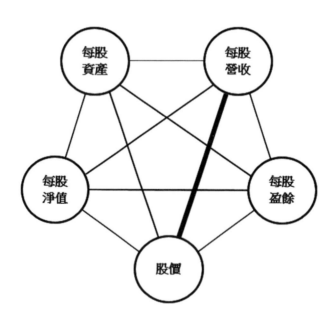

圖 1 財報五角形與股價營收比（P/S）

資料來源：作者整理

業的股價營收比不宜直接比較。另一個觀點是盈餘來自營收減去成本，企業的成本有固定成本與變動成本，因此企業的營收有一個損益平衡點，超過這個平衡點才會有盈餘。但是營收一旦大於此一平衡點，盈餘將會大增。故股價營收比越小，本益比也可能越小，股價越便宜。

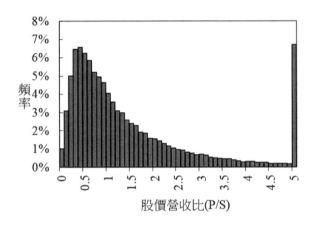

圖 2. 2008~2018 年上市上櫃股票的股價營收比頻率分布圖
資料來源：作者整理

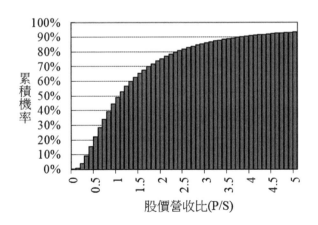

圖 3. 2008~2018 年上市上櫃股票的股價營收比累積機率圖
資料來源：作者整理

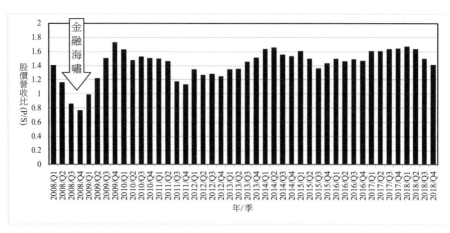

圖 4. 2008~2018 年上市上櫃股票的股價營收比歷史

資料來源：作者整理

從 2008 年第一季到 2018 年第四季（共 11 年，44 季）的股價營收比的統計如圖 2 與圖 3，顯示股價營收比的中位數為 1.03，有 50%的機率會落在 0.55~2.00 之間。

台股從 2008 年到 2018 年的股價營收比的時間軸統計如圖 4，此圖的縱軸是當季的所有上市上櫃股票的平均值，可以看出只有在 2008 年金融海嘯最嚴重時，這個值小於 1.0。

6-2 實證結果Ⅰ：全部股，高風險、低流動性

「股價營收比越低，代表股票越便宜，越可能在未來因為股價反彈而有較高之報酬。」這個道理簡單易懂，但投資人更有興趣的是到底有多好？績效評估結果如圖 5。由圖可知，在以全部股為樣本下，股價營收比越小，其投資績效如圖 5。

1. 報酬

・季超額報酬率（alpha）越大

・各季報酬率的平均值越大

- Sharpe 指標越大

- 相對勝率越大

- 絕對勝率越大

股價營收比最小的等分（第 10 等分）季報酬率的平均值達 5.1%；而最大的等分（第 1 等分）只達 1.7%。顯然市場對股價營收比的反應並不具有完美的效率（如果有完美的效率，各組報酬會一致）。股價營收比最小的等分（第 10 等分）相對勝率可達 77%，絕對勝率可達 68%。

2. 風險

- 系統風險（beta）越大

- 各季報酬率的標準差越大

股價營收比越低風險越大。這個發現與長期以來許多學者認為價值股的股票報酬率較高，是冒著較高系統風險的補償的觀點一致。

3. 流動性

股價營收比越低，所選股票的總市值的中位數也越低，股價營收比最小的等分（第 10 等分）、最大的等分（第 1 等分）所選股票的總市值的中位數分別為 22 億元、45 億元，顯示代表這種策略偏好小型股，可能會有流動性不足的問題。

總之，這種投資策略是一種高風險、低流動性的策略，在使用時要十分謹慎。

為了進一步瞭解以股價營收比為選股因子的績效之歷程，我們以此策略進行模擬，其結果如圖 6 與圖 7。可以看出雖然第 10 等分投組的期末累積資金遠高於第 1 等分投組，但其績效在金融海嘯期間（2008 年下半年）並不突出。

此外，為了瞭解以股價營收比為選股因子的選股能力之穩健性，將十個等分投組的季報酬率分季繪於圖 8，可以看出一個有趣的現象：在金融海嘯期間（2008 年下半年）股價營收比並無選股能力，但在 2009 年的 Q3 與 Q4 表現突出，低股價營收比策略的報酬率遠高於高股價營收比策略。雖然許多季股價營收比都無選股能力，但極少出現選股錯誤的現象。相反的，很多季都出現很好的選股能力。

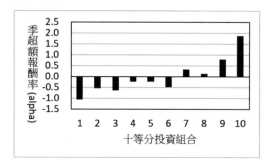

報酬率超額報酬（alpha）

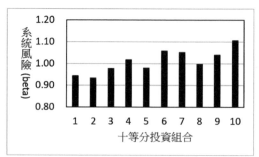

報酬率系統風險（beta）

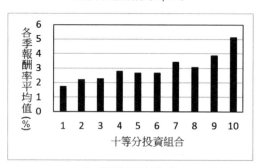

各季報酬率的平均值

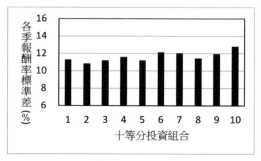

各季報酬率的標準差

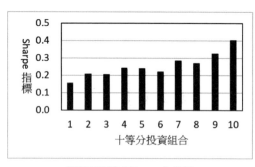

報酬率夏普（Sharpe）指標

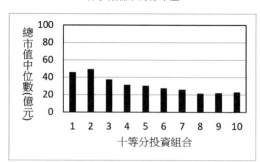

總市值中位數

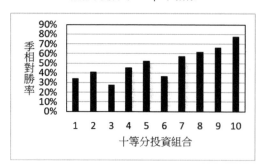

相對勝率

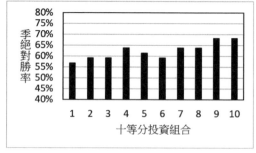

絕對勝率

圖 5 股價營收比（由大到小排序）的績效：全部股

資料來源：作者整理

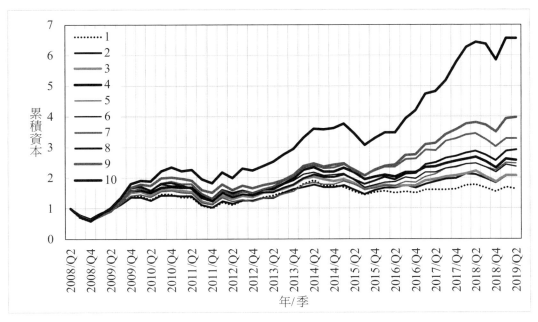

圖 6. 股價營收比（由大到小排序）的累積資本：全部股

資料來源：作者整理

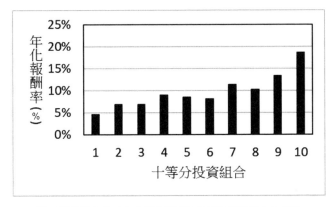

圖 7 股價營收比（由大到小排序）的年化報酬率：全部股

資料來源：作者整理

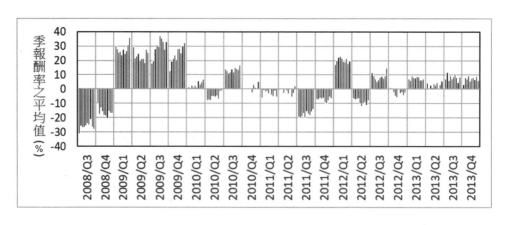

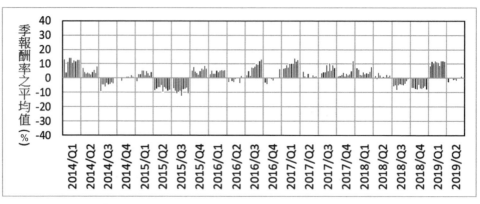

圖 8 股價營收比（由大到小排序）的每一季的報酬率：全部股

資料來源：作者整理

6-3 實證結果 II：大型股，選股成效不佳

由圖 9 可知，在以大型股（當季總市值最高的 1/5 的股票）為樣本下，股價營收比越小，其投資績效如下：

1. 報酬

- ·季超額報酬率（alpha）越大（但不明顯）
- ·各季報酬率的平均值越大（但不明顯）
- ·Sharpe 指標越大（但不明顯）

- 相對勝率越大（但不明顯）
- 絕對勝率越大（但不明顯）

股價營收比最小的等分（第 10 等分）季報酬率的平均值達 2.6%；而最大的等分（第 1 等分）只達 0.2%。顯然市場對股價營收比的反應並不具有完美的效率（如果有完美的效率，各組報酬會一致）。值得注意的是，股價營收比在大型股的選股能力遠低於在全部股時，且股價營收比最大的等分的超額報酬達到-1.6%，可見股價營收比是發掘股價高估的大型股的有效指標。

2. 風險

- 系統風險（beta）無明顯關係
- 各季報酬率的標準差無明顯關係

股價營收比高低對投組內股票報酬率的標準差沒有影響，都在 10~12%之間。這個值相對於報酬率的平均值可以說相當大，代表雖然股價營收比越低，報酬率越高，但不確定性很大。

3. 流動性

股價營收比與所選股票的總市值的中位數無明顯關係。因為總市值都很高，所選股票具有相當高的流動性。

為了進一步瞭解以股價營收比為選股因子的績效之歷程，我們以此策略進行模擬，其結果如圖 10 與圖 11。股價營收比最大的第 1 等分投組的期末累積資金遠低於其他等分，其他等分之間差異不大。股價營收比最小的等分的年化報酬率只有 8.6%，與同期的市場報酬率相當。

此外，為了瞭解以股價營收比為選股因子的選股能力之穩健性，將十個等分投組的季報酬率分季繪於圖 12，可以看出一個有趣的現象：在金融海嘯期間的 2008 年 Q3 的選股能力佳，但在 2009 年的反彈期表現差。這個現象正好與全部股的結果相反。

總之，整體而言，這種投資策略在大型股的成效不佳。

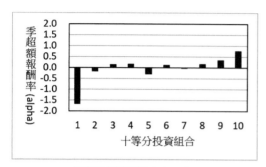

報酬率超額報酬（alpha）

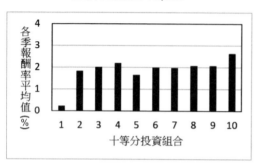

各季報酬率的平均值

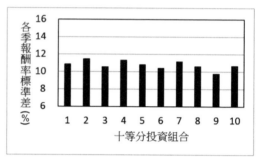

報酬率系統風險（beta）

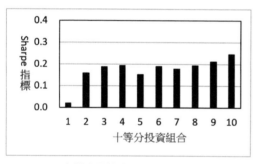

報酬率夏普（Sharpe）指標

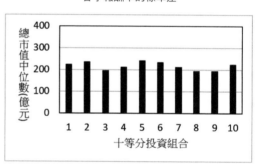

各季報酬率的標準差

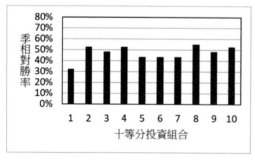

相對勝率

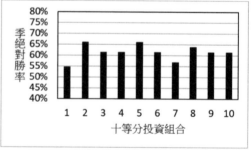

總市值中位數

絕對勝率

圖 9 股價營收比（由大到小排序）的績效：大型股

資料來源：作者整理

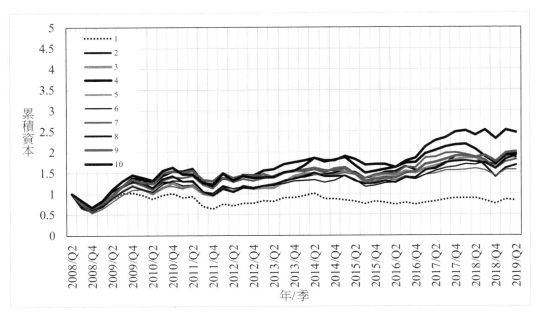

圖 10. 股價營收比（由大到小排序）的累積資本：大型股

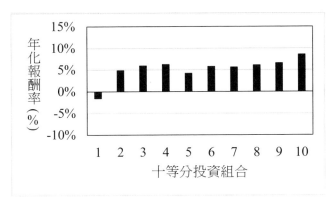

圖 11 股價營收比（由大到小排序）的年化報酬率：大型股

資料來源：作者整理

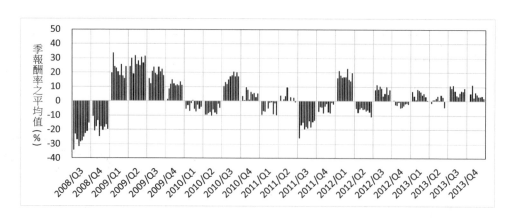

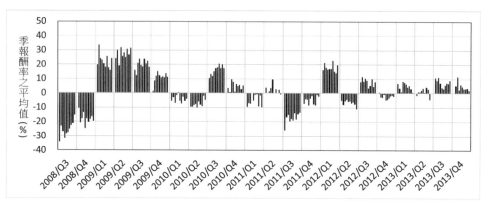

圖 12 股價營收比（由大到小排序）的每一季的報酬率：大型股

資料來源：作者整理

6-4 對投資人的啟發：股價營收比在大型股的選股效果低

綜合以上回測，對投資人有以下的啟發：

原則 1：股價營收比越低，報酬率越高。

原則 2：股價營收比越低，系統風險越大。

原則 3：股價營收比越低，總市值越小。

原則 4：股價營收比在大型股的選股能力不佳。

總之，股價營收比與股價淨值比相似，是一種高風險、低流動性的選股因子，

因此投資人不宜單獨使用股價營收比選股。原因與股價淨值比一樣，不再贅述。雖然股價營收比選小的策略單獨使用的效果不大，但結合反應「公司獲利能力」的選股因子，一併考量時，具有明顯的綜效。我們會在後面的章節加以實證。

[註]：

1. 盈餘（Earnings），是指企業在某段時間內，經由商業行為取得的收入扣除成本費用後的淨利。盈餘除以流通在外的股數稱每股盈餘（Earnings Per Share, EPS)。

 **第七章** 價值因子選股模型Ⅲ—益本比

7-1 理論基礎

本益比可能是所有投資人最耳熟能詳的選股指標了。本益比的「本」指股票的每股市價，即投資人買進股票的成本，「益」指公司一年的每股稅後純益。因此，本益比即為每股市價相對於其每股稅後純益的倍數。公式為（參閱圖1）

$$本益比 = \frac{股價}{每股盈餘}$$

當本益比越小，代表買下未來的現金流，即每股稅後純益的代價越小。實務上常把本益比低的股票稱為「價值股」。本益比越小代表股票越便宜，越可能在未來因為股價反彈而有較高之報酬。但本益比有一個嚴重的缺點，即當每股盈餘接近零，甚至為負時，本益比失去其意義。例如股價 100 元時，每股盈餘＋1 元與－1 元時，本益比分別為 100 與－100，這是很古怪的。因此比較合理的指標是益本比（E/P），即本益比（P/E）的倒數，公式為

$$本益比 = \frac{每股盈餘}{股價} \times 100\%$$

它沒有本益比遇到分母（每股盈餘）為零或為負值時失去其意義的缺點。例如股價 100 元時，每股盈餘＋1 元、0 元、－1 元時，益本比分別為 1%、0%、－1%，這是很合理的。益本比越高，越可能在未來因為股價反彈而有較高之報酬。

事實上，本益比在當今電腦發達的時代可以視為活化石，當初設計本益比是為了簡化估計合理股價的過程。例如某一類股票的合理本益比為 15 倍（合理益本比 0.0667），某股的每股盈餘 3 元，則可用下二式估計合理股價。

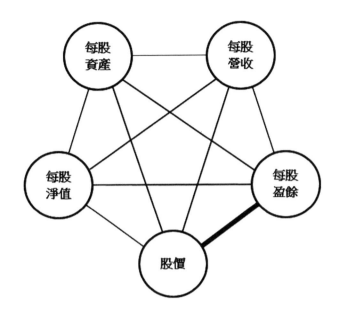

圖 1 財報五角形與近四季本益比（P/E）

資料來源：作者整理

合理股價＝每股盈餘×合理本益比＝3×15＝45 元

合理股價＝每股盈餘÷合理益本比＝3÷0.0667＝45 元

顯然用本益比估計合理股價計算上較簡單，但在電腦時代這是多餘的好處。

從 2008 年第一季到 2018 年第四季（共 11 年，44 季）的益本比的統計如圖 2 與圖 3，顯示益本比的中位數為 4.5%，有 50% 的機率會落在 -0.3%~7.7% 之間，有 26% 的機率小於 0。本益比為益本比的倒數，所以本益比（年）的中位數約為 22。

台股從 2008 年到 2018 年的益本比的時間軸統計如圖 4，此圖的縱軸是當季的所有上市上櫃股票的平均值，可以看出只有在金融海嘯 2009/Q2~Q3 這個值明顯低於 0。這是因為它是近四季益本比，因此 2009/Q2 與 Q3 的盈餘分別由 2008/Q3~2009/Q2 與 2008/Q4~2009/Q3 這四季構成，這正是金融海嘯威力最大、百業蕭條的時候。

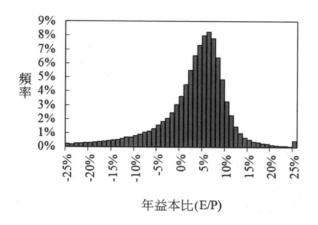

圖 2. 2008~2018 年上市上櫃股票的近四季益本比頻率分布圖

資料來源：作者整理

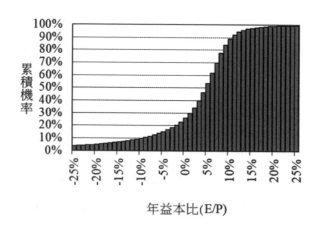

圖 3. 2008~2018 年上市上櫃股票的近四季益本比累積機率圖

資料來源：作者整理

　　排除無法計算本益比的樣本後，近四季本益比的頻率分布如圖 5 與圖 6，中位數約為 13.9，有 50%的機率會落在 9.9~20.1 之間。不過這些統計都已排除無法計算本益比的樣本（約占原樣本數 26%），因此其中位數小於前述用益本比的中位數的倒數推算出來的 22。

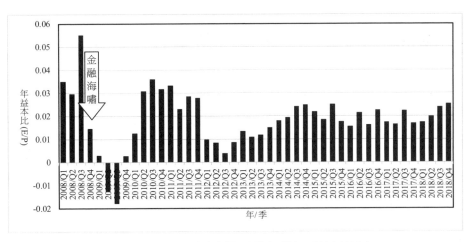

圖 4. 2008~2018 年上市上櫃股票的每季近四季益本比歷史

資料來源：作者整理

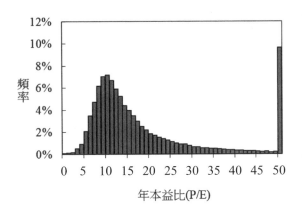

圖 5. 2008~2018 年上市上櫃股票的近四季本益比頻率分布圖（排除負本益比樣本）

資料來源：作者整理

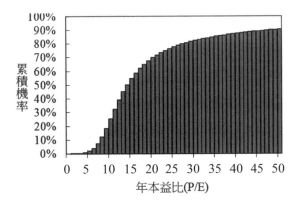

圖 6. 2008~2018 年上市上櫃股票的近四季本益比累積機率圖（排除負本益比樣本）

資料來源：作者整理

7-2 實證結果Ⅰ：全部股，風險呈現兩端高、中間低的特徵

「益本比越高，即本益比越低，代表股票越便宜，越可能在未來因為股價反彈而有較高之報酬。」這個道理簡單易懂，但投資人更有興趣的是到底有多好？我們以最近四季的累積每股盈餘為分子，股價為分母之「近四季益本比」（以下簡稱益本比）為選股因子，形成的十等分投組進行回測。回測方法的細節已經在第二章介紹過，不再贅述。其績效評估如圖 7。由圖可知，在以全部股為樣本下，益本比（E/P）越大，其投資績效如下：

1. 報酬

- 季超額報酬率（alpha）越大
- 各季報酬率的平均值越大
- Sharpe 指標越大
- 相對勝率越大
- 絕對勝率越大

益本比（E/P）最大的等分（第 10 等分）季報酬率的平均值達 4.5%；而最小的等分（第 1 等分）只達 3.2%。顯然市場對益本比（E/P）的反應並不具有完美的效率。值得注意的是，E/P 最小的等分其報酬率並非最低。益本比（E/P）最大的等分（第 10 等分）相對勝率可達 68%，絕對勝率可達 66%。

2. 風險

- 系統風險（beta）呈現兩端高、中間低的特徵
- 各季報酬率的標準差呈現兩端高、中間低的特徵

不論益本比高低，各季報酬率的標準差都在 10~14% 之間。這個值相對於報酬率的平均值可以說相當大，代表雖然益本比越高，報酬率越高，但不確定性很大。

3. 流動性

益本比（E/P）越大，所選股票的總市值的中位數也越高，益本比（E/P）最大的等分（第 10 等分）、最小的等分（第 1 等分）所選股票的總市值的中位數分別為 42 億元、9 億元，顯示代表這種策略偏好大型股，流動性較為充足。這一點

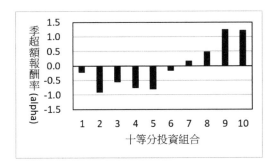

報酬率超額報酬（alpha）

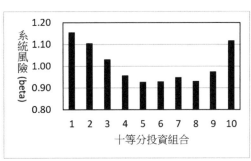

報酬率系統風險（beta）

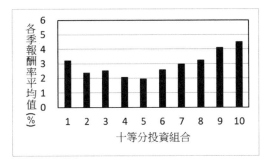

各季報酬率的平均值

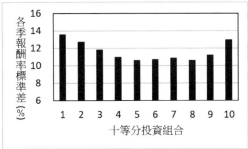

各季報酬率的平均值

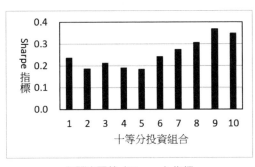

報酬率夏普（Sharpe）指標

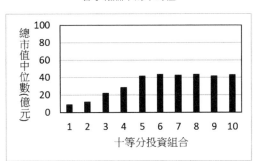

總市值中位數

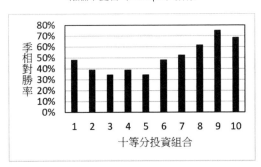

相對勝率

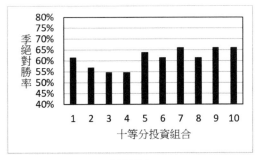

絕對勝率

圖 7 益本比（由小到大排序）的績效：全部股

資料來源：作者整理

與前述兩種價值因子股價淨值比與股價營收比偏好小型股相反。

　　我們以益本比策略進行模擬，其結果如圖 8 與圖 9。可以看出益本比最高、最低的等分之間的差距隨時間逐漸拉開，越來越大。但要注意，益本比最低的等分報酬率並非最低。

　　此外，為了瞭解以益本比為選股因子的選股能力之穩健性，將十個等分投組的季報酬率分季繪於圖 10，可以發現，雖然許多季益本比都無選股能力，但極少出現選股錯誤的現象，只有在 2009/Q4、2014/Q1~Q2 出現這種現象。相反地，很多季都出現很好的選股能力。例如 2008/Q3、2009/Q3、2016/Q1、2019/Q1 表現十分突出。

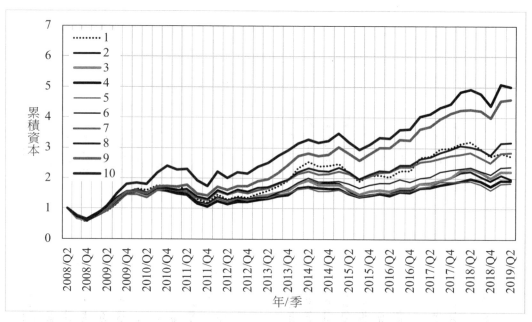

圖 8. 益本比（由小到大排序）的累積資本：全部股
資料來源：作者整理

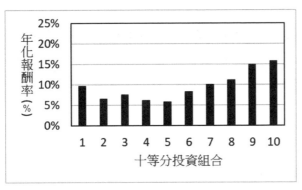

圖 9 益本比（由小到大排序）的年化報酬率：全部股

資料來源：作者整理

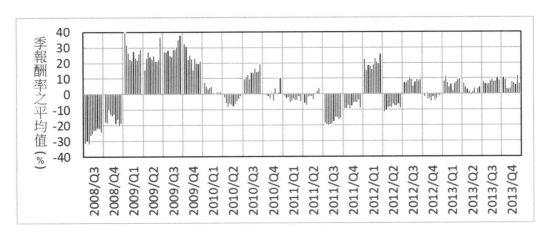

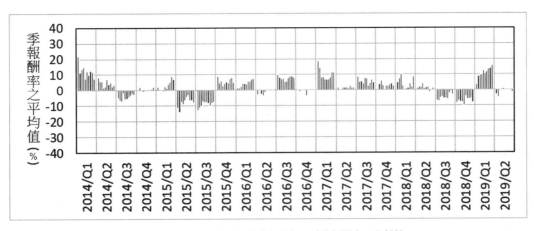

圖 10 益本比（由小到大排序）的每一季的報酬率：全部股

資料來源：作者整理

7-3 實證結果 II：大型股，選股能力比其他價值因子佳

由圖 11 可知，在以大型股為樣本下，益本比（E/P）越大，其投資績效如下：

1. 報酬

- 季超額報酬率（alpha）越大
- 各季報酬率的平均值越大
- Sharpe 指標越大
- 相對勝率越大
- 絕對勝率越大

益本比（E/P）最大的等分（第 10 等分）季報酬率的平均值達 3.2%；而最小的等分（第 1 等分）只達 0.1%。顯然市場對益本比的反應並不具有完美的效率。值得注意的是，益本比最大的等分其報酬率並非最高。益本比最大的等分（第 10 等分）相對勝率可達 64%，絕對勝率可達 68%。

2. 風險

- 系統風險（beta）呈現兩端高中間低的特徵
- 各季報酬率的標準差呈現兩端高中間低的特徵

3. 流動性

益本比越大，所選股票的總市值的中位數並不會越高。

我們以益本比策略進行模擬，其結果如圖 12 與圖 13。可以看出益本比最高、最低的等分之間的差距隨時間逐漸拉開，越來越大。但要注意，益本比最高的等分報酬率並非最高。益本比最大的等分的年化報酬率有 10.4%，比同期的市場報酬率略高。

此外，將十個等分投組的季報酬率分季繪於圖 14，可以發現，雖然許多季益本比都無選股能力，但極少出現選股錯誤的現象。值得注意的是，益本比在 2008~2013 年之間表現較佳，在 2014~2018 年之間幾乎無選股能力。

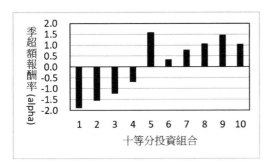

報酬率超額報酬（alpha）

報酬率系統風險（beta）

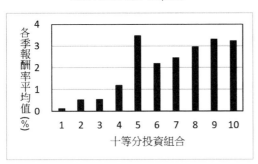

各季報酬率的平均值

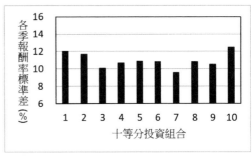

各季報酬率的標準差

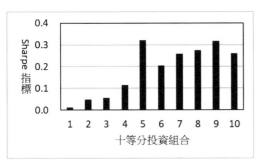

報酬率夏普（Sharpe）指標

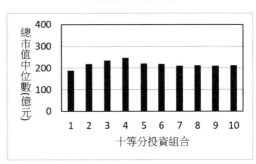

總市值中位數

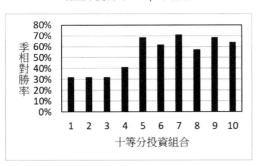

相對勝率

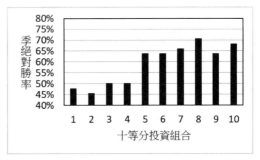

絕對勝率

圖 11 益本比（由小到大排序）的績效：大型股
資料來源：作者整理

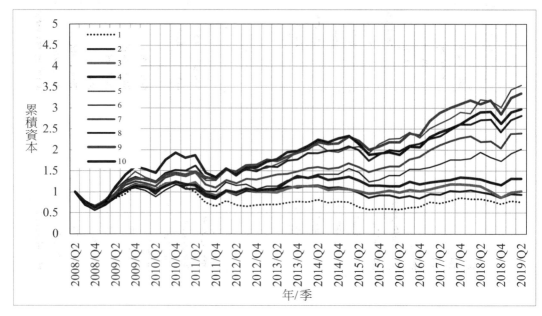

圖 12. 益本比（由小到大排序）的累積資本：大型股

資料來源：作者整理

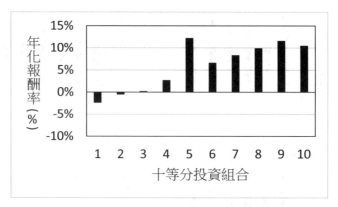

圖 13 益本比（由小到大排序）的年化報酬率：大型股

資料來源：作者整理

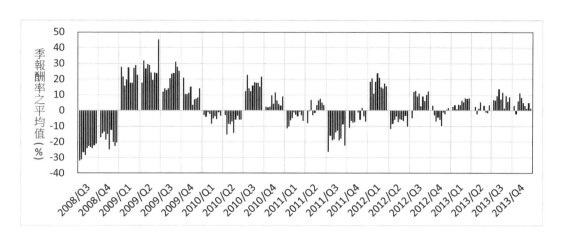

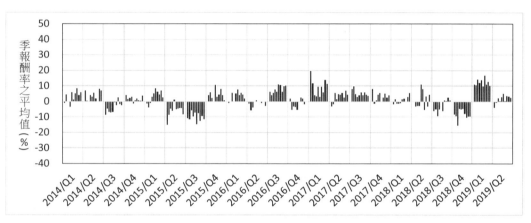

圖 14 益本比（由小到大排序）的每一季的報酬率：大型股

資料來源：作者整理

7-4 對投資人的啟發：益本比是帶有獲利因子色彩的價值因子

綜合以上分析，對投資人有以下的啟發：

原則 1： 益本比越高（本益比越低），報酬率越高。

原則 2： 益本比偏高或偏低，風險均較高。

原則 3： 益本比越高，總市值越大。

原則 4： 益本比在大型股的選股能力比其他價值因子佳。

原則 5：益本比要比本益比更適合用來選股，特別是找出股價偏高的股票。

總之，這種投資策略並不是一種高風險、低流動性策略，比起股價淨值比，它比較可以單獨使用。

益本比與股價淨值比、股東權益報酬率有密切關係，它們的公式如下：

$$股價淨值比\ (P/B) = \frac{股價(P)}{每股淨值(B)}$$

$$股東權益報酬率\ (ROE) = \frac{每股盈餘(E)}{每股淨值(B)}$$

$$益本比\ (E/P) = \frac{每股盈餘(E)}{股價(P)}$$

可以推得

$$益本比\ (E/P) = \frac{股東權益報酬率\ (E/B)}{股價淨值比\ (P/B)}$$

$$= 股東權益報酬率\ (E/B) \times 淨值股價比\ (B/P)$$

可見股價淨值比、股東權益報酬率分別只能告訴您股票的股價相對於淨值是否便宜、發行公司獲利能力高低，而本益比（或益本比）兼具兩者特性，一方面告訴您股票的股價相對於盈餘是否便宜，一方面提供公司獲利高低的訊息。整體而言，**益本比是一種帶有一些獲利因子色彩的價值因子。**

第八章 成長因子選股模型─股東權益報酬率

8-1 理論基礎

股東權益報酬率（Return on Equity, ROE）是淨利與淨值（股東權益）的比值（參閱圖1）。公式為

$$股東權益報酬率 = \frac{每股盈餘}{每股淨值}$$

股東權益報酬率反映公司利用資產淨值產生純利的能力，是衡量上市公司盈利能力的重要指標。其值越高，代表公司利用資產淨值產生純利的能力越高。若未來能持續維持高水準，代表公司的盈餘可以持續高度成長。實務上常把股東權益報酬率高的股票稱為「成長股」。股東權益報酬率越大代表公司越賺錢，越可能在未來

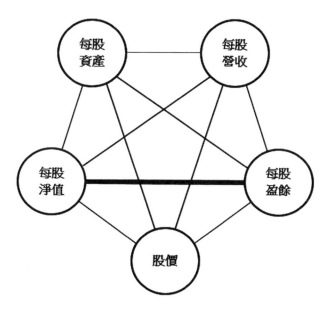

圖 1 財報五角形與股東權益報酬率

資料來源：作者整理

提供股東（股票持有人）較高之報酬。這個報酬如果不是以現金股利的方式讓股東賺得，就應該會以股價價差的方式賺得。但要注意，股東權益報酬率高的股票常是市場的寵兒，因而有較高的股價淨值比。但有時寵過頭了，一旦公司獲利不如預期，股價向下修正，報酬可能反而較低。

從 2008 年第一季到 2018 年第四季（共 11 年，44 季）的股東權益報酬率的統計如圖 2 與圖 3，顯示股東權益報酬率（季）的中位數為 1.50%，有 50% 的機率會落在 -0.3%~3.45% 之間，有 28% 的機率小於 0。一個有趣的現象是，整個股東權益報酬率的分布很像常態分布，但在接近 0 而偏正的地方很奇特，出現的頻率似乎突然高上去了。一個可能的原因是所謂的「**盈餘管理**」[1]，公司的經營階層很不喜歡股東看到負值的股東權益報酬率，有時會利用會計上的彈性操縱一下盈餘，使實際上微負的股東權益報酬率值調整到微正的值，讓財報不要太難看。

台股從 2000~2012 年的股東權益報酬率的時間軸統計如圖 4，此圖的縱軸是當季的所有上市上櫃股票的季股東權益報酬率的平均值，可以看出只有在金融海嘯 2008/Q4 這個值明顯低於 0。因此季股東權益報酬率的平均值低於 0 是很罕見的，代表景氣非常糟。

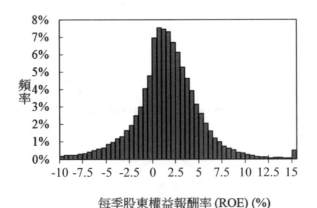

圖 2. 2008~2018 年上市上櫃股票的股東權益報酬率頻率分布圖

資料來源：作者整理

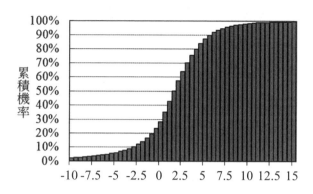

每季股東權益報酬率 (ROE) (%)

圖 3. 2008~2018 年上市上櫃股票的股東權益報酬率累積機率圖

資料來源：作者整理

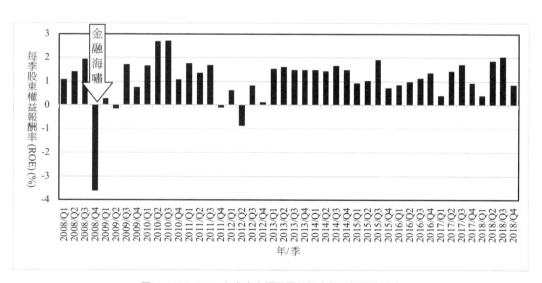

圖 4. 2008~2018 年上市上櫃股票的股東權益報酬率歷史

資料來源：作者整理

8-2 實證結果Ⅰ：全部股，低風險、高流動性

　　「股東權益報酬率越大代表公司越賺錢，越可能在未來為股東提供較高之報酬。」看來相當合理，但如果市場夠有效率，投資人仍無法利用這個資訊獲取超額報酬。例如第一季的財報在 4 月底公布，如果市場夠有效率，在 5 月的第一個交易日就應該一開盤股價立即一步到位，投資人無法因買入股東權益報酬率高的股票獲得超額報酬。要知道市場對股東權益報酬率的反應是否夠有效率，唯一的方法就是回測。我們以股東權益報酬率為選股因子形成的十等分投組進行回測，其績效評估如圖 5。由圖可知，在以全部股為樣本下，股東權益報酬率越大，其投資績效如下：

1. 報酬

- ・季超額報酬率（alpha）越大
- ・各季報酬率的平均值越大
- ・Sharpe 指標越大
- ・相對勝率越大
- ・絕對勝率越大

　　股東權益報酬率最大的等分（第 10 等分）季報酬率的平均值達 4.2%；而最小的等分（第 1 等分）只達 1.1%。顯然市場對股東權益報酬率的反應遲鈍，不夠即時。股東權益報酬率最大的等分（第 10 等分）相對勝率可達 59%，絕對勝率可達 68%。

2. 風險

- ・系統風險（beta）越小
- ・各季報酬率的標準差越小

　　這代表股東權益報酬率高的股票不但報酬較高，而且風險較低，這一點與價值因子（股價淨值比、股價營收比、本益比）十分不同。

3. 流動性

　　股東權益報酬率越大，所選股票的總市值的中位數也越高，股東權益報酬率最大的等分（第 10 等分）、最小的等分（第 1 等分）所選股票的總市值的中位數分別為 70 億元、10 億元，顯示代表這種策略偏好大型股，流動性較為充足。這代表股東權益報酬率高的股票不但報酬較高，而且流動性較高，這一點與價值因子（股價淨值比、股價營收比、本益比）十分不同。

　　我們以股東權益報酬率策略進行模擬，其結果如圖 6 與圖 7。可以看出股東權益報酬率最高、最低的等分之間的差距隨時間逐漸拉開，越來越大。

　　此外，將十個等分投組的季報酬率分季繪於圖 8，可以看出一個有趣的現象：在金融海嘯大跌初期（2008/Q3）股東權益報酬率選股能力很好，但在 2009 年的 Q1~Q4 的反彈期表現差，此特性正好與典型的價值因子股價淨值比（P/B）相反。一個可能的解釋是，在大盤大跌初期，股東權益報酬率高的公司其獲利性高，具有抗跌能力；但等到大盤大跌後期，市場陷入恐慌，股東權益報酬率高不再具有抗跌性。等到反彈期，市場一片樂觀時，公司的獲利能力被投資人忽視，高股東權益報酬率公司的股票反而因之前跌幅較小，股價淨值比較高，不被投資人青睞，股價上漲幅度較小，報酬率較低。相反地，低股東權益報酬率公司的股票反而因股價淨值比較低，股價相對便宜，投資人因**「比價效應」**[2] 而青睞這種股票，導致股價上漲幅度較大，報酬率較高。

　　總之，這種投資策略是一種低風險、高流動性策略，投資人在使用時可較為放心。

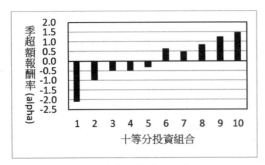

報酬率超額報酬（alpha）

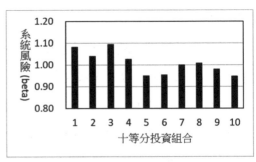

報酬率系統風險（beta）

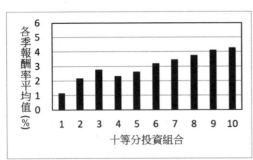

各季報酬率的平均值

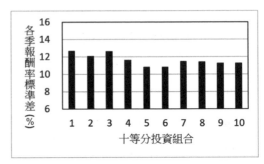

各季報酬率的標準差

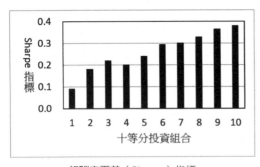

報酬率夏普（Sharpe）指標

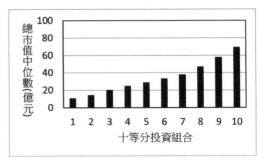

總市值中位數

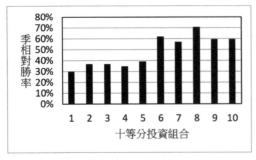

相對勝率

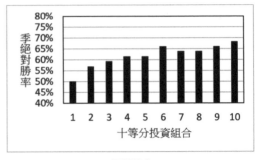

絕對勝率

圖 5 股東權益報酬率（由小到大排序）的績效：全部股

資料來源：作者整理

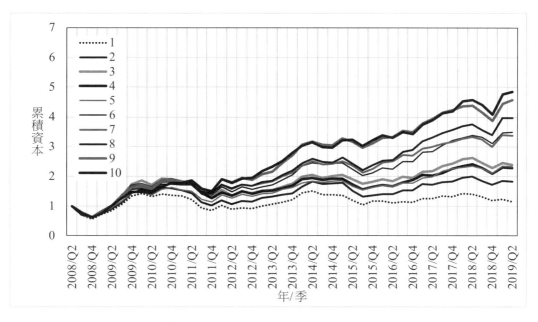

圖 6 股東權益報酬率（由小到大排序）的累積資本：全部股

資料來源：作者整理

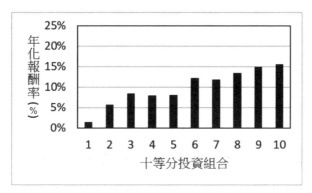

圖 7 股東權益報酬率（由小到大排序）的年化報酬率：全部股

資料來源：作者整理

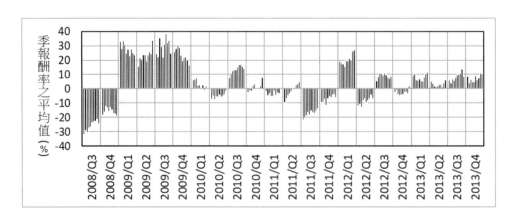

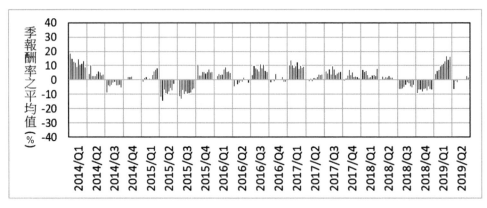

圖 8 股東權益報酬率（由小到大排序）的每一季的報酬率：全部股

資料來源：作者整理

8-3 實證結果 II：大型股，選股能力遠比價值因子佳

由圖 9 可知，在以大型股為樣本下，股東權益報酬率越大，其投資績效如下：

1. 報酬

　　‧季超額報酬率（alpha）越大

　　‧各季報酬率的平均值越大

　　‧Sharpe 指標越大

- 相對勝率越大

- 絕對勝率越大

股東權益報酬率最大的等分（第 10 等分）季報酬率的平均值達 3.2%；而最小的等分（第 1 等分）只達 0.1%。顯然市場對股東權益報酬率的反應並不具有完美的效率。值得注意的是，股東權益報酬率在大型股的選股能力只略低在全部股時，這一點遠比典型的價值因子股價淨值比（P/B）優越。此外，且股東權益報酬率最小的等分的超額報酬達到-2.7%，可見投資人對股東權益報酬率最小的股票反應不足，但隨後的補償修正造成股價大跌。股東權益報酬率最大的等分（第 10 等分）相對勝率可達 64%，絕對勝率可達 68%。

2. 風險

- 系統風險（beta）無明顯關係

- 各季報酬率的標準差無明顯關係

股東權益報酬率高低對各季報酬率的標準差沒有影響，都在 10~12%之間。這個值相對於報酬率的平均值可以說相當大，代表雖然股東權益報酬率越大，報酬率越高，但不確定性很大。

3. 流動性

股東權益報酬率越大，所選股票的總市值的中位數也越高，股東權益報酬率最大的等分（第 10 等分）、最小的等分（第 1 等分）所選股票的總市值的中位數分別為 270 億元、180 億元，顯示代表這種策略偏好大型股，流動性較為充足。

為了進一步瞭解以股東權益報酬率為選股因子的績效之歷程，我們以此策略進行模擬，其結果如圖 10。可以看出其績效在金融海嘯期間（2008 年下半年）已經展現出來。

此外，為了瞭解以股東權益報酬率為選股因子的選股能力之穩健性，將十個等分投組的季報酬率分季繪於圖 12，可以看出一個有趣的現象：在空頭的時候，股東權益報酬率高的股票抗跌能力強；但在多頭時，較少有優異表現。例如處於空頭

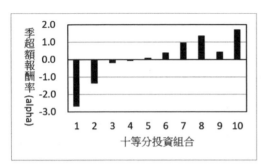

報酬率超額報酬（alpha）

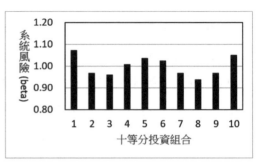

報酬率系統風險（beta）

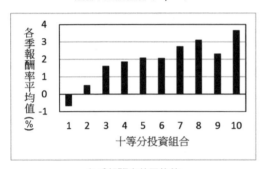

各季報酬率的平均值

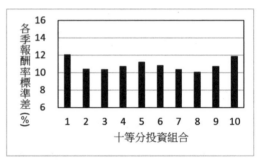

各季報酬率的標準差

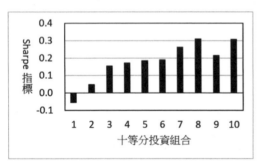

報酬率夏普（Sharpe）指標

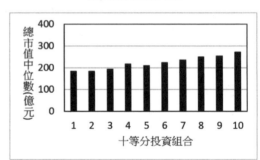

總市值中位數

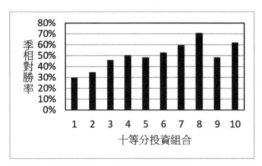

相對勝率

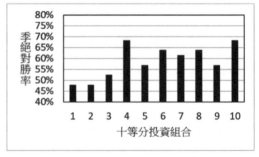

絕對勝率

圖 9 股東權益報酬率（由小到大排序）的績效：大型股

資料來源：作者整理

時期的 2008/Q3、2011/Q1、2011/Q3、2012/Q2、2015/Q2，股東權益報酬率高的股票都能抗跌。處於多頭時期，只有 2019/Q1，股東權益報酬率高的股票表現佳。

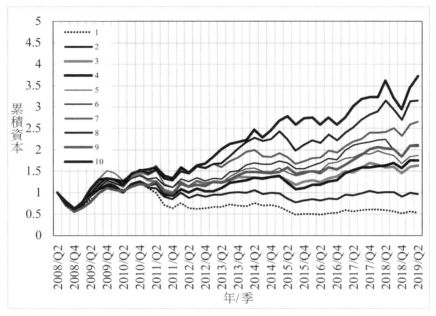

圖 10. 股東權益報酬率（由小到大排序）的累積資本：大型股
資料來源：作者整理

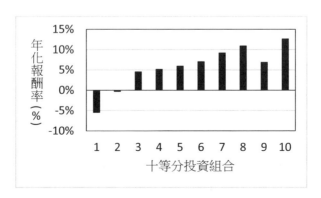

圖 11 股東權益報酬率（由小到大排序）的年化報酬率：大型股
資料來源：作者整理

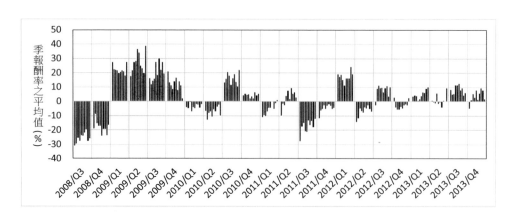

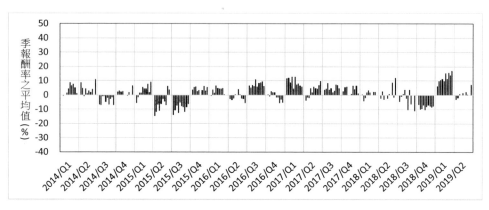

圖 12 股東權益報酬率（由小到大排序）的每一季的報酬率：大型股

資料來源：作者整理

8-4 對投資人的啟發：股東權益報酬率是良好的選股因子

綜合以上分析，對投資人有以下的啟發：

原則 1：股東權益報酬率越高，報酬率越高。

原則 2：股東權益報酬率越高，風險越低。

原則 3：股東權益報酬率越高，總市值越大。

原則 4：股東權益報酬率在大型股的選股能力遠比價值因子佳。

綜合以上分析，股東權益報酬率是一種低風險、高流動性的優良選股因子，比起股價淨值比，它比較可以單獨使用。

有些人認為股東權益報酬率並不能真正反映公司的獲利能力，因為

$$股東權益報酬率 = \frac{盈餘\ (E)}{淨值\ (B)} = \frac{資產\ (A)}{淨值\ (B)} \times \frac{盈餘\ (E)}{資產\ (A)} = 財務槓桿 \times 資產報酬率$$

因此，在資產報酬率固定不變下，公司只要提高財務槓桿（資產÷淨值）就可以提高股東權益報酬率，故主張資產報酬率（ROA）才能真正反映公司的獲利能力。但其實不然，首先，債權人不是笨蛋，不合理地提高財務槓桿並不易被接受。其次，對公司的經理人而言，「資產」是他們可以用來創造利潤的資源，因此資產報酬率很適合評估公司的經理人的獲利能力。但對投資人（股東）而言，「淨值」是股東為了分享利潤所付出的資源，因此，股東權益報酬率很適合評估他們的投資的獲利性。這就如同股東很少會關心股價與資產的比值，但會關心股價與淨值的比值。

股東權益報酬率的缺點是它只能告訴您股票的發行公司獲利能力高低，但完全不能告訴您股票的股價相對於淨值是否便宜。此外，投資人必須注意，股東權益報酬率高的股票常是市場的寵兒，因而有較高的股價淨值比。一旦公司獲利不如預期，股價向下修正，報酬反而較低。我們會在後面的多因子模型章節中告訴您，股東權益報酬率的最佳拍檔是「股價淨值比（P/B）」，當兩者一起考量時，選股威力是 1＋1＞2。

[註]：

1. 盈餘管理是指故意影響財務報告以獲取一些私人利益的行為。

2. 比價效應是指同類型的股票被認為應該有相似的本益比或股價淨值比，當股票的這些比值相對較小時，會受到投資人的青睞。

 **第九章** # 規模因子選股模型—總市值

9-1 理論基礎

企業的總市值是指流通在外股票乘以股價（參閱圖 1）。總市值大者為大型股，小者為小型股。「小型股有較高之報酬率」，這是長期以來被普遍認同的假說。對於小型股為何有較高之報酬率有兩種解釋：

1. 風險補償解釋：小型股的公司經常處於開創期，對市場景氣敏感，故系統風險較高，高報酬率是對高系統風險的補償。

2. 錯誤定價解釋：小型股的公司比起大型股的公司知名度不足，在市場上較為冷門，投資人低估了它們的合理價格。

雖然小型股可能有較高的報酬率，但這些股票可能因為總市值很低，造成成交值很低而流動性不足。

從 2008/Q1~2018/Q4 年的總市值的統計如圖 2 與圖 3。由於總市值的差異極大，因此以億元為單位，取 10 為底的對數來統計，例如對數值 0、1、、2、3、 4

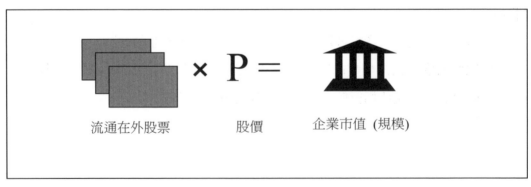

流通在外股票　　　　股價　　　企業市值 (規模)

圖 1 市值＝流通在外股票乘以股價

資料來源：作者整理

分別代表總市值為 10 的 0、1、 2、3、4 次方個億元，即 1、10、100、1,000、10,000 億元。顯示總市值的對數值的中位數為 1.5 左右，因此，總市值的實際中位數約為 10 的 1.5 次方個億元，即 30 億元。有 50%的機率會落在 13~78 億元之間，但也有少數超大型股票，例如總市值最大的前 10%與前 1%的公司，其總市值分別大於 215 與 2,500 億元。以 2010 年為例，最大規模的 1%與 10%公司的市值

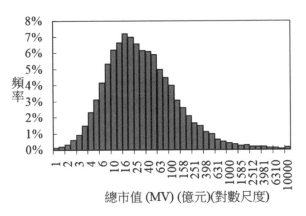

圖 2. 2008~2018 年上市上櫃股票的總市值頻率分布圖
資料來源：作者整理

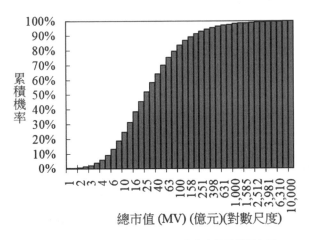

圖 3. 2008~2018 年上市上櫃股票的總市值累積機率圖
資料來源：作者整理

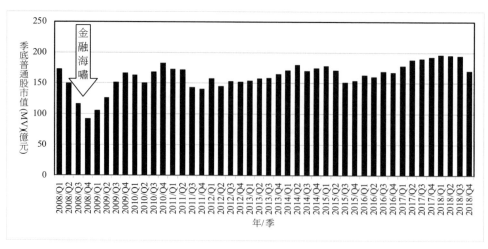

圖 4. 2008~2018 年上市上櫃股票的總市值平均值（億元）
資料來源：作者整理

就占了全部市場 30%與 75%的市值。最小規模的 20%與 50%公司的市值只占全部市場 1%與 5%的市值。

　　統計 2008~2018 年上市上櫃股票的總市值平均值如圖 4，可以發現大致持平。只有 2008 年金融海嘯時期總市值平均值有所下降。要注意圖中總市值是指平均值，因此大約在 150 億元上下，但上述直方圖顯示股票的總市值中位數在 30 億元上下，這是因為少數大型公司大幅拉升了平均值。本書以總市值最大的 20%為大型股，在 2018 年，此門檻約 100 億，因此，本書的大型股指的是總市值至少 100 億元等級的股票。

9-2 實證結果：有嚴重的流動性不足之問題

　　「小型股（總市值較低的股票）有較高之報酬率」，這是長期以來被普遍認同的假說。我們以總市值為選股因子，由小到大排序形成的十等分投組，其績效評估如圖 5。由圖可知，在以全部股為樣本下，總市值越小，其投資績效如下：

1. 報酬

- 季超額報酬率（alpha）只有在總市值最小的等分（第 1 等分）3.2%明顯較大，第 2~3 等分只有不到 0.5%，第 7~10 等分全是在 -0.4%至 -0.7%的負值。

- 各季報酬率的平均值、Sharpe 指標、相對勝率與季超額報酬率相似，只有在總市值最小的等分（第 1 等分）明顯較大。

- 總市值越小，絕對勝率越大。

總之，只有總市值最小的等分的報酬率明顯高於其他等分。總市值最小的等分（第 10 等分）相對勝率可達 79%，絕對勝率可達 73%。

2. 風險

- 系統風險（beta）越大

- 各季報酬率的標準差越大

總之，總市值越小，風險越高。

3. 流動性

以總市值高低來選股，所選股票的總市值的中位數自然受其影響，總市值最小的等分（第 1 等分）、最大的等分（第 10 等分）所選股票的總市值的中位數分別為 5 億元、560 億元。因此，總市值最小的等分有嚴重的流動性不足之問題。

我們以總市值策略進行模擬，其結果如圖 6 與圖 7。可以看出只有總市值最小的第 1 等分投組的期末累積資金遠高於其他等分投組，其他九個等分差異不大。

此外，將十個等分投組的季報酬率分季繪於圖 8，可以看出在金融海嘯期間（2008 年下半年）小型股效應並不明顯，但在 2009 年的 Q3~Q4 表現突出，小型股的報酬率遠高於大型股。

總之，因為只有在總市值最小的等分（第 1 等分）報酬率明顯較大，但這種股票的總市值的中位數只有 5 億元，屬於微型股，代表這種策略有嚴重的流動性不足之問題，實務上並無價值。

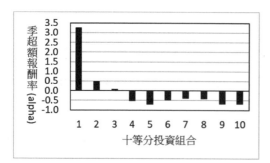

報酬率超額報酬（alpha）

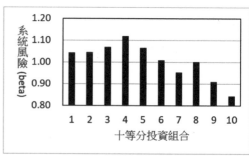

報酬率系統風險（beta）

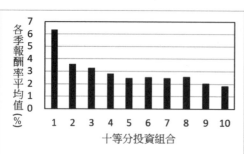

各季報酬率的平均值

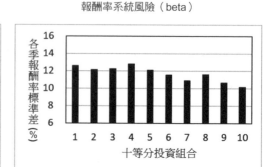

各季報酬率的標準差

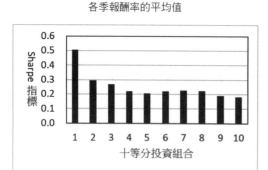

報酬率夏普（Sharpe）指標

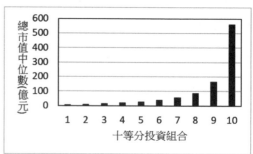

總市值中位數

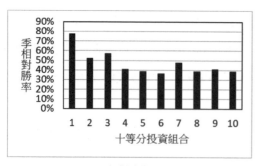

相對勝率

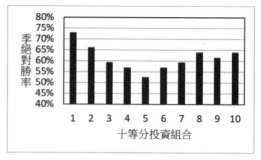

絕對勝率

圖 5 總市值（由小到大排序）的績效：全部股

資料來源：作者整理

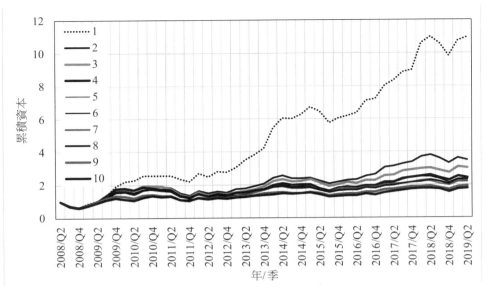

圖 6 總市值（由小到大排序）的累積資本：全部股

資料來源：作者整理

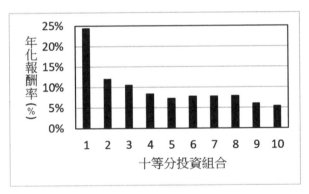

圖 7 總市值（由小到大排序）的年化報酬率：全部股

資料來源：作者整理

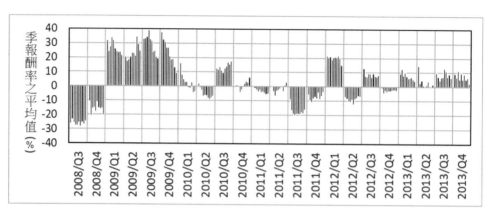

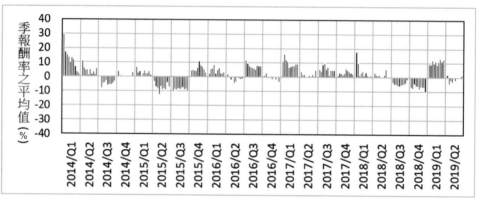

圖 8 總市值（由小到大排序）的每一季的報酬率：全部股

資料來源：作者整理

9-3 對投資人的啟發：微型股報酬高但流動性很差

綜合以上分析，對投資人有以下的啟發：

原則 1：以總市值選小選股，只有總市值最小的第 1 等分年化報酬率明顯較高。

原則 2：以總市值選小選股，風險較大。

綜合以上分析，只有總市值最低的 10%股票構成的投組其報酬率明顯較高，但這些股票的總市值都很低，不到 10 億元，屬於微型股，而且最小規模的 10%公司的市值只占全部市場 0.3%的市值，市場流動性明顯不足。故小型股效應嚴格說來並不明顯，因此對提高股票報酬率而言，總市值並非理想的選股因子。

 **第十章　風險因子選股模型─市場風險因子 β**

10-1 理論基礎

在投資學上，風險指的是報酬率的「不確定性」。總風險由非系統風險加上系統風險組成。

· **非系統風險**

其誘因發生在企業內部，只與特定公司有關，例如單一公司的罷工、火災、失去重要客戶、供應商。非系統風險也稱可分散風險，可透過多元化的投資消除。

· **系統風險**

其誘因發生在企業外部，上市公司本身無法控制它。系統風險也稱市場風險或不可分散風險，無法透過多元化的投資消除。系統風險的大小可用 β 值來衡量，它

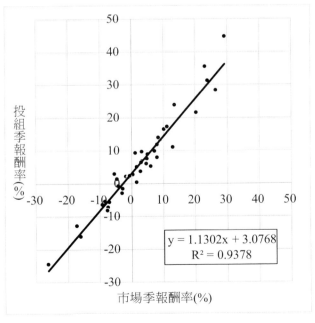

圖 1 系統風險 β 值是散布圖的迴歸直線的斜率

表示一段期間內股票（或投資組合）的漲跌比率相對於市場的漲跌比率的比值。例如一個股票（或投資組合）的 $\beta = 1.2$，代表市場的漲跌 1%，股票（或投資組合）漲跌的期望值為 1.2%。β 值 > 1，表示股票（或投資組合）的變動波幅大於市場變動波幅。β 值越大，系統風險越大。β 值概念見圖 1，它是散布圖的迴歸直線的斜率。

在投資學上，總是認為如果投資人持有具有某種缺點的股票，投資人會要求較高的必要報酬率做為補償。投資人會透過市場交易股票，當某股票的報酬率低於必要報酬率時，競相賣出股票，股票的股價自然下跌，股價便宜了，未來的報酬率自然會提高；相反地，當某股票的報酬率高於必要報酬率時，競相買入股票，股票的股價自然上漲，股價昂貴了，未來的報酬率自然會降低。當報酬率到達必要報酬率時，股價達到均衡價格，此價格提供了投資人在未來獲得公平的必要報酬率的機會。

由於投資人總是不喜歡風險的，而非系統風險可以透過多元化的投資消除，但系統風險無法消除，因此系統風險大的股票理當有較高的報酬率做為補償。學術界盛行的古典理論「資本資產定價模型（CAPM）」，即認為系統風險是資產報酬率的關鍵因素，系統風險越大，報酬率越高。但許多實證研究表明並非完全如此。實證證據顯示：

· **不同資產之間**

不同資產之間的報酬率確實存在著「系統風險越大，報酬率越高」的關係，例如定存、債券、股票三者的系統風險是：定存＜債券＜股票；報酬率也是：定存＜債券＜股票，滿足「系統風險越大，報酬率越高」的關係。

· **不同股票之間**

多個股票之間的報酬率並不存在著「系統風險越大，報酬率越高」的關係。

這兩個實證結論互相矛盾嗎？未必。假設市場上存在多個定存、多個債券、多個股票，它們的系統風險與報酬率如圖 2。可以發現把多個定存、多個債券、多個股票通通視為投資人可以選擇的資產之一，則定存、債券、股票三者之間確實存在

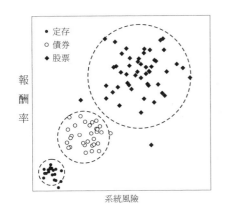

圖 2 多個股票之間存在「系統風險越大，報酬率越低」的關係。

資料來源：作者整理

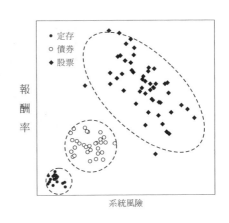

圖 3 多個定存、多個債券、多個股票存在「系統風險越大，報酬率越高」的關係。

資料來源：作者整理

「系統風險越大，報酬率越高」的關係。但把三種資產拆開來看，系統風險與報酬率之間的相關係數可能接近 0，也就是不存在著線性關係。甚至即使股票類資產各個股票之間存在「系統風險越大，報酬率越低」的反比關係，如圖 3 右上方的股票。但只要把多個定存、多個債券、多個股票放在一起看，「系統風險越大，報酬率越高」的關係還是成立。因此，前述兩個實證結論並不互相矛盾。

從 2008 年第 1 季到 2018 年第 4 季（共 11 年，44 季）的 β 值的統計如圖 4 與圖 5，顯示 β 值的平均值 0.81，中位數為 0.80，有 50%的機率會落在 0.52~1.07 之間，有 68%的機率小於 1.0。

台股從 2008 年到 2018 年的 β 值的時間軸統計如圖 6，此圖的縱軸是當季的所有上市上櫃股票的平均值。

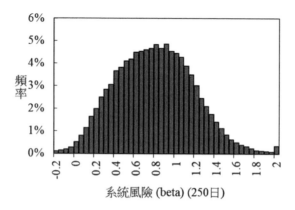

圖 4 2008~2018 年上市上櫃股票的 β 值頻率分布圖

資料來源：作者整理

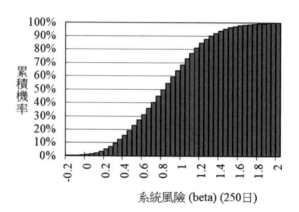

圖 5 2008~2018 年上市上櫃股票的 β 值累積機率圖

資料來源：作者整理

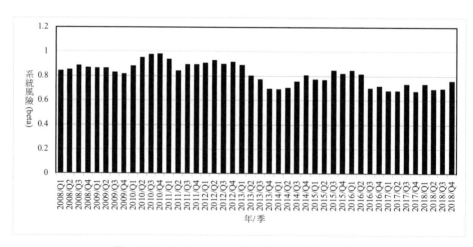

圖 6 2008~2018 年上市上櫃股票的系統風險 β 值歷史

資料來源：作者整理

10-2 實證結果Ｉ：全部股，低風險、低流動性

「系統風險 β 越大代表系統風險越大，為了補償風險，有越高之報酬率」，這個古典理論真的成立嗎？我們以系統風險 β（最近 250 日為計算基準）為選股因子，由大到小排序，形成的十等分投組，其績效評估如圖 7。由圖可知，在以全部股為樣本下，系統風險越小，其投資績效如下：

1. 報酬

- ·季超額報酬率（alpha）越大
- ·各季報酬率的平均值越大
- · Sharpe 指標越大
- ·相對勝率越大
- ·絕對勝率越大

系統風險最小的等分（第 10 等分）季報酬率的平均值達 3.9%；而最大的等分（第 1 等分）只達 1.5%。這個發現與長期以來許多學者認為系統風險越低的股票報酬率越低的觀點相反。系統風險最小的等分（第 10 等分）相對勝率可達 61%，絕對勝率可達 68%。

2. 風險

- ·系統風險（beta）越小
- ·各季報酬率的標準差越小

系統風險越小選出的股票風險越低，這是十分合理的結果。股票的系統風險具有持續性，由系統風險較低的股票組成的投資組合，它未來的系統風險也會較低。因此投資人如果想降低系統風險，最佳的選股策略就是選擇系統風險較小的股票。

3. 流動性

系統風險越低，所選股票的總市值的中位數也越低，系統風險最小的等分（第 10 等分）、最大的等分（第 1 等分）所選股票的總市值的中位數分別為 15 億元、59 億元，系統風險選小的策略偏好小型股，可能會有流動性不足的問題。

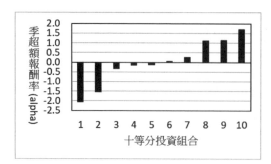

報酬率超額報酬（alpha）

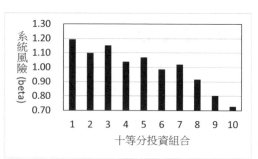

報酬率系統風險（beta）

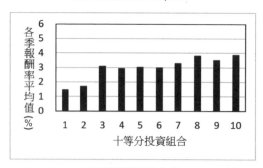

各季報酬率的平均值

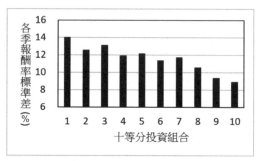

各季報酬率的標準差

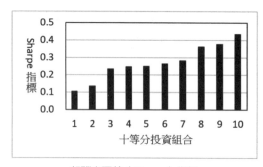

報酬率夏普（Sharpe）指標

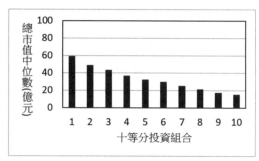

總市值中位數

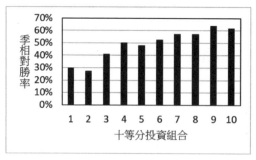

相對勝率

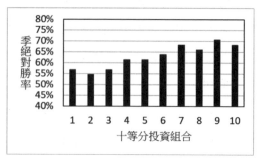

絕對勝率

圖 7 系統風險因子（由大到小排序）的績效：全部股

資料來源：作者整理

為了進一步瞭解以系統風險為選股因子的績效之歷程，我們以此策略進行模擬，其結果如圖 8。可以看出系統風險最小的等分（第 10 等分）的期末累積資金遠高於系統風險最大的等分（第 1 等分），年化報酬率達 14.6%。

此外，將十個等分投組的季報酬率分季繪於圖 10，可以看出一個現象：在空頭時期，系統風險低的股票跌幅低，但在多頭時期，系統風險低的股票漲幅也低，這正是系統風險低的股票的基本特性。但前者遠比後者明顯，在所有空頭的季節，系統風險低的股票跌時都十分抗跌，但在多頭的季節，系統風險低的股票漲幅只是略低，因此總體而言，系統風險低的股票報酬率較高。

總之，這種系統風險選小的投資策略是一種低風險、低流動性策略。

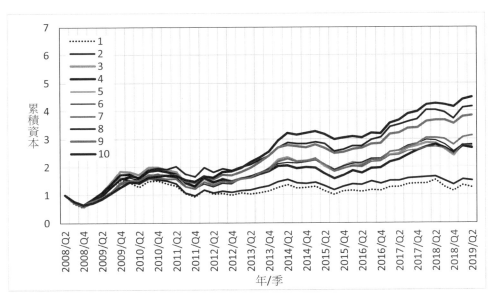

圖 8 系統風險因子（由大到小排序）的累積資本：全部股

資料來源：作者整理

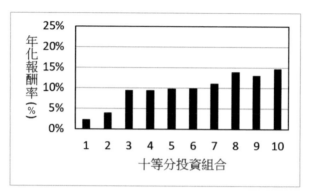

圖 9 系統風險因子（由大到小排序）的年化報酬率：全部股

資料來源：作者整理

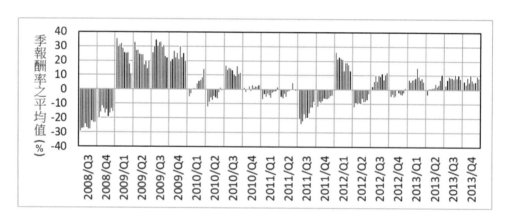

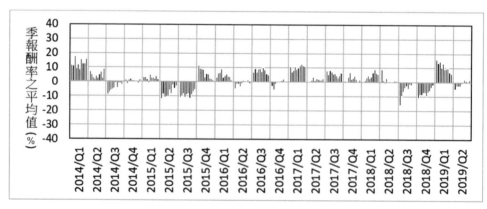

圖 10 系統風險因子（由大到小排序）的每一季的報酬率：全部股

資料來源：作者整理

10-3 實證結果 II：大型股，選股能力不佳

由圖 11 可知，在以大型股為樣本下，系統風險越小，其投資績效如下：

1. 報酬

- 季超額報酬率（alpha）越大（但不明顯）
- 各季報酬率的平均值越大（但不明顯）
- Sharpe 指標越大（但不明顯）
- 相對勝率越大（但不明顯）
- 絕對勝率越大（但不明顯）

系統風險最小的等分（第 10 等分）季報酬率的平均值達 2.7%；而最大的等分（第 1 等分）只達 1.2%。值得注意的是，系統風險在大型股的選股能力遠低於在全部股時。

2. 風險

- 系統風險（beta）越小
- 各季報酬率的標準差越小

3. 流動性

系統風險越低，所選股票的總市值的中位數也越低，顯示代表這種策略偏好小型股。但因為大型股的總市值都很高，所選股票仍具有相當高的流動性。

我們以系統風險策略進行模擬，其結果如圖 12 與圖 13。可以看出系統風險最小的等分（第 10 等分）的期末累積資金，遠高於系統風險最大的等分（第 1 等分），年化報酬率 9.7%。

此外，將十個等分投組的季報酬率分季繪於圖 14，可以看出與全部股相似的現象，不再贅述。

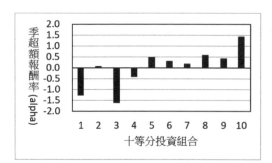

報酬率超額報酬（alpha）

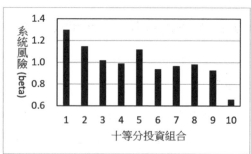

報酬率系統風險（beta）

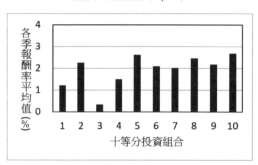

各季報酬率的平均值

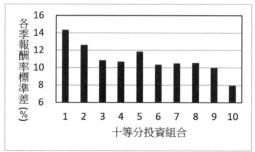

各季報酬率的標準差

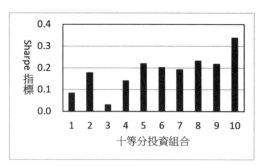

報酬率夏普（Sharpe）指標

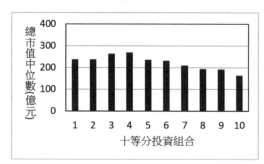

總市值中位數

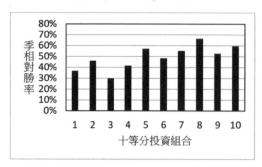

相對勝率

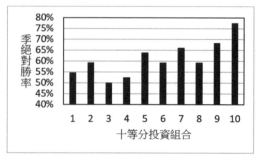

絕對勝率

圖 11 系統風險因子（由大到小排序）的績效：大型股

資料來源：作者整理

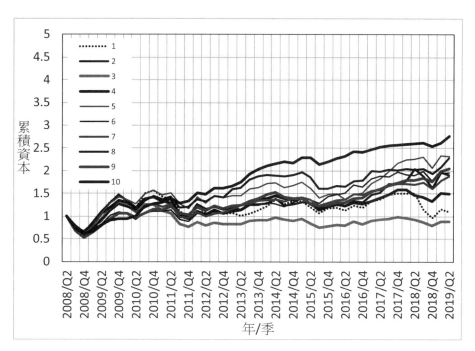

圖 12 系統風險因子（由大到小排序）的累積資本：大型股

資料來源：作者整理

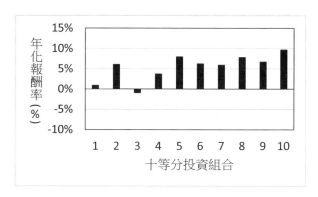

圖 13 系統風險因子（由大到小排序）的年化報酬率：大型股

資料來源：作者整理

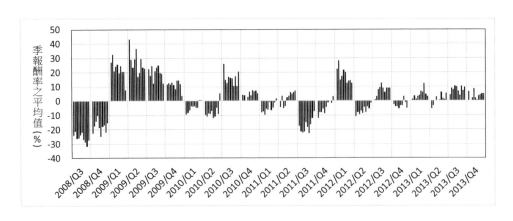

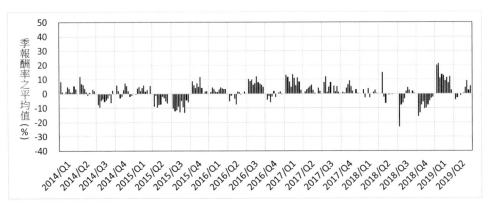

圖 14 系統風險因子（由大到小排序）的每一季的報酬率：大型股

資料來源：作者整理

⑩-4 對投資人的啟發：市場風險因子 β 越小報酬越高

綜合以上分析，對投資人有以下的啟發：

原則 1： 以系統風險選小選股，報酬率較高。

原則 2： 以系統風險選小選股，風險較小。

原則 3： 以系統風險選小選股，總市值較小。

原則 4： 系統風險在大型股的選股能力不佳。

綜合以上分析，這種系統風險選小的投資策略是一種低風險、低流動性策略。

系統風險 β 較低的投組其報酬率明顯較佳，這與資本資產定價模型理論剛好相反。只承受較低的系統風險，報酬率反而較高，這不是很奇怪嗎？有幾個可能的解釋：

1. 系統風險計算的多樣性

即使透過電腦計算，不同的算法結果也有差異，例如用日報酬率還是月報酬率，結果不會相同。即使統一採用日報酬率，取 250 日、120 日、60 日，結果也有差異。

2. 投資人無法區別系統風險與非系統風險

在投資學上，風險指的是報酬率的「不確定性」。總風險由非系統風險加上系統風險組成。β 可以衡量系統風險，報酬率標準差可以用來衡量總風險。從統計學來看，系統風險與非系統風險可以分別看成迴歸分析的**「解釋方差和」**[1] 與**「未解釋方差和」**[2]。雖然複雜的電腦系統可以區分兩者，但人腦非電腦，投資人並不易區分兩者的差別。但定存、債券、股票三者的系統風險差別實在太大，投資人很容易分辨誰高誰低。投資人總是厭惡風險，因此對這三者要求的必要報酬率也有高有低，自然會產生「系統風險越大，報酬率越高」的現象。然而不同股票的系統風險雖有差別，但差異不大，波動卻很大，因此投資人可能無法分辨多個股票的系統風險誰高誰低。不知道自己冒的系統風險高低，自然不會要求較高或較低的報酬率做為補償。

3. 投資人忽略風險效應

事實上，當投資人決心買（賣）一個股票時，自然是因為認為該股票會漲（跌），在其心中只存在一個預期報酬率平均值的估計值，而不去估計或低估了風險（報酬率的不確定性），自然不會要求高報酬來做為補償。

4. 投資人偏好風險效應

雖然多數投資人不喜歡風險，但可能有部分投資人喜好風險，對高風險的股票要求較低的必要報酬率，造成「系統風險 β 越高，報酬率越低」的現象。

5. 冷門股效應

統計分析顯示，系統風險 β 值與成交量成正比。回測結果顯示，成交量小的冷

門股報酬率高,因此系統風險 β 值小的股票或許因為正好也經常是冷門股,因而報酬率較高。

但上述的解釋 1~3 只能說明投資股票時冒著較高的系統風險,其報酬率不會較高,但不能解釋為何「系統風險 β 越低,報酬率越高」,只有解釋 4、5 能解釋此一現象。無論如何,此一現象到目前還是一個有趣但難解的問題。

[註]:

1. 解釋方差和(explained variation)是指一組由多個自變數與一個因變數組成的數據,可以用迴歸分析模型來解釋的變異。

2. 未解釋方差和(explained variation)是指一組由多個自變數與一個因變數組成的數據,無法用迴歸分析模型來解釋的變異。

第十一章

慣性因子選股模型─前期季報酬率

11-1 理論基礎

在投資學上，兩個互相矛盾的效應困擾投資人（參閱圖 1）：

- **慣性效應**：最近報酬率高（低）的股票會持續報酬率高（低）。
- **反轉效應**：最近報酬率高（低）的股票報酬率會變低（高）。

相應於這兩個效應，產生兩個互相衝突的投資策略：

- **動能策略**：買入贏家（最近報酬率高的股票）；賣出輸家（最近報酬率低的股票）。
- **反向策略**：買入輸家（最近報酬率低的股票）；賣出贏家（最近報酬率高的股票）。

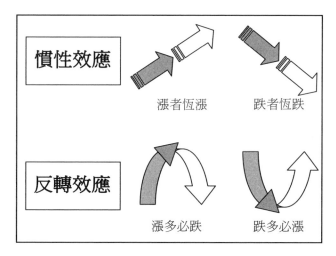

圖 1 慣性效應與反轉效應

資料來源：作者整理

許多實證的證據顯示：

· **短期反轉**

短期而言，一般是指數週，例如一到二週，反向策略會有較高的報酬率。原因可能是短期的投機性買賣。

· **中期慣性**

中期而言，一般是指數季，例如一到二季，動能策略會有較高的報酬率。原因可能是當股價上漲（下跌）一季以上時，會形成明顯趨勢，後續數季會持續這個趨勢。

· **長期反轉**

長期而言，一般是指數年，例如 3 到 5 年，反向策略會有較高的報酬率。原因可能是當某產業高獲利時，其股票的報酬率自然較高，但這種情形持續數年以上時，會吸引更多資金投入此產業，造成產業的產能過剩，產業內的公司獲利下降，其股票的報酬率自然較低。反之，當某產業低獲利時，其股票的報酬率自然較低，但這種情形持續數年以上時，會迫使許多資金流出此產業，造成產業的產能不足，存活下來的公司獲利回升，其股票的報酬率自然較高。

從 2008 年第一季到 2018 年第四季（共 11 年，44 季）的季報酬率的統計，如圖 2 與圖 3，顯示季報酬率的平均值 2.5%，中位數為 -0.5%，有 50% 的機率會落在 -9%~15% 之間，分布很廣。因此，季報酬率的中位數相對於它的寬廣分布，只能算是很接近 0 值。

台股從 2008 年到 2018 年的季報酬率的時間軸統計，如圖 4，此圖的縱軸是當季的所有上市上櫃股票的季報酬率的平均值，可以看出在 2008 年金融海嘯最嚴重時，連續三季大跌，但在 2009 年連續四季大漲。從圖也可以看出季報酬率經常連續數季為正值或為負值，具有慣性。

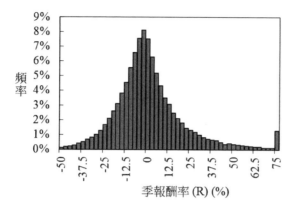

圖 2 2008~2018 年上市上櫃股票的季報酬率頻率分布圖

資料來源：作者整理

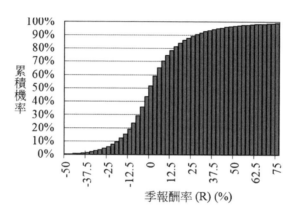

圖 3 2008~2018 年上市上櫃股票的季報酬率累積機率圖

資料來源：作者整理

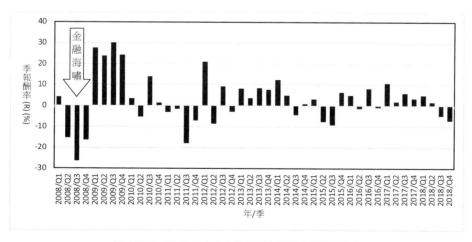

圖 4 2008~2018 年上市上櫃股票的股票季報酬率歷史

資料來源：作者整理

11-2 實證結果Ⅰ：全部股，風險較小、抗跌

我們以前一季報酬率為選股因子，由小到大排序，形成的十等分投組，其績效評估如圖 5。由圖可知，在以全部股為樣本下，前一季報酬率越大，其投資績效如下：

1. 報酬

- 季超額報酬率（alpha）：前一季報酬率最大的五個等分（第 6~10 等分）的報酬率較高，但彼此相近，都在 0.5~1.0%之間。顯然市場對前一季報酬率的反應並不具有完美的效率。值得注意的是，股票的前一季報酬率只要位居當季最大的前一半，其報酬率高低對下一季的報酬率無明顯影響，即在十等分的右端出現績效平坦化的現象。一個可能的解釋是，投資人固然對上一季報酬率較高的股票抱持較樂觀的心態而樂意買進，但對漲幅太高的股票也心存戒心，因此形成這種「不完美」的慣性效應。

- 各季報酬率的平均值、夏普（Sharpe）指標、相對勝率、絕對勝率與季超額報酬率有相似的現象。前一季報酬率最大的等分（第 10 等分）相對勝率可達 60%，絕對勝率可達 71%。

2. 風險

- 系統風險（beta）越小
- 各季報酬率的標準差越小

前一季報酬率越高，風險越小。此性質有利於選股。

3. 流動性

前一季報酬率越大與所選股票的總市值的中位數無關。

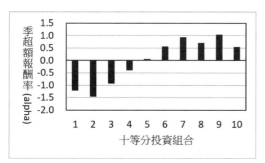

報酬率超額報酬（alpha）

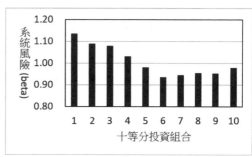

報酬率系統風險（beta）

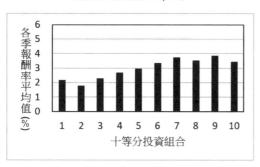

各季報酬率的平均值

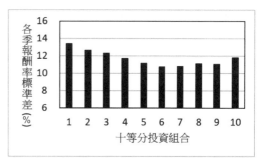

各季報酬率的標準差

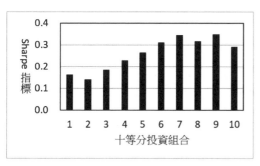

報酬率夏普（Sharpe）指標

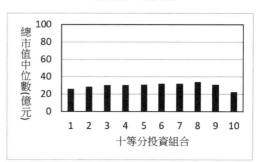

總市值中位數

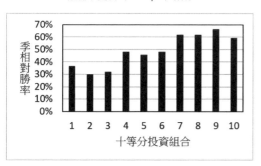

相對勝率

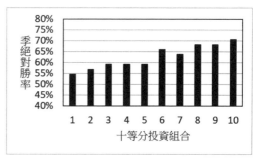

絕對勝率

圖 5 前一季報酬率（由小到大排序）的績效：全部股

資料來源：作者整理

我們以動能策略進行模擬，其結果如圖 6 與圖 7。可以看出前一季報酬率最大的五個等分（第 6~10 等分）的年化報酬率較高，但彼此相近，都在 11.4~13.6% 之間。此現象與上述季超額報酬率的觀察一致。

此外，將十個等分投組的季報酬率分季繪於圖 8，可以看出一個有趣的現象：在空頭時期，前一季報酬率高的股票跌幅低，但在多頭時期，前一季報酬率高的股票有許多季漲幅也低，例如 2009/Q1。但前者比後者出現的次數更多、更明顯，因此總體而言，前一季報酬率高的股票報酬率較高。顯示這種策略偏向抗跌，而非助漲。

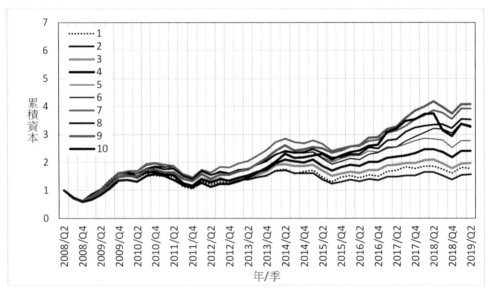

圖 6. 前一季報酬率（由小到大排序）的累積資本：全部股
資料來源：作者整理

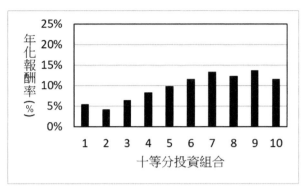

圖 7 前一季報酬率（由小到大排序）的年化報酬率：全部股
資料來源：作者整理

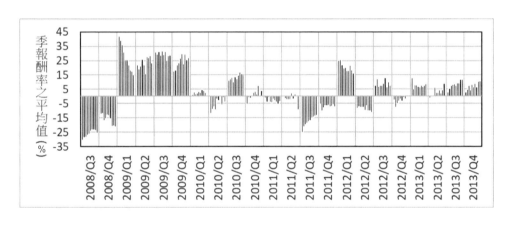

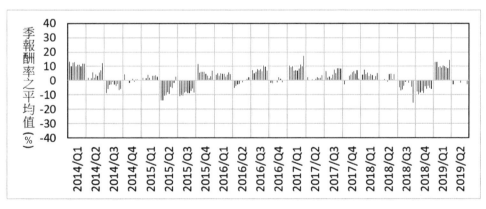

圖 8 前一季報酬率（由小到大排序）的每一季的報酬率：全部股
資料來源：作者整理

11-3 實證結果 II：大型股，慣性因子選股能力比在全部股更佳

由圖 9 可知，在以大型股為樣本下，前一季報酬率越大，其投資績效如下：

1. 報酬

- 季超額報酬率（alpha）越大

- 各季報酬率的平均值越大

- Sharpe 指標越大

- 相對勝率越大

- 絕對勝率越大

前一季報酬率最大的等分（第 10 等分）季報酬率的平均值達 3.6%；而最小的等分（第 1 等分）只達 1.1%。前一季報酬率最大的等分（第 10 等分）相對勝率可達 69%，絕對勝率可達 66%。顯然市場對前一季報酬率的反應並不具有完美的效率。值得注意的是，前一季報酬率在大型股的選股能力比在全部股時更強。由於多數的選股因子在大型股的表現普遍比在全部股差，因此這個特色十分珍貴。

另一個值得注意的現象是，股票的前一季報酬率只要位居當季最小的後一半，其報酬率高低對下一季的報酬率無明顯影響，即在十等分的左端出現績效平坦化的現象。此現象與全部股的右端出現績效平坦化相異。一個可能的解釋是，投資人固然對上一季報酬率較低的大型股抱持較悲觀的心態，而不願買進，但對跌幅太高的大型股也心存反彈的期待，而不願賣出，因此形成這種「不完美」的慣性效應。

2. 風險

- 系統風險（beta）越小

- 各季報酬率的標準差越小

前一季報酬率越高，風險越小。此性質有利於選股。

3. 流動性

前一季報酬率越大與所選股票的總市值的中位數無關。

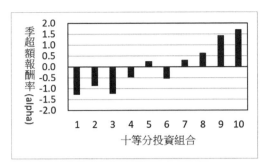

報酬率超額報酬（alpha）

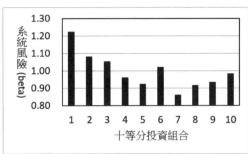

報酬率系統風險（beta）

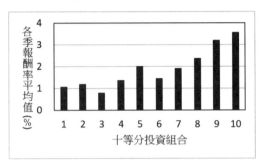

各季報酬率的平均值

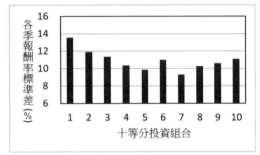

各季報酬率的標準差

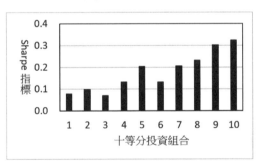

報酬率夏普（Sharpe）指標

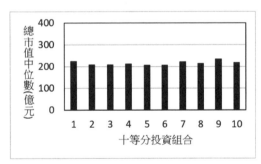

總市值中位數

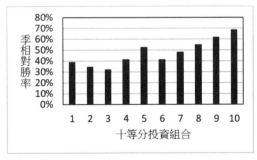

相對勝率

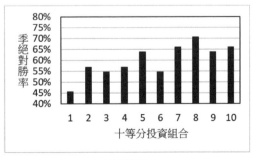

絕對勝率

圖 9 前一季報酬率（由小到大排序）的績效：大型股

資料來源：作者整理

我們以前一季報酬率策略進行模擬，其結果如圖 10 與圖 11。可以看出十個等分的年化報酬率幾乎是完美的遞增排列，顯示此策略具有強大的選股能力。這個現象與在全部股時十分不同。

此外，將十個等分投組的季報酬率分季繪於圖 12，可以看出這種策略在大型股的表現與在全部股相似，都具有「偏向抗跌，而非助漲」的現象。

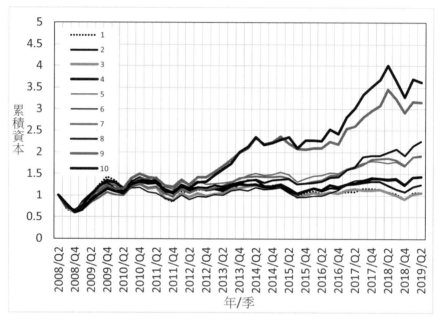

圖 10. 前一季報酬率（由小到大排序）的累積資本：大型股
資料來源：作者整理

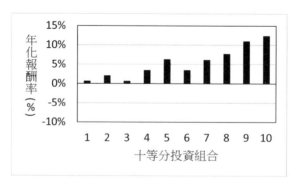

圖 11 前一季報酬率（由小到大排序）的年化報酬率：大型股
資料來源：作者整理

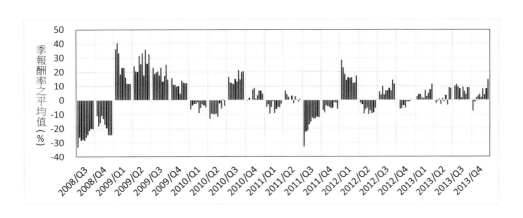

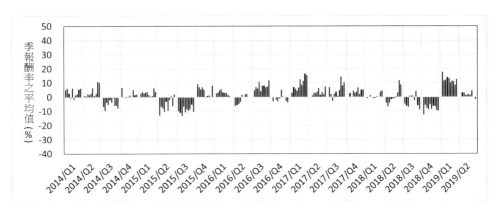

圖 12 前一季報酬率（由小到大排序）的每一季的報酬率：大型股

資料來源：作者整理

11-4 對投資人的啟發：慣性效應在大型股表現佳

綜合以上分析，對投資人有以下的啟發：

原則 1：前一季報酬率越高，報酬率較高。顯示台股在以季為期間下，有慣性效應。

原則 2：前一季報酬率越高，風險較小。

原則 3：前一季報酬率高低與總市值無關。

原則 4：慣性因子在大型股的選股能力比在全部股更佳。

總之，這種「前一季報酬率選大」的投資策略並不是一種高風險策略，並且在大型股表現出傑出的選股能力。一個可能的解釋是，大型股的成交值大，受投資人的關注度高，特別是機構法人。因此，一旦在前一季股價大幅上漲，形成明確的漲勢，較能抗跌；反之，形成明確的跌勢，容易助跌。因此形成較「完美」的慣性效應。此外，在大型股選股時，慣性因子與獲利因子一併考量時，具有明顯的綜效。我們會在後面的章節加以實證。

第十二章　單因子選股模型總結

12-1 理論基礎

前面 7 章探討了 7 種單因子選股模型的投組績效，包括：

- 股價淨值比
- 股價營收比
- 近四季益本比
- 股東權益報酬率
- 市場風險因子 β
- 總市值
- 前期季報酬率

綜合以上各章分析，我們已經確認每個因子選大、選小與報酬、風險、流動性的關係。因此，擬定以下選股策略：

- 股價淨值比選小
- 股價營收比選小
- 近四季益本比選大
- 股東權益報酬率選大
- 市場風險因子 β 選小
- 總市值選大
- 前期季報酬率選大

其中總市值「選大」的原因，是為了配合後續的多因子模型選出市值較大的股票，以改善部分選股因子傾向小型股的缺點。其餘 6 個因子是為了提高報酬率而決定選大或選小。本章將整合這些回測結果，給讀者一個完整的知識地圖。

12-2 實證結果 I：全部股，價值因子、獲利因子對提高報酬最為有效

圖 1~圖 5 是各單因子選股模型，在以全部股為樣本下的結果：

· 報酬

　　只有總市值選大策略的超額報酬率、勝率較低，其餘策略均可提高報酬率、勝率，第 10 等分的季超額報酬率大約在 1~2%之間，相對勝率、絕對勝率分別大約在 60~75%、65~75%之間。

· 風險

　　價值因子策略（股價淨值比、股價營收比、益本比）會提高風險，其餘四個策略均可降低風險，第 10 等分的季系統風險因子均小於 1.0。市場風險因子 β 選小策略對降低風險最為有效。

· 流動性

　　益本比選大、股東權益報酬率選大、總市值選大策略可以提高選股的流動性，股價淨值比選小、股價營收比選小、風險因子 β 選小策略則會降低選股的流動性。前期季報酬率選大策略無明顯影響。總市值選大策略對提升流動性最為有效。

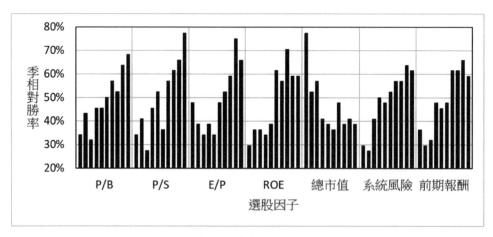

圖 1 相對勝率：全部股

資料來源：作者整理

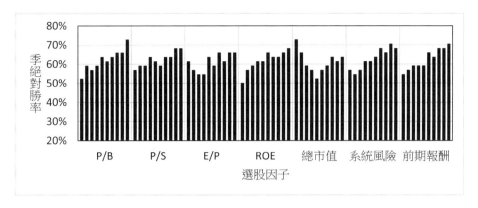

圖 2 絕對勝率：全部股

資料來源：作者整理

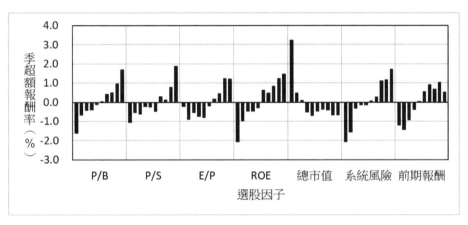

圖 3 報酬率超額報酬（alpha）：全部股

資料來源：作者整理

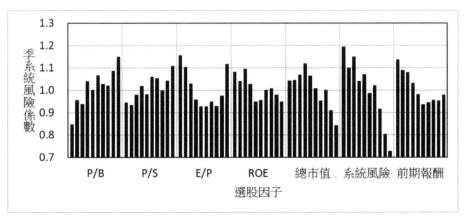

圖 4 報酬率系統風險（beta）：全部股

資料來源：作者整理

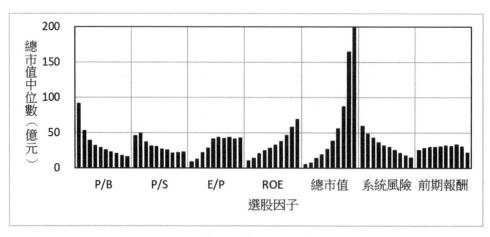

圖 5 總市值中位數：全部股

資料來源：作者整理

投資人總是希望

· 報酬：越大越好。

· 風險：越小越好。

· 流動性：越大越好。

因此上述三類績效指標的評估整理如表 1。可知

· 價值因子：可以改善報酬，但是會增加風險、降低流動性。

· 獲利因子：可以改善報酬、風險、流動性。

· 風險因子：可以改善報酬與風險，但是會降低流動性。

· 規模因子：可以改善風險與流動性，但是會降低報酬。

· 慣性因子：可以改善報酬與風險。

可見價值因子、風險因子、規模因子具有一些缺點。例如低股價淨值比雖然可提升報酬率，但也會提升系統風險。這與長期以來價值股的報酬可能來自系統風險的結論一致。投資人買股票不能只看股價相對淨值是否便宜，便宜得有道理（例如盈餘虧損、淨值虛估）的股票不值得買；便宜得沒道理（例如對利空消息過度反應）的股票才值得買。

選股因子		策略	報酬			風險	流動性
			相對勝率	絕對勝率	超額報酬率（α）	系統風險（β）	總市值
價值	股價淨值比	選小	△	△	△	▼	▼
	股價營收比	選小	△	△	△	▼	▼
	益本比	選大	△	△	△	▼	△
獲利	股東權益報酬率	選大	△	△	△	△	△
風險	市場風險因子 β	選小	△	△	△	△	▼
規模	總市值	選大	▼		▼	△	△
慣性	前期報酬率	選大	△	△	△	△	

表 1 單因子選股模型優缺點評估：全部股（△優 ▼劣）

資料來源：作者整理

12-3 實證結果 II：大型股，價值因子選股效果明顯降低

圖 6～圖 10 是各單因子選股模型，在以大型股為樣本下的結果：

· 報酬

除了總市值選大策略之外，其餘策略均可提高超額報酬率，但價值因子策略中的股價淨值比選小、股價營收比選小策略只能微幅提高超額報酬率約 0.7%，益本比選大、股東權益報酬率選大、風險因子 β 選小、前期季報酬率選大可提高超額報酬率約 1.0~1.7%。近四季益本比雖是價值因子，但在大型股的表現更像是獲利因子，因此之前曾說「益本比是一種帶有一些獲利因子色彩的價值因子」是有道理的。前期季報酬率選大對提升相對勝率特別有效；市場風險因子 β 選小策略對提升絕對勝率特別有效。

· 風險

風險因子 β 選小、總市值選大、前期季報酬率選大策略可降低風險，其第 10 等分的季系統風險因子均小於 1.0。價值因子策略（股價淨值比、股價營收比、益本比）、獲利因子策略（股東權益報酬率）與風險無關。市場風險因子 β 選小策略

對降低風險最為有效。

- **流動性**

　　總市值選大、股東權益報酬率選大策略可以提高選股的流動性，股價淨值比選小、風險因子 β 選小策略則會降低選股的流動性。其餘因子無明顯影響。總市值選大策略對提升流動性最為有效。

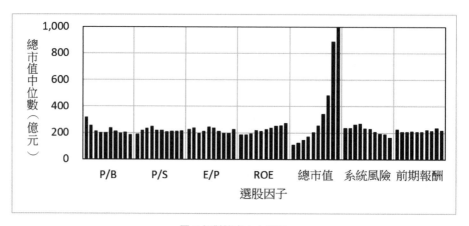

圖 6 相對勝率：大型股
資料來源：作者整理

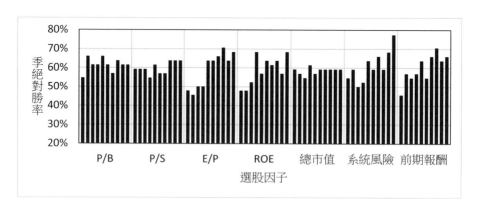

圖 7 絕對勝率：大型股
資料來源：作者整理

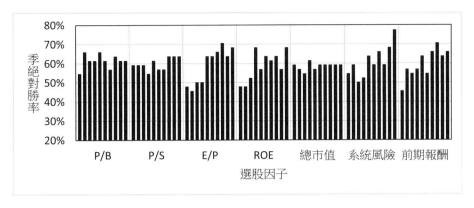

圖 8 報酬率超額報酬（alpha）：大型股

資料來源：作者整理

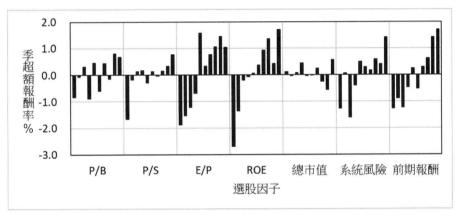

圖 9 報酬率系統風險（beta）：大型股

資料來源：作者整理

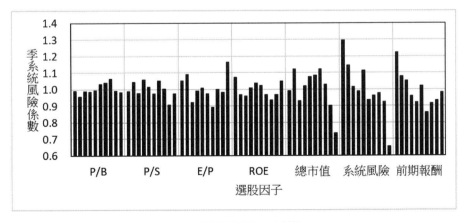

圖 10 總市值中位數：大型股

資料來源：作者整理

選股因子		策略	報酬			風險	流動性
			相對勝率	絕對勝率	超額報酬率（α）	系統風險（β）	總市值
價值	股價淨值比	選小			△		▼
	股價營收比	選小			△		
	益本比	選大	△	△	△		
獲利	股東權益報酬率	選大	△	△	△		△
風險	市場風險因子 β	選小	△	△	△	△	▼
規模	總市值	選大				△	△
慣性	前期報酬率	選大	△	△	△	△	

表 2 單因子選股模型優缺點評估：大型股（△優 ▼劣）

資料來源：作者整理

上述三類績效指標的評估整理如表 2。可知：

- 價值因子：股價淨值比、股價營收比只能略為提升超額報酬，但是會降低流動性。益本比可以明顯提升超額報酬。
- 獲利因子：可以改善報酬、流動性。
- 風險因子：可以改善報酬與風險，但是會降低流動性。
- 規模因子：可以改善風險與流動性。
- 慣性因子：可以改善報酬與風險。

值得注意的是在大型股，價值因子股價淨值比與股價營收比的選股效果明顯降低。

12-4 對投資人的啟發：選股因子各有特性

彙整全部股、大型股的選股因子與十等分投組的績效之實證結果如表 3~表 4。綜合以上分析，在採取以下選股策略下：

- 股價淨值比選小
- 股價營收比選小
- 近四季益本比選大
- 股東權益報酬率選大

・市場風險因子 β 選小

・總市值選大

・前期季報酬率選大

對投資人有以下的啟發如下：

（一）全部股

原則 1 提高報酬原則

價值因子、獲利因子、風險因子、慣性因子均可提升報酬率。價值因子、獲利因子對提高報酬最為有效。

原則 2 降低風險原則

獲利因子、風險因子、規模因子、慣性因子均可降低風險。但價值因子會提高風險。風險因子 β 選小策略對降低風險最為有效。

原則 3 提高流動性原則

獲利因子、規模因子均可提高流動性。但價值因子、風險因子會降低流動性。總市值選大策略對提升流動性最為有效。

（二）大型股

原則 4 提高報酬原則

價值因子、獲利因子、風險因子、慣性因子均可提升報酬率。獲利因子、慣性因子對提高報酬最為有效。價值因子（股價淨值比、股價營收比）在大型股的選股效果明顯降低。

原則 5 降低風險原則

風險因子、規模因子、慣性因子均可降低風險。風險因子 β 選小策略對降低風險最為有效。

原則 6 提高流動性原則

獲利因子、規模因子均可提高流動性。但價值因子股價淨值比、風險因子 β 會降低流動性。總市值選大策略對提升流動性最為有效。

績效	選股因子	十等分投組									
		1	2	3	4	5	6	7	8	9	10
年化報酬率%	股價淨值比	1.55	6.33	7.39	8.29	9.24	10.29	11.75	11.96	14.43	18.16
	股價營收比	4.58	6.78	6.83	8.91	8.51	8.14	11.38	10.17	13.38	18.65
	益本比	9.52	6.45	7.48	6.11	5.71	8.24	9.97	11.08	14.84	15.76
	股東權益報酬率	1.37	5.64	8.29	7.82	8.00	12.05	11.70	13.33	14.84	15.46
	總市值	24.32	11.96	10.51	8.35	7.21	7.76	7.65	7.87	5.99	5.37
	系統風險	2.17	3.82	9.40	9.33	9.65	9.78	10.91	13.82	12.96	14.61
	前期報酬率	5.30	4.12	6.32	8.26	9.74	11.52	13.21	12.17	13.64	11.40
季超額報酬率%	股價淨值比	-1.62	-0.68	-0.41	-0.40	-0.10	0.03	0.42	0.50	0.94	1.68
	股價營收比	-1.05	-0.54	-0.63	-0.22	-0.23	-0.47	0.30	0.11	0.78	1.86
	益本比	-0.22	-0.90	-0.54	-0.75	-0.79	-0.20	0.16	0.45	1.23	1.20
	股東權益報酬率	-2.07	-0.98	-0.48	-0.48	-0.29	0.63	0.46	0.82	1.22	1.46
	總市值	3.24	0.47	0.08	-0.51	-0.69	-0.46	-0.37	-0.41	-0.67	-0.66
	系統風險	-2.06	-1.55	-0.32	-0.15	-0.13	0.07	0.27	1.11	1.14	1.70
	前期報酬率	-1.20	-1.44	-0.93	-0.38	0.05	0.55	0.91	0.68	1.02	0.52
季系統風險	股價淨值比	0.84	0.95	0.94	1.04	1.00	1.06	1.03	1.02	1.09	1.15
	股價營收比	0.94	0.93	0.98	1.02	0.98	1.06	1.05	1.00	1.04	1.11
	益本比	1.15	1.10	1.03	0.96	0.93	0.93	0.95	0.93	0.97	1.11
	股東權益報酬率	1.08	1.04	1.09	1.03	0.95	0.95	1.00	1.01	0.98	0.95
	總市值	1.04	1.04	1.07	1.12	1.06	1.01	0.95	1.00	0.91	0.84
	系統風險	1.19	1.10	1.15	1.04	1.07	0.98	1.02	0.92	0.80	0.73
	前期報酬率	1.13	1.09	1.08	1.03	0.98	0.93	0.94	0.95	0.95	0.98
絕對勝率%	股價淨值比	52	59	57	59	64	61	64	66	66	73
	股價營收比	57	59	59	64	61	59	64	64	68	68
	益本比	61	57	55	55	64	59	66	61	66	66
	股東權益報酬率	50	57	59	61	61	66	64	64	66	68
	總市值	73	66	59	57	52	57	59	64	61	64
	系統風險	57	55	57	61	61	64	68	66	70	68
	前期報酬率	55	57	59	59	59	66	64	68	68	70
相對勝率%	股價淨值比	34	43	32	45	45	50	57	52	64	68
	股價營收比	34	41	27	45	52	36	57	61	66	77
	益本比	48	39	34	39	34	48	52	59	75	66
	股東權益報酬率	30	36	36	34	39	61	57	70	59	59
	總市值	77	52	57	41	39	36	48	39	41	39
	系統風險	30	27	41	50	48	52	57	57	64	61
	前期報酬率	36	30	32	48	45	48	61	61	66	59

表 3 選股因子與十等分投組績效：全部股

資料來源：作者整理

績效	選股因子	十等分投組									
		1	2	3	4	5	6	7	8	9	10
年化報酬率%	股價淨值比	1.8	4.9	6.7	1.8	7.3	3.2	7.5	5.1	8.6	8.2
	股價營收比	-1.6	4.8	5.9	6.3	4.2	5.8	5.6	6.1	6.5	8.6
	益本比	-2.4	-0.5	0.1	2.6	12.2	6.6	8.3	9.9	11.6	10.4
	股東權益報酬率	-5.4	-0.3	4.5	5.2	5.9	7.1	9.3	11.0	6.9	12.7
	總市值	5.9	5.7	5.4	7.4	5.6	5.6	6.9	4.5	2.7	6.6
	系統風險	0.9	6.1	-1.0	3.8	8.0	6.3	5.9	7.8	6.7	9.7
	前期報酬率	0.6	2.0	0.6	3.4	6.2	3.4	6.1	7.6	11.0	12.4
季超額報酬率%	股價淨值比	-0.83	-0.07	0.31	-0.88	0.45	-0.60	0.44	-0.15	0.79	0.67
	股價營收比	-1.66	-0.17	0.13	0.16	-0.29	0.12	-0.03	0.14	0.33	0.76
	益本比	-1.88	-1.53	-1.21	-0.68	1.57	0.34	0.77	1.05	1.46	1.03
	股東權益報酬率	-2.69	-1.35	-0.20	-0.06	0.06	0.36	0.93	1.35	0.42	1.70
	總市值	0.12	-0.04	0.07	0.44	-0.04	-0.01	0.24	-0.25	-0.56	0.56
	系統風險	-1.27	0.06	-1.61	-0.40	0.48	0.30	0.17	0.58	0.41	1.42
	前期報酬率	-1.26	-0.88	-1.22	-0.47	0.24	-0.52	0.29	0.62	1.42	1.70
季系統風險	股價淨值比	0.99	0.96	0.99	0.98	0.99	1.03	1.04	1.06	0.99	0.98
	股價營收比	0.99	1.04	0.98	1.06	1.01	0.97	1.05	1.00	0.91	0.97
	益本比	1.05	1.09	0.92	0.99	1.01	0.97	0.89	1.00	0.98	1.16
	股東權益報酬率	1.07	0.97	0.96	1.01	1.04	1.02	0.97	0.94	0.97	1.05
	總市值	0.99	1.12	0.93	1.02	1.07	1.08	1.12	1.03	0.90	0.73
	系統風險	1.30	1.14	1.01	0.99	1.11	0.93	0.96	0.98	0.92	0.65
	前期報酬率	1.22	1.08	1.05	0.96	0.92	1.02	0.86	0.92	0.93	0.98
絕對勝率%	股價淨值比	59	59	59	55	61	57	57	64	64	64
	股價營收比	55	66	61	61	66	61	57	64	61	61
	益本比	48	45	50	50	64	64	66	70	64	68
	股東權益報酬率	48	48	52	68	57	64	61	64	57	68
	總市值	59	57	55	61	57	59	59	59	59	59
	系統風險	55	59	50	52	64	59	66	59	68	77
	前期報酬率	45	57	55	57	64	55	66	70	64	66
相對勝率%	股價淨值比	41	50	64	39	61	39	48	43	55	61
	股價營收比	32	52	48	52	43	43	43	55	48	52
	益本比	32	32	32	41	68	61	70	57	68	64
	股東權益報酬率	30	34	45	50	48	52	59	70	48	61
	總市值	50	59	50	50	48	50	55	50	41	59
	系統風險	36	45	30	41	57	48	55	66	52	59
	前期報酬率	39	34	32	41	52	41	48	55	61	68

表 4 選股因子與十等分投組績效：大型股

資料來源：作者整理

第十三章　雙因子選股模型的基礎—綜效

13-1　理論基礎

前面各章回測了單因子選股模型，雖然發現許多因子具有選股能力，但效果仍然不強，特別是對大型股而言，選股能力更是有限。由於這些因子分別反應了價值、獲利、規模、風險、慣性等效應，那麼結合多個因子是否可以結合多個效應產生綜效，創造選股能力更強的多因子選股模型？為此，我們這一章將先證明結合價值因子與獲利因子可以結合價值效應與成長效應，產生選股能力更強的模型。後面幾章再系統化地建構與回測雙因子以及多因子模型。

為了最佳化選股績效，可以採用不同的權重來結合兩個選股因子。雙因子加權評分法的步驟如下：

1. 單因子評分

將股票依選股因子由預設方向排序，排在最佳一端的股票得 1 分，排在最差一端的股票得 0 分，其餘內插。

2. 多因子評分

將各因子評分乘以一定的權重後，加總後得到加權總分。

3. 評分排序

最後將股票依「加權總分」排序，加權總分越高的股票即越好的股票，越低的就是越差的股票。

例如以 60%與 40%為權重結合股東權益報酬率（選大）、股價淨值比（選小）這兩個因子，假設某一個股票股東權益報酬率較高，得 0.8 分，但股價淨值比也比較高，得 0.3 分，則

加權總分＝股東權益報酬率（ROE）權重×股東權益報酬率（ROE）評分＋
　　　　　股價淨值比（P/B）權重×股價淨值比（P/B）評分

$$= 60\% \times 0.8 \text{ 分} + 40\% \times 0.3 \text{ 分} = 0.48 \text{ 分} + 0.12 \text{ 分} = 0.60 \text{ 分}$$

由於每一個股票都有一個總分，加以排序後可以取出特定數目的股票檔數。例如圖 1 以（0%, 100%）、（10%, 90%）…（100%, 0%）等 11 種權重組合來回測「股東權益報酬率（ROE）＋股價淨值比（P/B）」雙因子模型，並取第 10 等分，即「加權總分」最高的 10%股票構成的投資組合。其季報酬率平均值如下：

- 純股價淨值比模型（0%, 100%）：4.9%
- 純股東權益報酬率模型（100%, 0%）：4.3%
- 股東權益報酬率＋股價淨值比等權模型（50%, 50%）：6.5%
- 股東權益報酬率＋股價淨值比最佳模型（60%, 40%）：6.6%

如果沒有兩個因子、沒有「綜效」，那麼季報酬率平均值應該是「純股價淨值比模型」與「純股東權益報酬率模型」的線性內插（參閱圖 1 的斜虛線）。但此雙因子模型的實際回測季報酬率平均值是一個向上凸出的曲線。以「最佳模型（60%, 40%）」，即股東權益報酬率（ROE）權重 60%、股價淨值比（P/B）權重 40%為例，其季報酬率平均值的線性內插值為

線性內插值＝股東權益報酬率（ROE）權重 × 純股東權益報酬率（ROE）模型報酬率＋股價淨值比（P/B）權重 × 純股價淨值比（P/B）模型報酬率

$$= 60\% \times 4.3\% + 40\% \times 4.9\% = 2.58\% + 1.96\% = 4.54\%\%$$

因此「綜效」為

綜效＝實際回測值－線性內插值＝6.6%－4.54%＝2.06%

此多出的差額 2.06%為股東權益報酬率、股價淨值比這兩個因子的綜合效果，即「綜效」。因此，多因子模型的重點竟在於發掘具有「綜效」的因子組合，以及其最佳權重組合。

第三章曾經提過基於價值股概念的價值因子，與基於成長股概念的獲利因子是一對相輔相成的因子，因此本章將採用 3 個**價值因子**策略：

- 股價淨值比（P/B）選小

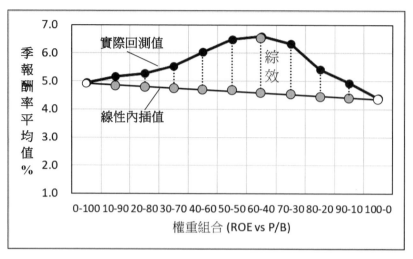

圖 1 選股因子的綜效

・股價營收比（P/S）選小
・近四季益本比（E/P）選大

與 2 個**獲利因子**策略

・股東權益報酬率（ROE）選大
・資產報酬率（ROA）選大

一共 5 個因子，組成 10 個雙因子模型（參閱圖 2）。並分成三類：

・**第一類：雙類因子之雙因子模型**

以一個獲利因子配合一個價值因子之雙因子模型，包括：

股東權益報酬率＋股價淨值比

股東權益報酬率＋股價營收比

資產報酬率＋股價淨值比

資產報酬率＋股價營收比

・第二類：單類因子之雙因子模型

以同類因子組成之雙因子模型，包括：

股東權益報酬率＋資產報酬率

股價淨值比＋股價營收比

・第三類：包含益本比之雙因子模型

因為益本比（E/P）是一種帶有一些獲利因子色彩的價值因子，因此另立一類，包括：

股東權益報酬率＋益本比

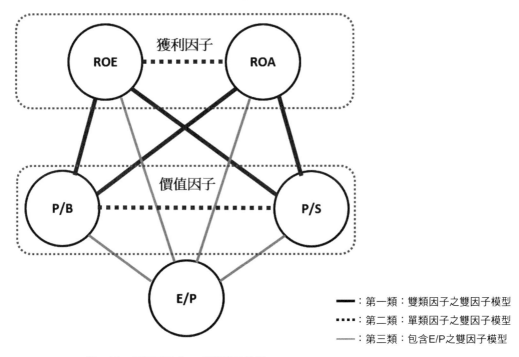

圖 2 以 5 個因子組成 10 個雙因子模型

資產報酬率＋益本比

股價淨值比＋益本比

股價營收比＋益本比

13-2 第一類：雙類因子之雙因子模型

以一個獲利因子配合一個價值因子之雙因子模型，包括：

・股東權益報酬率＋股價淨值比

・股東權益報酬率＋股價營收比

・資產報酬率＋股價淨值比

・資產報酬率＋股價營收比

其回測結果如圖 3～圖 6，圖中上方、下方分別為第 10 等分與第 1 等分的投組的績效曲線，如果雙因子模型具有綜效，則兩條曲線應該分別向上、向下凸出。結果發現這四個雙因子模型都有明顯的綜效，特別是股東權益報酬率＋股價淨值比雙因子模型，無論第 10 等分與第 1 等分都有明顯的綜效。

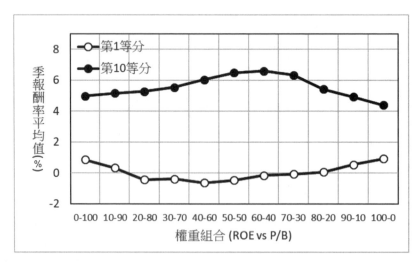

圖 3 股東權益報酬率＋股價淨值比之雙因子模型

資料來源：作者整理

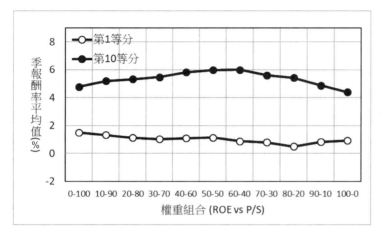

圖 4 股東權益報酬率＋股價營收
比之雙因子模型
　　資料來源：作者整理

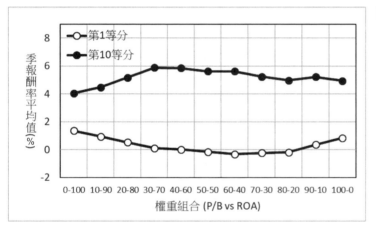

圖 5 資產報酬率＋股價淨值比之
雙因子模型
　　資料來源：作者整理

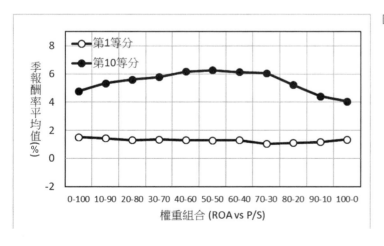

圖 6 資產報酬率＋股價營收比之
雙因子模型
　　資料來源：作者整理

13-3 第二類：單類因子之雙因子模型

以同類因子組成之雙因子模型，包括：

· 股東權益報酬率＋資產報酬率

· 股價淨值比＋股價營收比

其回測結果如圖 7~圖 8。結果發現這二個雙因子模型都不具有綜效。

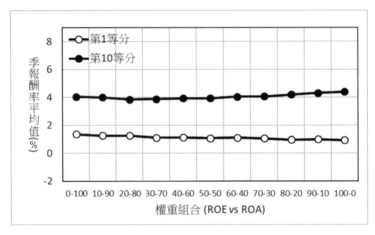

圖 7 股東權益報酬率＋資產報酬率之雙因子模型
資料來源：作者整理

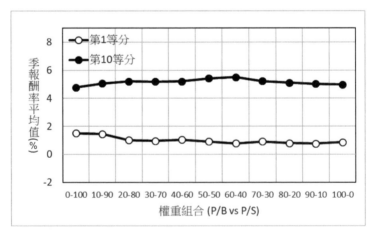

圖 8 股價淨值比＋股價營收比之雙因子模型
資料來源：作者整理

13-4 第三類：包含益本比之雙因子模型

因為益本比（E/P）是一種帶有一些獲利因子色彩的價值因子，因此另立一類，包括：

- ・股東權益報酬率＋益本比
- ・資產報酬率＋益本比
- ・股價淨值比＋益本比
- ・股價營收比＋益本比

其回測結果如圖 9~圖 12。結果發現股東權益報酬率＋益本比與資產報酬率＋益本比這二個雙因子模型具有微弱的綜效。股價淨值比＋益本比與股價營收比＋益本比這二個雙因子模型不具綜效。

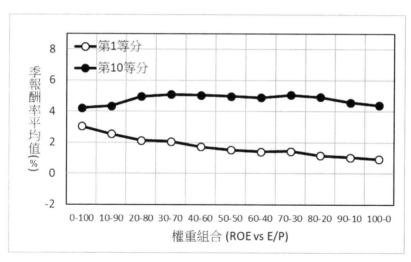

圖 9 股東權益報酬率＋益本比之雙因子模型

資料來源：作者整理

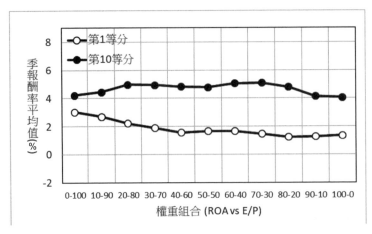

圖 10 資產報酬率＋益本比之雙
　　　因子模型
　　　資料來源：作者整理

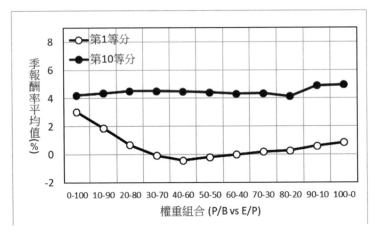

圖 11 股價淨值比＋益本比之雙
　　　因子模型
　　　資料來源：作者整理

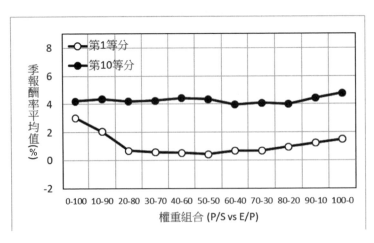

圖 12 股價營收比＋益本比之雙
　　　因子模型
　　　資料來源：作者整理

13-5 價值因子與獲利因子綜效的分析與解釋

將前面三節的結果計算其等權下的「綜效」，即

綜效＝等權雙因子的實際回測值－等權雙因子的線性內插值

＝（50%,50%）權重下雙因子模型的季報酬率–季報酬率曲線兩端點的平均值

結果如圖 13 與圖 14，顯示：

· 雙類因子模型的綜效 1.1%~1.9%，具有明顯的綜效。

· 單類因子模型的綜效 0.3%~0.5%，不具綜效。

· 益本比與價值因子（股價淨值比、股價營收比）配合的綜效＜0.2%，不具綜效；與獲利因子（股東權益報酬率、資產報酬率）配合的綜效 0.6%~0.7%，具微弱綜效。

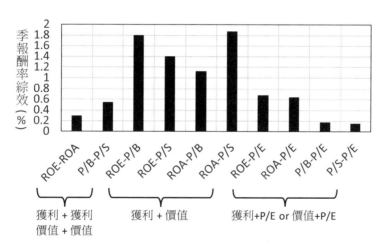

圖 13 雙因子模型的綜效

資料來源：作者整理

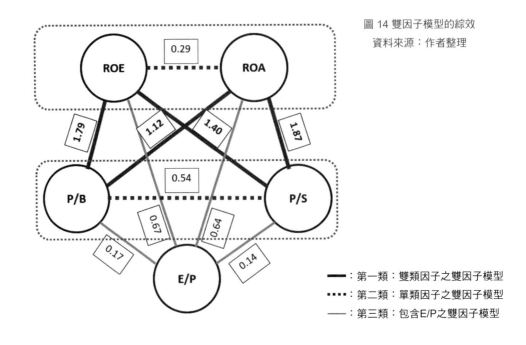

圖 14 雙因子模型的綜效
資料來源：作者整理

── ：第一類：雙類因子之雙因子模型
‥‥‥ ：第二類：單類因子之雙因子模型
── ：第三類：包含E/P之雙因子模型

13-6 對投資人的啟發：價值因子配合獲利因子具有綜效

綜合以上分析，對投資人有以下的啟發：

原則 1 價值因子配合獲利因子具有綜效

價值因子與獲利因子雖然具有選股能力，但兩者均只表達股票的價值面與成長面中的單一構面，因此獲利不高，穩定性也不佳。改善績效的最簡單方法就是以加權評分法建構結合兩類因子的雙因子模型，發揮 1＋1＞2 的效果，即綜效。此一綜效是本書往後發展多因子模型的基石。

原則 2 同類因子結合不具綜效

無論兩個價值因子、兩個獲利因子結合，因為仍然侷限於只表達股票的價值面與成長面中的單一構面，因此無法發揮 1＋1＞2 的效果，不具綜效。

原則 3 益本比是帶有獲利因子色彩的價值因子

益本比與價值因子配合不具綜效；與獲利因子配合具微弱綜效，因此，益本比是一種帶有一些獲利因子色彩的價值因子。

第十四章　雙因子選股模型的實測

14-1 理論基礎

前一章我們得到兩個重要原則：

原則 1：價值因子配合獲利因子具有綜效

原則 2：同類因子結合不具綜效

因此，原先的 3 個價值因子：

・股價淨值比

・股價淨值比

・近四季益本比

將只取最具綜效的股價淨值比，形成圖 1 與圖 2 的 5 個因子，構成 10 個雙因

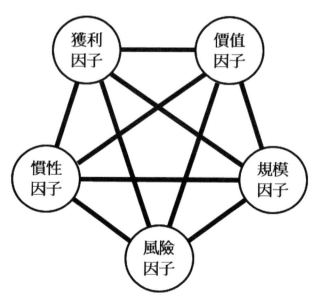

圖 1 5 個因子構成 10 個雙因子模型

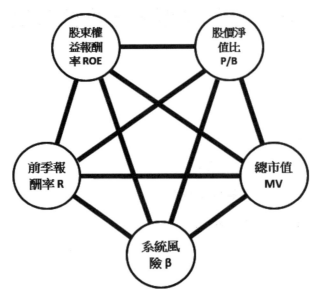

圖 2 5 個因子構成 10 個雙因子模型

子模型

- **價值因子**：股價淨值比（P/B）選小
- **獲利因子**：股東權益報酬率（ROE）選大
- **風險因子**：市場風險因子（β）選小
- **規模因子**：總市值（MV）選大
- **慣性因子**：前期季報酬率（R（t＋1））選大

14-2 實證結果 I：全部股，價值因子＋獲利因子構成了核心綜效

為了找出報酬率最高之權重組合，權重設（100%, 0%）、（90%, 10%）…（0%, 100%）等 11 組。結果如圖 3~圖 12：

- **具有強綜效**

股東權益報酬率＋股價淨值比具有最強綜效。股東權益報酬率＋前期季報酬率

次之。

·具有弱綜效

股東權益報酬率＋β、股價淨值比＋β、股價淨值比＋前期季報酬率具有弱綜效。

·不具綜效

其餘雙因子組合不具綜效。

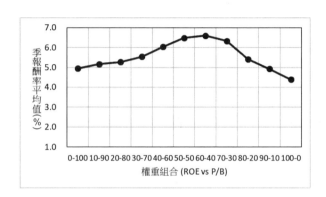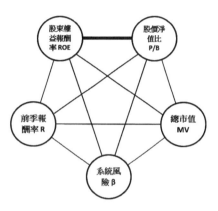

圖 3 獲利因子＋價值因子：全部股

資料來源：作者整理

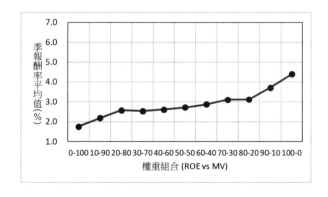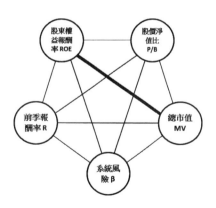

圖 4 獲利因子＋規模因子：全部股

資料來源：作者整理

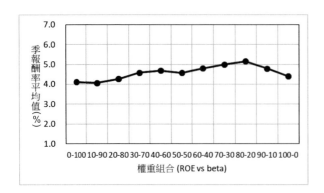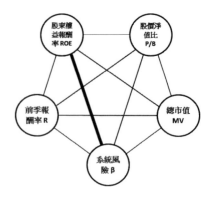

圖 5 獲利因子＋風險因子：全部股

資料來源：作者整理

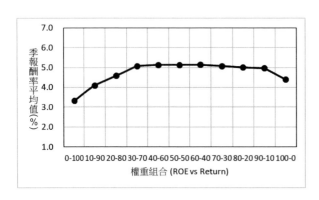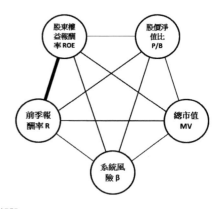

圖 6 獲利因子＋慣性因子：全部股

資料來源：作者整理

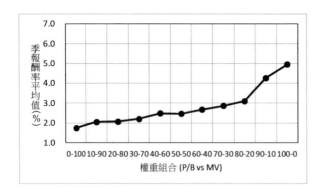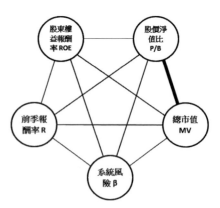

圖 7 價值因子＋規模因子：全部股

資料來源：作者整理

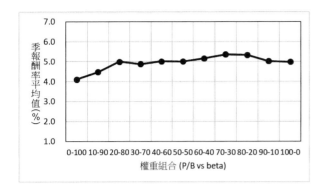
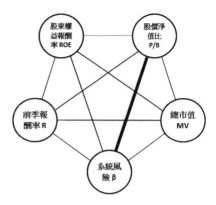

圖 8 價值因子＋風險因子：全部股

資料來源：作者整理

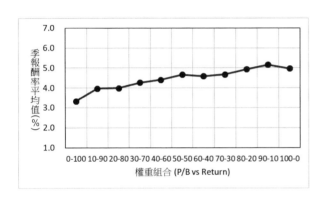
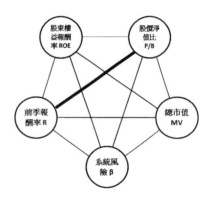

圖 9 價值因子＋慣性因子：全部股

資料來源：作者整理

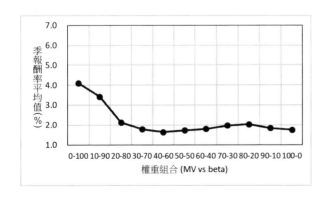
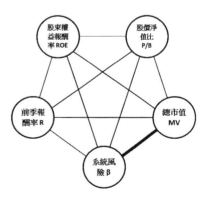

圖 10 規模因子＋風險因子：全部股

資料來源：作者整理

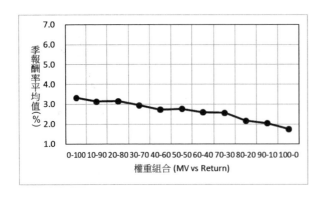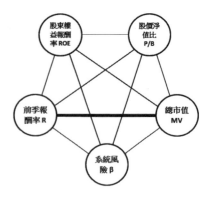

圖 11 規模因子＋慣性因子：全部股
資料來源：作者整理

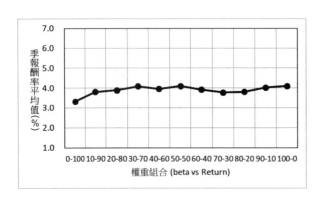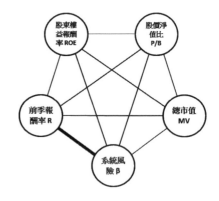

圖 12 風險因子＋慣性因子：全部股
資料來源：作者整理

14-3 實證結果 II：大型股，價值因子的效果降低，而慣性因子提高

圖 13~22 同圖 3~12，但以大型股為選股範圍。可以發現：

·具有強綜效

股東權益報酬率＋股價淨值比具有最強綜效。股東權益報酬率＋前期季報酬率、β＋前期季報酬率次之。

·具有弱綜效

股東權益報酬率＋β 具有弱綜效。

・不具綜效

其餘雙因子組合不具綜效。

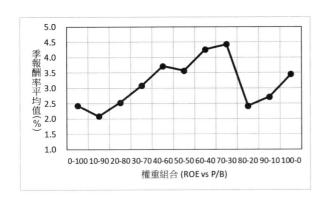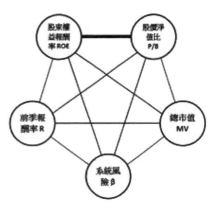

圖 13 獲利因子＋價值因子：大型股

資料來源：作者整理

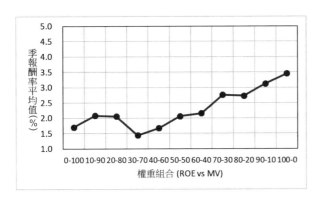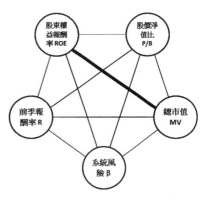

圖 14 獲利因子＋規模因子：大型股

資料來源：作者整理

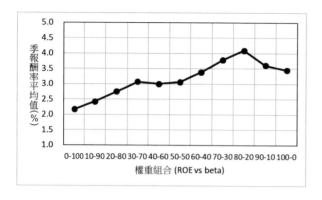 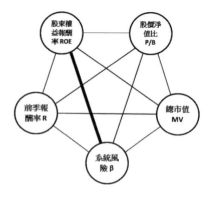

圖 15 獲利因子＋風險因子：大型股

資料來源：作者整理

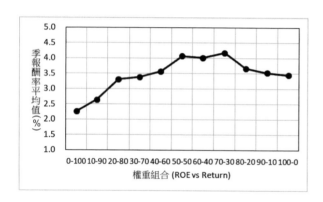 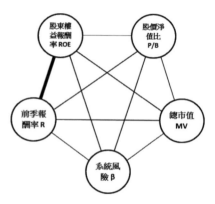

圖 16 獲利因子＋慣性因子：大型股

資料來源：作者整理

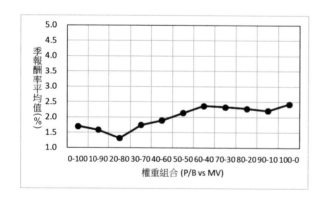 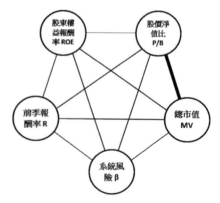

圖 17 價值因子＋規模因子：大型股

資料來源：作者整理

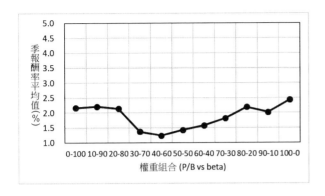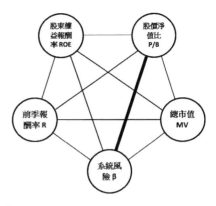

圖 18 價值因子＋風險因子：大型股

資料來源：作者整理

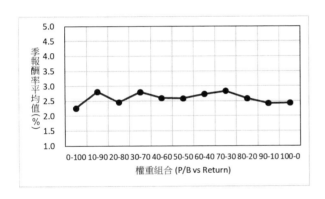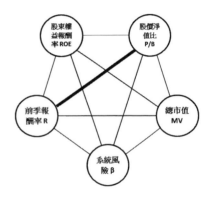

圖 19 價值因子＋慣性因子：大型股

資料來源：作者整理

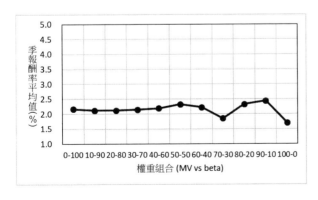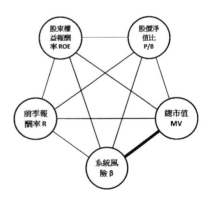

圖 20 規模因子＋風險因子：大型股

資料來源：作者整理

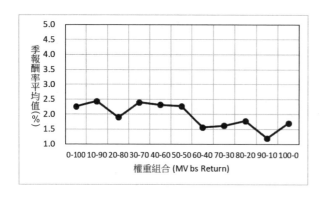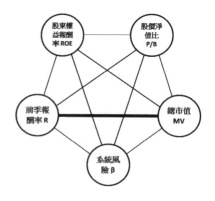

圖 21 規模因子＋慣性因子：大型股

資料來源：作者整理

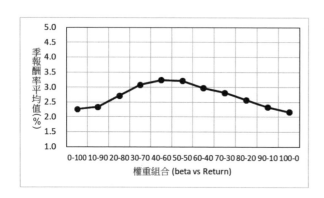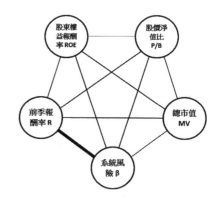

圖 22 風險因子＋慣性因子：大型股

資料來源：作者整理

14-4 因子綜效的分析與解釋

將上述的結果計算其等權下的「綜效」，即

綜效＝等權雙因子的實際回測值–等權雙因子的線性內插值

　＝（50%, 50%）權重下雙因子模型的前期季報酬率–前期季報酬率曲線
　　兩端點的平均值

將綜效較大者標出，結果如圖 23。

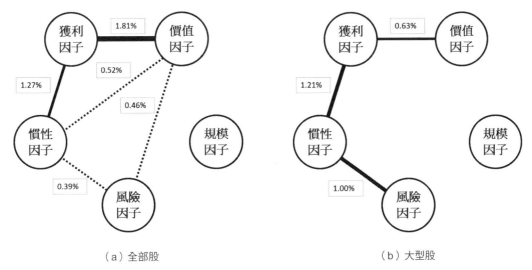

（a）全部股　　　　　　　　（b）大型股

圖 23 5 因子綜效（粗實線為核心綜效，實線為輔助綜效，虛線為次要綜效）

　　對於「價值因子＋獲利因子」構成了核心綜效的理論基礎是價值股與成長股之綜效，已經在第三章仔細解釋過了。對於「獲利因子＋慣性因子」以及「風險因子＋慣性因子」構成了大型股的核心綜效的可能合理解釋如下：

1. 獲利因子＋慣性因子

　　獲利因子股東權益報酬率反應企業的經營成效，但投資人對一些過去股東權益報酬率低，目前股東權益報酬率變高的企業經常心存疑慮。未來可能的走勢有兩種：

- 高股東權益報酬率只是曇花一現，很快降低，回到市場合理平衡線，如圖 24（a）。
- 高股東權益報酬率持續，最後被市場接受，股價淨值比提高，回到市場合理平衡線，如圖 24（b）。

　　慣性因子的選股能力是建立在採取買入贏家（最近報酬率高的股票）的動能策略上。因此，如果股東權益報酬率變高的企業，它的股票近期報酬率較高，未來的走勢更可能傾向圖 24（b），即高股東權益報酬率持續，正被市場接受，股價淨值

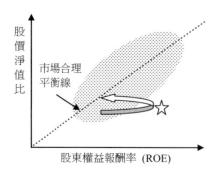 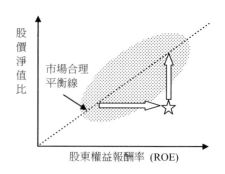

（a）高股東權益報酬率只是曇花一現，很快降低　　（b）高股東權益報酬率持續，股價淨值比提高

圖 24 股票股東權益報酬率變高的未來可能走勢

比提高中。股價淨值比提高，造成股價上漲，後續的報酬率較高，創造了「獲利因子＋慣性因子」的綜效。因此，投資人可以用慣性因子做為獲利因子選股的佐證。

2. 風險因子＋慣性因子

慣性因子的選股能力是建立在「最近報酬率高（低）的股票會持續報酬率高（低）」的假設上，因此，採取買入贏家（最近報酬率高的股票）、賣出輸家（最近報酬率低的股票）的動能策略報酬率較高。而風險因子是買入系統風險低的股票，這種股票的報酬率比較不會隨股票市場起伏。因此，如果最近報酬率高的股票同時又是系統風險低的股票，比較不會因大盤下跌而下跌，更有機會在下一季持續有較高的報酬率。因此創造了「風險因子＋慣性因子」的綜效。例如圖 25（a）與（b）分別是風險因子較高與較低的股票，如果取前 5 個時間單位內的漲跌幅度來估計慣性，則在後 5 個時間單位，風險因子較低的股票可能更有機會持續前面的漲跌趨勢。古諺「行穩致遠」，西諺「Slow and steady wins the race.」，這些諺語在股市同樣有其智慧光芒。

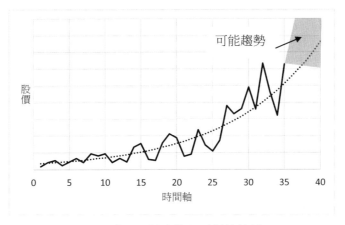

(a)風險因子較高的股票慣性較低

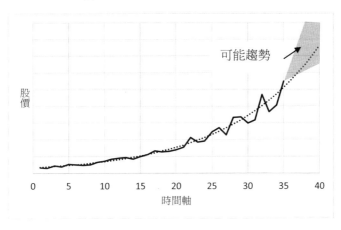

(b)風險因子較低的股票慣性較高

圖 25 風險因子與慣性的關係

14-5 對投資人的啟發：許多因子之間具有綜效

綜合以上分析，對投資人使用加權評分法有以下的啟發：

（一）全部股

原則 1 核心綜效

「價值因子＋獲利因子」構成了核心綜效。

原則 2 輔助綜效

「獲利因子＋慣性因子」構成了輔助綜效。

原則 3 次要綜效

「價值因子＋風險因子」、「價值因子＋慣性因子」、「風險因子＋慣性因子」構成了次要綜效。

原則 4 等權權重綜效

等權權重下的績效雖然未必是最佳績效，但其績效通常接近最佳績效。

（二）大型股

原則 5 核心綜效

「獲利因子＋慣性因子」、「風險因子＋慣性因子」構成了核心綜效。

原則 6 輔助綜效

「價值因子＋獲利因子」構成了輔助綜效。

原則 7 大型股綜效

在大型股中具有綜效的因子組合與全部股相似，但略有差異。在大型股中，價值因子的效果降低，而慣性因子提高。

第十五章　多因子選股模型的實測

15-1 理論基礎

前一章的雙因子選股模型可以擴大到五因子選股模型。為了有系統的實證，必須採取系統化的「佈陣」。當只有 3 個因子時，因子的權重可以構成如圖 1 的座標體系，其中

・A 因子的權重座標軸：由下方到上方頂點的垂直線，
・B 因子的權重座標軸：由右方到左下方頂點的斜線，
・C 因子的權重座標軸：由左方到右下方頂點的斜線。

因此系統化的「佈陣」如下：

・**單因子模型**

位置在三角形的三個頂點，座標（1, 0, 0）、（0, 1, 0）、（0, 0, 1）。

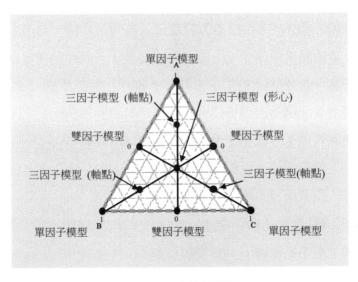

圖 1 三元混合的座標體系

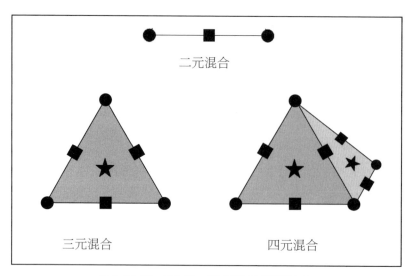

圖 2 雙因子、三因子、四因子模型的圖形表達

· **雙因子模型**

位置在三角形的三邊的中間點,座標（1/2, 1/2, 0）、（1/2, 0, 1/2）、（0, 1/2, 1/2）。

· **三因子模型**

等權模型位於三角形的形心,軸點模型位於三角形內部,即形心到各頂點的中點。

雙因子、三因子、四因子模型的系統化「佈陣」可以用圖 2 的座標體系來表達（不含軸點模型）。雖然五因子模型無法用二維圖形來表達,但上述「佈陣」概念仍然可以擴充到五因子。首先令 W1、W2、W3、W4、W5 分別為

· 價值因子:股價淨值比（P/B）選小
· 獲利因子:股東權益報酬率（ROE）選大
· 規模因子:總市值（MV）選大
· 風險因子:市場風險因子（β）選小
· 慣性因子:前期季報酬率（R（t+1））選大

等 5 個單因子選股策略的權重，則{ W1, W2, W3, W4, W5}的組合如下：

1. 單因子模型

五中取一，共 5 個：{1, 0, 0, 0, 0}, {0, 1, 0, 0, 0}, {0, 0, 1, 0, 0}, {0, 0, 0, 1, 0}, {0, 0, 0, 0, 1}。

2. 雙因子模型

五中取二，共 10 個：{1/2, 1/2, 0, 0, 0}, {1/2, 0, 1/2, 0, 0}, {1/2, 0, 0, 1/2, 0}, {1/2, 0, 0, 0, 1/2}, {0, 1/2, 1/2, 0, 0}, {0, 1/2, 0, 1/2, 0}, {0, 1/2, 0, 0, 1/2}, {0, 0, 1/2, 1/2, 0}, {0, 0, 1/2, 0, 1/2}, {0, 0, 0, 1/2, 1/2}。

3. 三因子模型

五中取三，共 10 個：{1/3, 1/3, 1/3, 0, 0}, {1/3, 1/3, 0, 1/3, 0}, {1/3, 1/3, 0, 0, 1/3}, {1/3, 0, 1/3, 1/3,0}, {1/3, 0, 1/3, 0,1/3}, {1/3, 0, 0, 1/3,1/3}, {0, 1/3, 1/3, 1/3,0}, {0, 1/3, 1/3, 0,1/3}, {0, 1/3, 0, 1/3,1/3}, {0, 0, 1/3, 1/3, 1/3}。

4. 四因子模型

五中取四，共 5 個：{0, 1/4, 1/4, 1/4, 1/4}, {1/4, 0, 1/4, 1/4, 1/4}, {1/4, 1/4, 0, 1/4, 1/4}, {1/4, 1/4, 1/4, 0, 1/4}, {1/4, 1/4, 1/4, 1/4, 0}。

5. 五因子模型

五中取五，1 個：{1/5, 1/5, 1/5, 1/5, 1/5}。此外額外加五個靠近中心點的「軸點」模型，即取一個因子為主，權重 40%，其餘四個因子為輔，平分剩下的 60%權重，即各 15%權重：{0.4, 0.15, 0.15, 0.15, 0.15}, {0.15, 0.4, 0.15, 0.15, 0.15}, {0.15, 0.15, 0.4, 0.15, 0.15}, {0.15, 0.15, 0.15, 0.4, 0.15}, {0.15, 0.15, 0.15, 0.15, 0.4}，共 5 個，合計一共 6 個五因子模型。

以上合計共 5＋10＋10＋5＋6＝36 個模型。

15-2 實證結果Ⅰ：全部股，以股東權益報酬率＋β＋前期季報酬率風險最低

15-2-1 36 種投資組合的績效

將這 36 種投資組合的第 10 等分的季報酬率平均值列在表 1，十個等分的季報酬率平均值列在圖 3，討論如下：

- 單因子：股東權益報酬率、股價淨值比、β、前期季報酬率均有選股效果，季報酬率平均值在 3.3%~5.0%之間
- 雙因子：股東權益報酬率＋股價淨值比最佳（6.5%）、股東權益報酬率＋前期季報酬率（5.1%）、股價淨值比＋β（5.0%）次佳。
- 三因子：股東權益報酬率＋股價淨值比＋β（5.9%）、股東權益報酬率＋股價淨值比＋前期季報酬率（5.9%）最佳。
- 四因子：股東權益報酬率＋股價淨值比＋β＋前期季報酬率（5.5%）最佳。
- 五因子：股東權益報酬率軸點（5.3%）最佳。

由於只有少數模型績效較佳，因此，以下只取下列 15 個模式進一步探討。

- 單因子：5 個單因子全選。
- 雙因子：股東權益報酬率＋股價淨值比、股東權益報酬率＋前期季報酬率。
- 三因子：股東權益報酬率＋股價淨值比＋β、股東權益報酬率＋股價淨值比＋前期季報酬率、股東權益報酬率＋β＋前期季報酬率。
- 四因子：股東權益報酬率＋股價淨值比＋總市值＋前期季報酬率、股東權益報酬率＋股價淨值比＋β＋前期季報酬率。
- 五因子：5 因子等權（簡稱 5F）、股東權益報酬率軸點、前期季報酬率軸點。

為了瞭解每一季的各等分選股中所選股票打敗大盤的機率，我們多定義二個新指標：

	編號	因子組成	股東權益報酬率 ROE	股價淨值比 P/B	總市值 MV	市場風險因子 beta	前期季報酬率 R	回測季報酬率平均值（％）
單因子	1	ROE	1	0	0	0	0	4.39
	2	P/B	0	1	0	0	0	4.97
	3	MV	0	0	1	0	0	1.76
	4	beta	0	0	0	1	0	4.10
	5	R	0	0	0	0	1	3.32
雙因子	6	ROE-P/B	0.5	0.5	0	0	0	6.48
	7	ROE-MV	0.5	0	0.5	0	0	2.72
	8	ROE-beta	0.5	0	0	0.5	0	4.57
	9	ROE-R	0.5	0	0	0	0.5	5.13
	10	P/B-MV	0	0.5	0.5	0	0	2.48
	11	P/B-beta	0	0.5	0	0.5	0	5.01
	12	P/B-R	0	0.5	0	0	0.5	4.66
	13	MV-beta	0	0	0.5	0.5	0	1.73
	14	MV-R	0	0	0.5	0	0.5	2.77
	15	beta-R	0	0	0	0.5	0.5	4.10
三因子	16	ROE-P/B-MV	0.333	0.333	0.333	0	0	3.85
	17	ROE-P/B-beta	0.333	0.333	0	0.333	0	5.92
	18	ROE-P/B-R	0.333	0.333	0	0	0.333	5.89
	19	ROE-MV-beta	0.333	0	0.333	0.333	0	2.90
	20	ROE-MV-R	0.333	0	0.333	0	0.333	3.67
	21	ROE-beta-R	0.333	0	0	0.333	0.333	4.53
	22	P/B-MV-beta	0	0.333	0.333	0.333	0	1.76
	23	P/B-MV-R	0	0.333	0.333	0	0.333	2.88
	24	P/B-beta-R	0	0.333	0	0.333	0.333	4.69
	25	MV-beta-R	0	0	0.333	0.333	0.333	2.90
四因子	26	ROE-P/B-MV-beta	0.25	0.25	0.25	0.25	0	3.46
	27	ROE-P/B-MV-R	0.25	0.25	0.25	0	0.25	4.21
	28	ROE-P/B-beta-R	0.25	0.25	0	0.25	0.25	5.46
	29	ROE-MV-beta-R	0.25	0	0.25	0.25	0.25	3.29
	30	P/B-MV-beta-R	0	0.25	0.25	0.25	0.25	3.23
五因子	31	5F	0.2	0.2	0.2	0.2	0.2	4.39
	32	ROE 軸點	0.6	0.1	0.1	0.1	0.1	5.26
	33	P/B 軸點	0.1	0.6	0.1	0.1	0.1	4.55
	34	MV 軸點	0.1	0.1	0.6	0.1	0.1	2.68
	35	beta 軸點	0.1	0.1	0.1	0.6	0.1	4.03
	36	R 軸點	0.1	0.1	0.1	0.1	0.6	4.72

表 1 36 種投資組合的績效：全部股　資料來源：作者整理

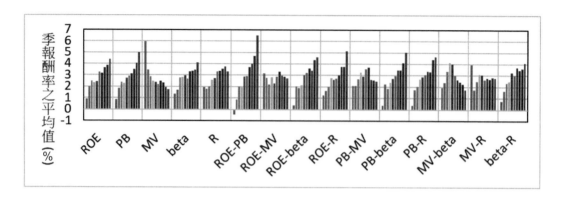

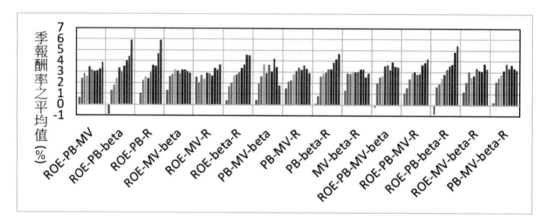

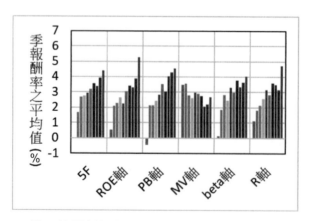

圖 3 季報酬率的平均值：全部股　資料來源：作者整理

・個股相對勝率：是指選股的報酬率高於當季中位數的機率。

・個股絕對勝率：是指選股的報酬率大於 0 的機率。

其詳細績效如圖 4~圖 14，討論如下：

1. 報酬

單因子模型中除了規模因子以外，都有選股能力。無論哪一種報酬指標都指出多因子優於單因子，其中以股東權益報酬率＋股價淨值比、股東權益報酬率＋股價淨值比＋β、股東權益報酬率＋股價淨值比＋前期季報酬率、股東權益報酬率＋β＋前期季報酬率、股東權益報酬率＋股價淨值比＋β＋前期季報酬率這 5 個模型最佳，每一季的超額報酬約 3%，年化報酬率約 20%~25%。絕對勝率較為特別，以股東權益報酬率＋股價淨值比＋β、股東權益報酬率＋β＋前期季報酬率、5F 這三個模型最佳。其中股東權益報酬率＋股價淨值比＋β 對絕對勝率的選股能力最高（79%）。

個股相對勝率以股東權益報酬率＋股價淨值比＋β 最佳，但也只能達到 62%，可見即使是最好的選股模型選出來的股票也並非個個都是「人中龍鳳」，贏過與輸給大盤的比例也只能達到大約 6:4。如果市場具有完美的效率，那麼價格永遠合理，不存在錯誤定價，因此無論哪一種選股模型選出來的股票，贏過與輸給大盤的比例應該大約 5:5。上述的 6:4 暗示市場有 80% 的股票定價合理，只有 20% 的股票價格被錯估。可見市場相當有效率，但並不完全，仍存在少數股票定價錯誤。但選股模型如能發掘這 20% 的股票，仍可創造每一季 3% 的超額報酬。

個股絕對勝率也是以股東權益報酬率＋股價淨值比＋β 最佳，但也只能達到 58%，可見最佳選股模型選出來的股票也並非都是正報酬。

2. 風險

上述報酬指標最佳的 5 個模型的風險指標除了股東權益報酬率＋股價淨值比以外，第 10 等分的風險都較低，顯示這些模型不但報酬高，風險也低。無論哪一種風險指標都指出，多因子中以股東權益報酬率＋β＋前期季報酬率的風險最低。

3. 流動性

上述報酬指標最佳的五個模型的第 10 等分的總市值中位數都在 30 億元以下，流動性偏差。「5F」與「股東權益報酬率軸點」則是第 10 等分的總市值中位數是十等分中最高者，都在 70 億元以上，而且這些模型的報酬指標也只比上述五個模型略低，因此如果除了要報酬最大化，還要兼顧流動性不能太低，這兩個模型是最佳選擇。這是因為在上述 5 個模型中，總市值（總市值）選大的權重都是 0，而在這兩個模型中，分別佔 20%與 15%的權重。因此大型股佔有一定的入選優勢。

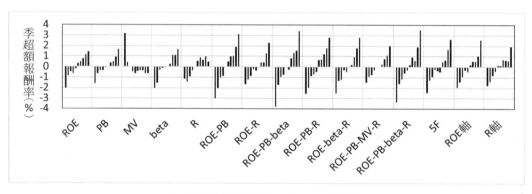

圖 4 報酬率超額報酬（alpha）：全部股

資料來源：作者整理

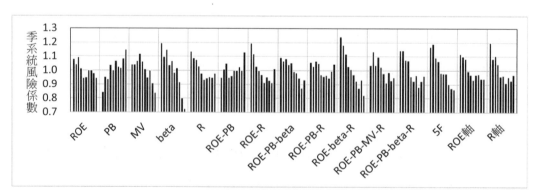

圖 5 報酬率系統風險（beta）：全部股

資料來源：作者整理

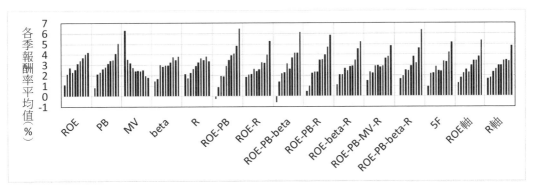

圖 6 各季報酬率的平均值：全部股

資料來源：作者整理

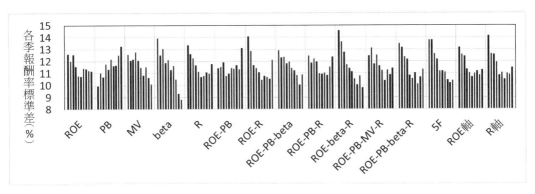

圖 7 各季報酬率的標準：全部股

資料來源：作者整理

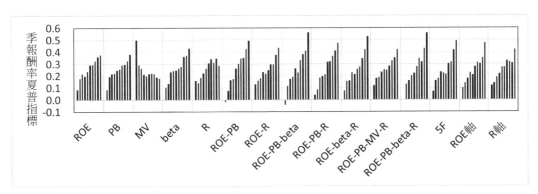

圖 8 報酬率夏普(Sharpe)指標：全部股

資料來源：作者整理

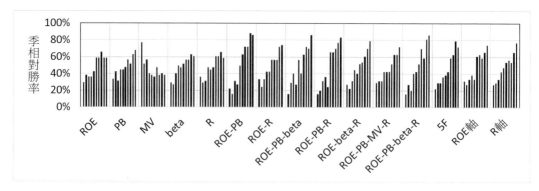

圖 9 季相對勝率：全部股
資料來源：作者整理

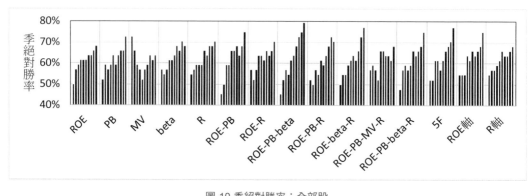

圖 10 季絕對勝率：全部股
資料來源：作者整理

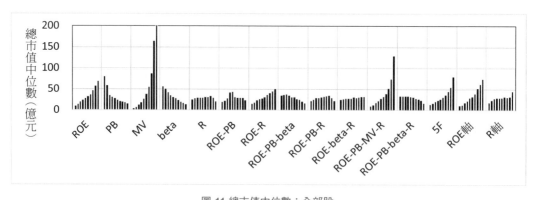

圖 11 總市值中位數：全部股
資料來源：作者整理

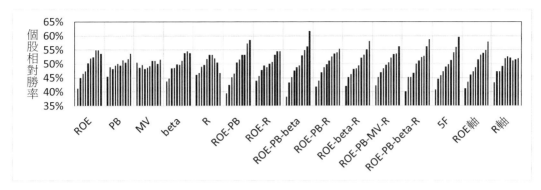

圖 12 個股相對勝率：全部股

資料來源：作者整理

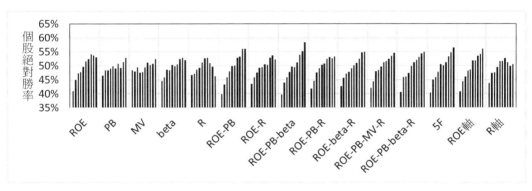

圖 13 個股絕對勝率：全部股

資料來源：作者整理

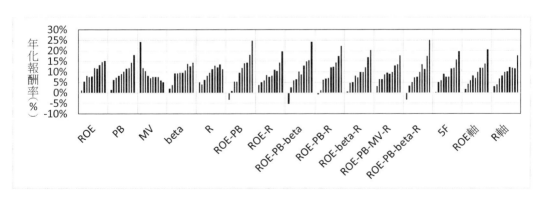

圖 14 年化報酬率：全部股

資料來源：作者整理

15-2-2 36 種投資組合的綜效前緣

投資人經常會同時考慮報酬與風險，因此將各季報酬率平均值與標準差繪於圖 15~圖 20，圖中的編號為表 1 中模型的編號，例如編號 1~5 是單因子模型。

- 單因子（圖 15）：左上方編號 4（β）、1（股東權益報酬率）、2（股價淨值比）模型構成一條「綜效前緣」。
- 雙因子（圖 16）：左上方編號 13（總市值＋β）、8（股東權益報酬率＋β）、6（股東權益報酬率＋股價淨值比）模型將「綜效前緣」往左上方大幅推進。
- 三因子（圖 17）：左上方編號 17（股東權益報酬率＋股價淨值比＋β）模型將「綜效前緣」往左上方小幅推進。
- 四因子（圖 18）：左上方「綜效前緣」並未改變。但編號 28（股東權益報酬率＋股價淨值比＋β＋前期季報酬率）模型填補了綜效前緣。
- 五因子（圖 19）：左方編號 35（β 軸點）模型將「綜效前緣」往左方小幅推進。

圖 20 將所有「綜效前緣」套疊，可以發現從單因子到雙因子模型，部分雙因子模型具有綜效，提升了報酬或降低了風險，使「綜效前緣」往左上方大幅推進。從雙因子擴增到三、四、五因子模型，只能再小幅使「綜效前緣」往左上方推進。

圖 21 顯示了單因子模型組成雙因子模型的綜效，例如：

- 模型 1（股東權益報酬率）與模型 2（股價淨值比）組成了模型 6（股東權益報酬率＋股價淨值比），大幅提升了報酬率。
- 模型 3（總市值）與模型 4（β）組成了模型 13（總市值＋β），大幅降低了風險。

這些組合產生了綜效，提升了選股能力。

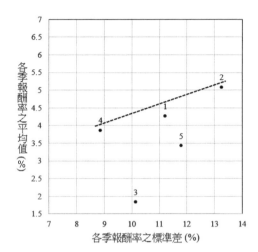

圖 15 單因子模型的報酬率平均值與標準差
資料來源：作者整理

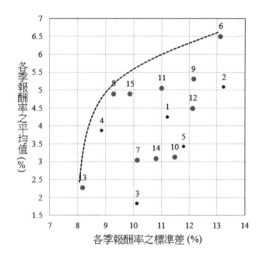

圖 16 雙因子模型的報酬率平均值與標準差
資料來源：作者整理

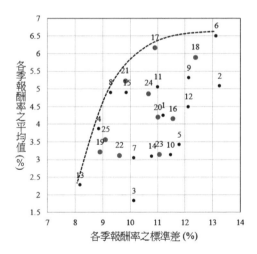

圖 17 三因子模型的報酬率平均值與標準差
資料來源：作者整理

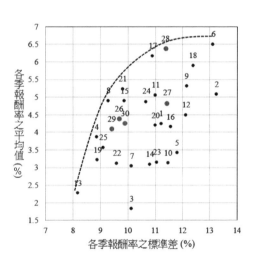

圖 18 四因子模型的報酬率平均值與標準差
資料來源：作者整理

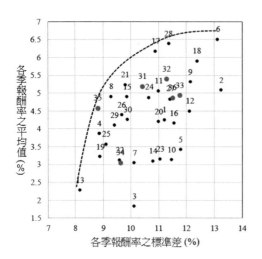

圖 19 五因子模型的報酬率平均值與標準差
資料來源：作者整理

圖 20 各因子模型的報酬率平均值與標準差
資料來源：作者整理

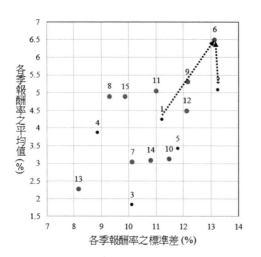

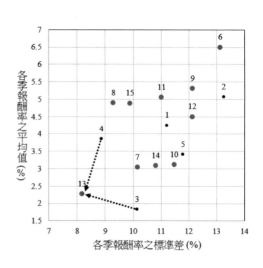

圖 21 單因子模型組成雙因子模型的綜效：全部股
資料來源：作者整理

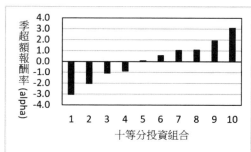

報酬率超額報酬（alpha）

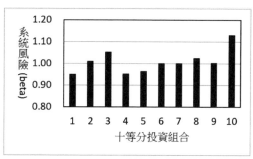

報酬率系統風險（beta）

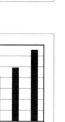

各季報酬率的平均值

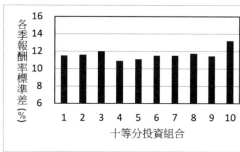

各季報酬率的標準差

報酬率夏普（Sharpe）指標

總市值中位數

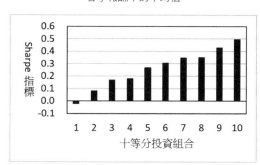

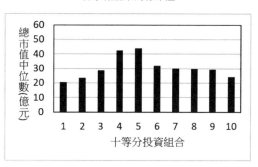

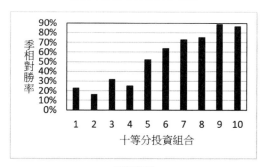

相對勝率

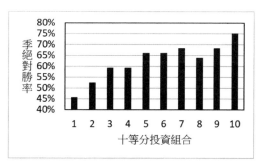

絕對勝率

圖 22 股東權益報酬率＋股價淨值比雙因子模型的績效：全部股

資料來源：作者整理

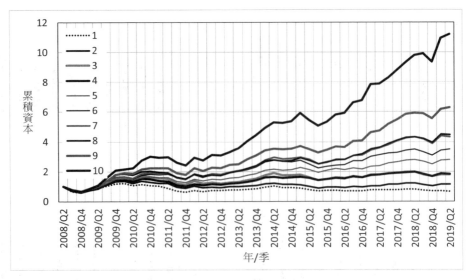

圖 23. 股東權益報酬率＋股價淨值比雙因子模型的累積資本：全部股

資料來源：作者整理

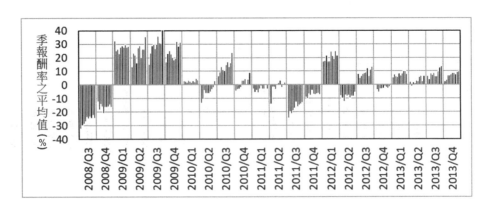

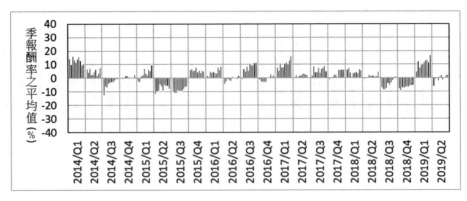

圖 24 股東權益報酬率＋股價淨值比雙因子模型的每一季的報酬率：全部股

資料來源：作者整理

15-2-3 最佳投資組合的績效評估

在上述 36 種投資組合中，股東權益報酬率＋股價淨值比的雙因子模型的報酬率最高，其績效評估如圖 22。這個模型顯示了對報酬的強大選股能力，主要缺點是系統風險偏高，流動性略有不足。

我們以這種策略進行模擬，其結果如圖 23。可以看出最低、最高的等分之間的差距隨時間逐漸拉開，越來越大。此外，將十個等分投組的季報酬率分季繪於圖 24，很多季都出現第 1 等分到第 10 等分，報酬率規則地遞增的現象，顯示通常此模型的選股能力佳。另外，值得注意的是，在金融海嘯大跌初期（2008/Q3）、反彈的後期（2009/Q3~Q4）表現良好。但在 2008/Q4～ 2009/Q1 無效。或許可以解釋成在大盤大跌之後與反彈之前，市場陷入恐慌，即使通常表現良好的選股模型也會失效。

15-3 實證結果 II：大型股，報酬高，風險也低，沒有流動性不足的問題

15-3-1 36 種投資組合的績效

表 2 與圖 25 同表 1 與圖 3，但以大型股為選股範圍。可以發現：

- 單因子：股東權益報酬率（3.5%）、前期季報酬率（2.2%）有選股效果。
- 雙因子：股東權益報酬率＋股價淨值比（3.6%）、股東權益報酬率＋前期季報酬率（4.1%）較佳。
- 三因子：股東權益報酬率＋股價淨值比＋總市值（3.8%）、股東權益報酬率＋股價淨值比＋前期季報酬率（3.9%）、股東權益報酬率＋β＋前期季報酬率（4.2%）較佳。
- 四因子：股東權益報酬率＋股價淨值比＋總市值＋前期季報酬率（3.7%）較佳。
- 五因子：5F（3.5%）、股東權益報酬率軸點（4.5%）較佳。股東權益報酬

率軸點也是所有 36 個模型中的最佳者。

由於只有少數模型績效較佳，因此只取和全部股一樣的 15 個模型進一步探討，其詳細績效如圖 26~圖 36，討論如下：

1. 報酬

單因子模型的選股能力是股東權益報酬率＞前期季報酬率＞β＞股價淨值比。無論哪一種報酬指標都指出多因子優於單因子。其中股東權益報酬率＋股價淨值比雙因子模型雖然第 10 等分的超額報酬率很高，但十個等分的超額報酬率未規則地遞增。股東權益報酬率＋股價淨值比＋β＋前期季報酬率四因子模型不但第 10 等分的超額報酬率很高，而且十個等分幾乎是完美的遞增排列，顯示此策略具有強大的選股能力，每一季的超額報酬約 2.5%，年化報酬率約 15%。絕對勝率方面，股東權益報酬率＋股價淨值比表現不佳，而股東權益報酬率＋股價淨值比＋β、股東權益報酬率＋股價淨值比＋β＋前期季報酬率這二個模型最佳，可達到將近 80%。

個股相對勝率以股東權益報酬率＋股價淨值比＋β 最佳，但也只能達到 61%，可見即使是最好的選股模型選出來的股票也並非個個都能打敗大盤。

個股絕對勝率也是以股東權益報酬率＋股價淨值比＋β 最佳，但也只能達到 59%，可見最佳選股模型選出來的股票也並非都是正報酬。

2. 風險

上述報酬指標最佳的幾個多因子模型的風險指標除了股東權益報酬率＋股價淨值比以外，第 10 等分的風險都較低，顯示這些模型不但報酬高，風險也低。多因子中以股東權益報酬率＋β＋前期季報酬率、股東權益報酬率＋股價淨值比＋β＋前期季報酬率、5F 這 3 個模型的風險最低。

3. 流動性

由於大型股的總市值都在 100 億元以上，此外，這些多因子選股模型的十個等分的總市值中位數差異很小，都在 200 億元左右，因此在大型股中選股，沒有流動性不足的問題。

	編號	因子組成	股東權益報酬率 ROE	股價淨值比 P/B	總市值 MV	市場風險因子 beta	前期季報酬率 R	回測季報酬率平均值（%）
單因子	1	ROE	1	0	0	0	0	3.46
	2	P/B	0	1	0	0	0	2.39
	3	MV	0	0	1	0	0	1.73
	4	beta	0	0	0	1	0	2.18
	5	R	0	0	0	0	1	2.19
雙因子	6	ROE-P/B	0.5	0.5	0	0	0	3.58
	7	ROE-MV	0.5	0	0.5	0	0	2.04
	8	ROE-beta	0.5	0	0	0.5	0	3.01
	9	ROE-R	0.5	0	0	0	0.5	4.07
	10	P/B-MV	0	0.5	0.5	0	0	2.20
	11	P/B-beta	0	0.5	0	0.5	0	1.41
	12	P/B-R	0	0.5	0	0	0.5	2.58
	13	MV-beta	0	0	0.5	0.5	0	2.29
	14	MV-R	0	0	0.5	0	0.5	2.31
	15	beta-R	0	0	0	0.5	0.5	3.21
三因子	16	ROE-P/B-MV	0.333	0.333	0.333	0	0	3.83
	17	ROE-P/B-beta	0.333	0.333	0	0.333	0	3.15
	18	ROE-P/B-R	0.333	0.333	0	0	0.333	3.92
	19	ROE-MV-beta	0.333	0	0.333	0.333	0	2.99
	20	ROE-MV-R	0.333	0	0.333	0	0.333	3.17
	21	ROE-beta-R	0.333	0	0	0.333	0.333	4.17
	22	P/B-MV-beta	0	0.333	0.333	0.333	0	1.30
	23	P/B-MV-R	0	0.333	0.333	0	0.333	2.69
	24	P/B-beta-R	0	0.333	0	0.333	0.333	2.45
	25	MV-beta-R	0	0	0.333	0.333	0.333	3.45
四因子	26	ROE-P/B-MV-beta	0.25	0.25	0.25	0.25	0	3.18
	27	ROE-P/B-MV-R	0.25	0.25	0.25	0	0.25	3.67
	28	ROE-P/B-beta-R	0.25	0.25	0	0.25	0.25	3.33
	29	ROE-MV-beta-R	0.25	0	0.25	0.25	0.25	3.74
	30	P/B-MV-beta-R	0	0.25	0.25	0.25	0.25	2.48
五因子	31	5F	0.2	0.2	0.2	0.2	0.2	3.46
	32	ROE 軸點	0.6	0.1	0.1	0.1	0.1	4.50
	33	P/B 軸點	0.1	0.6	0.1	0.1	0.1	2.44
	34	MV 軸點	0.1	0.1	0.6	0.1	0.1	2.88
	35	beta 軸點	0.1	0.1	0.1	0.6	0.1	2.61
	36	R 軸點	0.1	0.1	0.1	0.1	0.6	3.40

表 2 36 種投資組合的績效：大型股　資料來源：作者整理

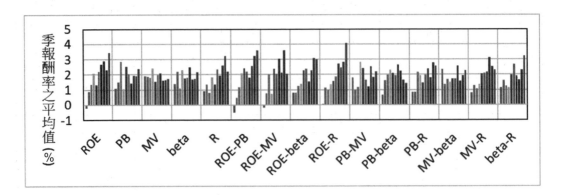

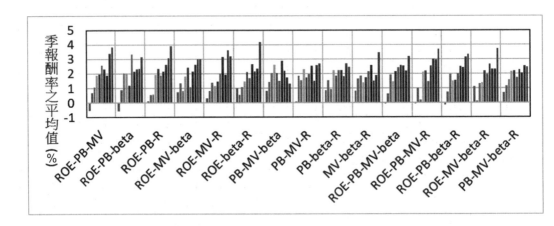

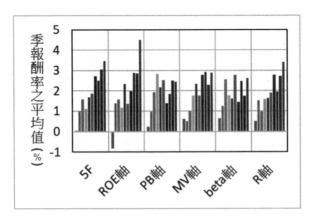

圖 25 季報酬率的平均值：大型股

資料來源：作者整理

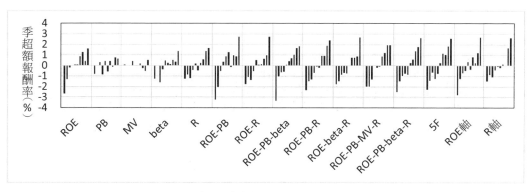

圖 26 報酬率超額報酬（alpha）：大型股

資料來源：作者整理

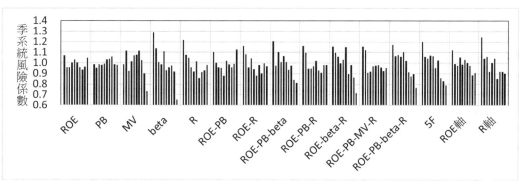

圖 27 報酬率系統風險（beta）：大型股

資料來源：作者整理

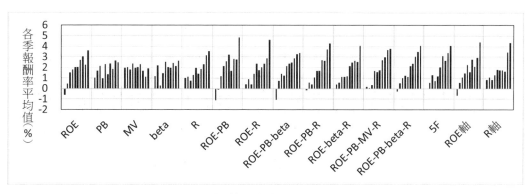

圖 28 各季報酬率的平均值：大型股

資料來源：作者整理

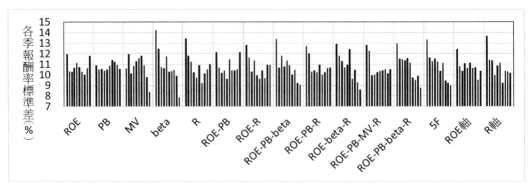

圖 29 各季報酬率的標準差：大型股

資料來源：作者整理

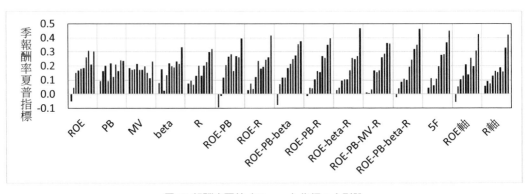

圖 30 報酬率夏普（Sharpe）指標：大型股

資料來源：作者整理

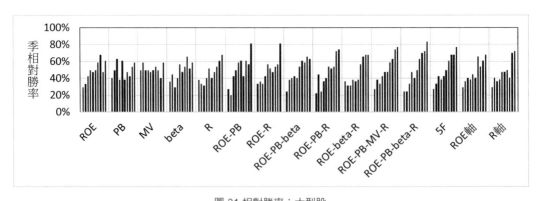

圖 31 相對勝率：大型股

資料來源：作者整理

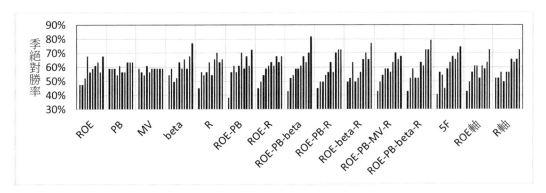

圖 32 絕對勝率：大型股

資料來源：作者整理

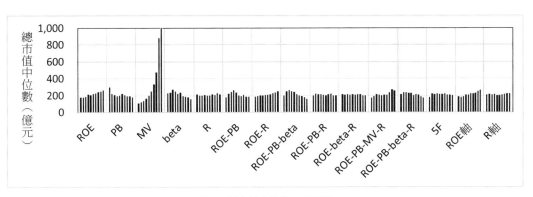

圖 33 總市值中位數：大型股

資料來源：作者整理

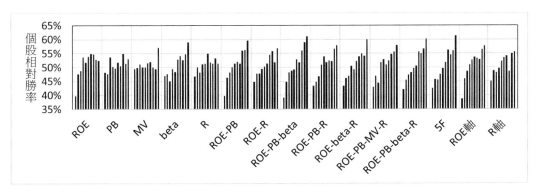

圖 34 個股相對勝率：大型股

資料來源：作者整理

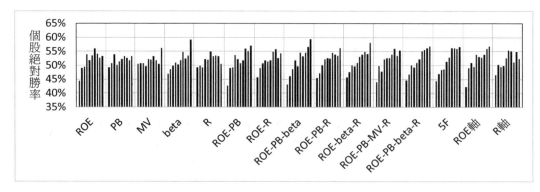

圖 35 個股絕對勝率：大型股

資料來源：作者整理

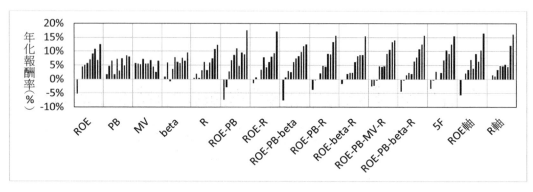

圖 36 年化報酬率：大型股

資料來源：作者整理

15-3-2 36 種投資組合的綜效前緣

表 37~圖 42 同圖 15~圖 20，但以大型股為選股範圍。可以發現：

- 單因子（圖 37）：左上方編號 4（β）、5（前期季報酬率）、1（股東權益報酬率）模型有一條「綜效前緣」。

- 雙因子（圖 38）：左上方編號 13（總市值＋β）、15（β＋前期季報酬率）、9（股東權益報酬率＋前期季報酬率）、6（股東權益報酬率＋股價淨值比）模型將「綜效前緣」往左上方大幅推進。

- 三因子（圖 39）：左上方編號 25（總市值＋β＋前期季報酬率）、21（股

東權益報酬率＋β＋前期季報酬率）模型將「綜效前緣」往左上方小幅推進。

- 四因子（圖40）：「綜效前緣」並未向左上方推進。
- 五因子（圖41）：「綜效前緣」並未向左上方推進。

圖 42 將所有「綜效前緣」套疊，可以發現從單因子到雙因子模型，部分雙因子模型具有綜效，提升了報酬率或降低了風險，使「綜效前緣」往左上方大幅推進。從雙因子擴增到三、四、五因子模型，只能再小幅使「綜效前緣」往左上方推進。

圖 43 顯示了單因子模型組成雙因子模型的綜效，例如：

- 模型 1（股東權益報酬率）與模型 2（股價淨值比）組成了模型 6（股東權益報酬率＋股價淨值比），大幅提升了報酬率。
- 模型 3（總市值）與模型 4（β）組成了模型 13（總市值＋β），大幅降低了風險。

這些組合產生了綜效，提升了選股能力。

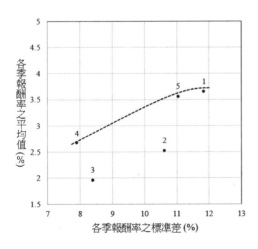

圖 37 單因子模型的報酬率平均值與標準差
資料來源：作者整理

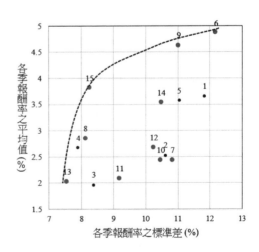

圖 38 雙因子模型的報酬率平均值與標準差
資料來源：作者整理

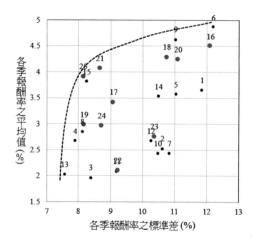

圖 39 三因子模型的報酬率平均值與標準差
資料來源：作者整理

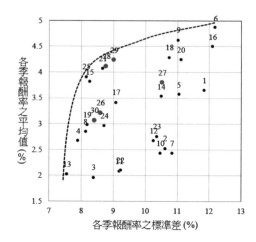

圖 40 四因子模型的報酬率平均值與標準差
資料來源：作者整理

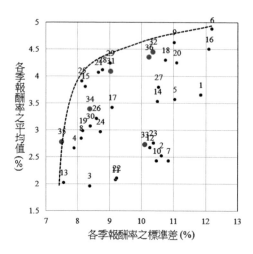

圖 41 五因子模型的報酬率平均值與標準差
資料來源：作者整理

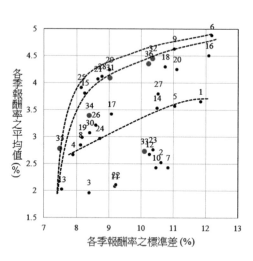

圖 42 各因子模型的報酬率平均值與標準差
資料來源：作者整理

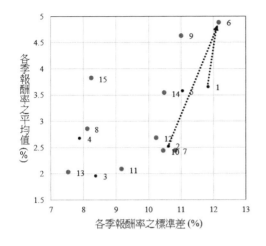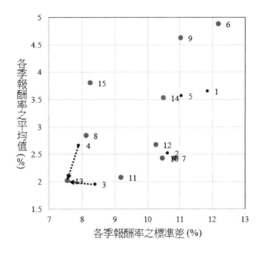

圖 43 單因子模型組成雙因子模型的綜效：大型股

資料來源：作者整理

15-3-3 最佳投資組合的績效評估

在上述 36 種投資組合中，股東權益報酬率軸點的五因子模型的報酬率最高，其績效評估如圖 44。這個模型顯示了對報酬的強大選股能力，且系統風險較低。

我們以這種策略進行模擬，其結果如圖 45。可以看出最低、最高的等分之間的差距隨時間逐漸拉開，越來越大。

此外，將十個等分投組的季報酬率分季繪於圖 46，很多季都出現第 1 等分到第 10 等分報酬率規則地遞增的現象，顯示通常此模型的選股能力佳。另外，值得注意的是，在金融海嘯後的反彈期（2009/Q1~Q4）的表現只算普通。

15-4 最佳選股因子數目：3~4 個因子

雖然多因子模型可以提升選股能力，但因子數目越多越好嗎？夏普指標是一種兼顧風險的報酬指標，因此在統計不同選股因子數目下，夏普指標的最大值如圖 47 與圖 48。可以發現，無論是在全部股或大型股，三個因子都是夏普指標最大的因子數。證實因子數目並非越多越好，3~4 個因子是最適當的數目。

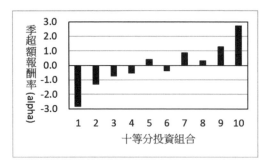

報酬率超額報酬（alpha）

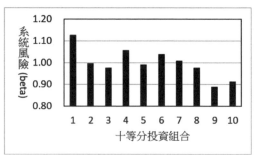

報酬率系統風險（beta）

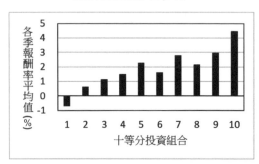

各季報酬率的平均值

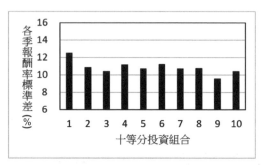

各季報酬率的標準差

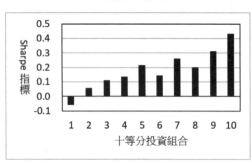

報酬率夏普（Sharpe）指標

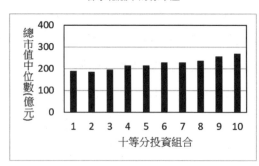

總市值中位數

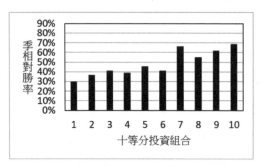

相對勝率

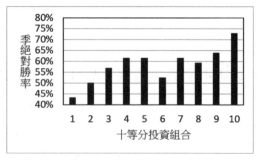

絕對勝率

圖 44 股東權益報酬率軸點五因子模型的績效：大型股

資料來源：作者整理

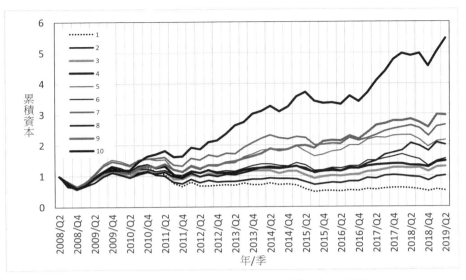

圖 45 股東權益報酬率軸點五因子模型的累積資本：大型股

資料來源：作者整理

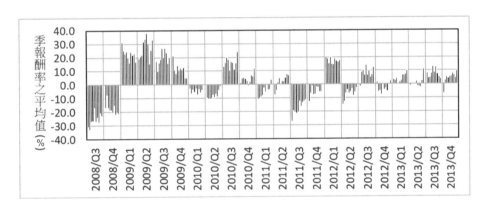

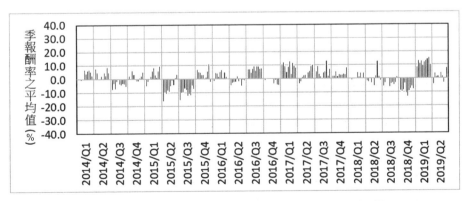

圖 46 股東權益報酬率軸點五因子模型的每一季的報酬率：大型股

資料來源：作者整理

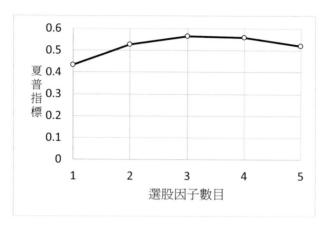

圖 47 選股因子數目與夏普指標：全部股

資料來源：作者整理

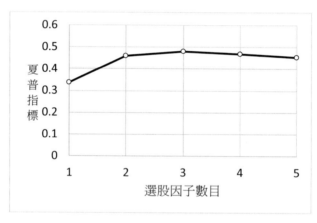

圖 48 選股因子數目與夏普指標：大型股

資料來源：作者整理

15-5 股市的綜效前緣與效率前緣之比較

　　圖 49 為當代投資組合理論的「**效率前緣**」，它是由多個個股（或投資組合）以不同比例的投資金額組合下能達到的邊界。當個股（或投資組合）之間的報酬率的相關係數越小，組合的風險也就越小，甚至有可能比其組成的風險之最小者更小；但報酬率會介於其組成的報酬率之間，無法提升。

圖 50 為多因子選股模型的「**綜效前緣**」，它是由多個選股因子（或選股模型）以不同權重組成多因子選股模型下能達到的邊界。當因子之間的報酬率的綜效越大，組合的報酬率有可能比其組成的報酬率之最大者更大。

　　總之，「**效率前緣**」重視的是組合具有負相關或低相關的股票，以降低投資組合的可分散風險。「**綜效前緣**」重視的是組合具有「綜效」的選股因子，以強化選股模型的選股能力，提升報酬率。因此「綜效前緣」與「效率前緣」是兩個完全不同的概念。

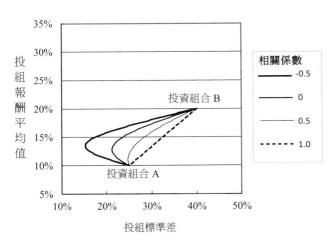

圖 49 當代投資組合理論的「效率前緣」
資料來源：作者整理

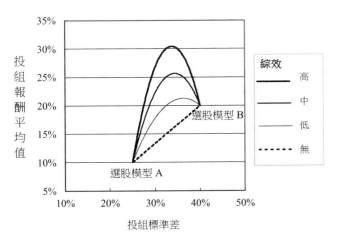

圖 50 多因子選股模型的「綜效前緣」
資料來源：作者整理

15-6 對投資人的啟發：多因子模型可以提升選股能力

歸納上述回測實證結果，對投資人使用多因子選股模型有以下的啟發：

（一）全部股

原則 1 提高報酬原則

報酬率最高的模型都包含價值因子與獲利因子，兩者是綜效的基石。報酬指標以股東權益報酬率＋股價淨值比＋β、股東權益報酬率＋股價淨值比＋β＋前期季報酬這二個模型最佳。如果要兼顧報酬最大化與流動性不能太低，「5F」與「股東權益報酬率軸點」這兩個模型是最佳選擇。

原則 2 降低風險原則

總市值選大配合風險係數選小的雙因子模型風險最低。

原則 3 平衡報酬與風險原則

股東權益報酬率（ROE）選大配合風險係數 β 選小的雙因子模型可以平衡報酬與風險。

（二）大型股

原則 4 提高報酬原則

在大型股，報酬率最高的模型都包含獲利因子與慣性因子，慣性因子取代價值因子，成為報酬綜效的基石。雖然價值因子本身的選股能力不佳，但價值因子結合獲利因子仍然有明顯的綜效。報酬指標以股東權益報酬率＋股價淨值比＋β＋前期季報酬率這個四因子模型最佳。

原則 5 降低風險原則

總市值選大配合風險係數選小的雙因子模型風險最低。

原則 6 平衡報酬與風險原則

風險係數 β 選小配合前期季報酬率選大的雙因子模型可以平衡報酬與風險。

（三）市場效率

原則 7 市場相當有效率，但並不完全，仍存在少數股票定價錯誤。

　　投資人必須注意，即使最佳模型選出來的股票，贏過與輸給大盤的比例也只能達到大約 6:4，贏過大盤的股票略多於輸給大盤，而非每一支選股都能擊敗大盤。正報酬與負報酬的比例也只能達到大約 6:4，正報酬的股票略多於負報酬，而非每一支選股都是正報酬。

（四）最佳選股因子數目

原則 8 因子數目並非越多越好，3~4 個因子是最適當的數目。

第十六章　選股模型的績效會隨時間軸改變嗎？

16-1 理論基礎

　　前一章探討了五因子選股模型，本章將探索這些模型在時間軸上的穩健性。我們的財報資料從 2008/Q1~2018/Q4 有 44 季，本章將從三個角度來評估選股模型在時間軸上的穩健性（參閱圖 1）：

- 前期 / 後期之比較

　　在前 22 季表現佳的選股模型在後 22 季仍表現佳嗎？

- 多頭 / 盤整 / 空頭之比較

　　在多頭市場表現佳的選股模型在空頭市場仍表現佳嗎？

- 四季之比較

　　選股模型在春夏秋冬四季的表現不同嗎？

16-2 前期 / 後期市場的比較

16-2-1 全部股

　　在前 22 季（2008/Q1~2013/Q2）表現佳的選股模型在後 22 季（2013/Q3~2018/Q4）仍表現佳嗎？為此先計算選股模型各季的報酬率，再分成前 22 季與後 22 季進行統計，以前 22 季的季報酬率平均值為橫軸，後 22 季者為縱軸，將第 1 等分與第 10 等分的結果繪成圖 2 的散布圖。可以發現兩者相當一致，在前 22 季表現佳的選股模型在後 22 季仍然表現佳，反之，表現差者在後 22 季仍然表

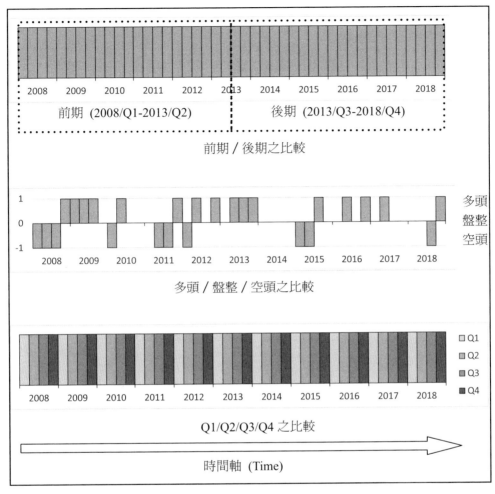

圖 1 從三個角度來評估選股模型在時間軸上的穩健性

現差。

　　此外，計算第 10 等分對第 1 等分的季報酬率平均值之差額，以前 22 季的差額為橫軸，後 22 季者為縱軸，繪成圖 3 的散布圖。一樣可以發現，在前 22 季差額大的選股模型在後 22 季仍然大，反之亦然。

　　最後，我們延續前一章的做法，只探討比較重要的 15 種模型，將其十等分投組之前期、後期季報酬率平均值繪成圖 4，顯示：

- 單因子：股東權益報酬率、股價淨值比、β 在前、後期皆佳；前期季報酬率在前期差，後期佳。
- 雙因子：股東權益報酬率＋股價淨值比在前、後期皆佳。
- 三因子：股東權益報酬率＋股價淨值比＋β、股東權益報酬率＋股價淨值比＋前期季報酬率在前期只有第 10 等分較突出，在後期選股能力較佳。
- 四因子：股東權益報酬率＋股價淨值比＋β＋前期季報酬率在前期只有第 10 等分較突出，在後期選股能力較佳。
- 五因子：5F 在前期較差，在後期較佳。
- 綜論：（1）在前期表現佳的選股模型在後期仍然表現佳。（2）雖然在前期選股模型的報酬率較高，但在後期選股模型的選股能力較佳。

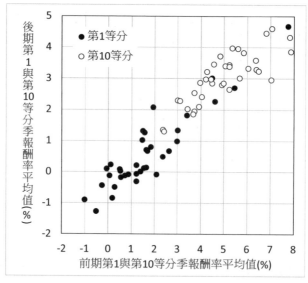

圖 2 第 1 等分與第 10 等分的前、後期的季報酬率平均值（全部股）
資料來源：作者整理

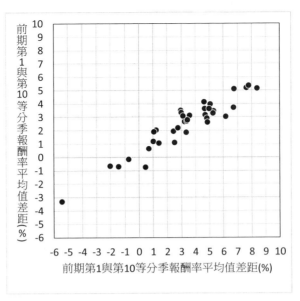

図 3 前、後期的第 10 等分對第 1 等分的季報酬率平均值差額（全部股）

資料來源：作者整理

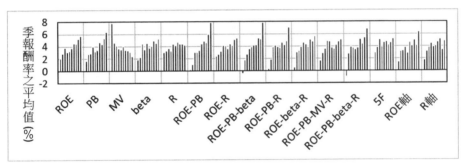

圖 4（a）十等分投組之季報酬率平均值：前 22 季（全部股）

資料來源：作者整理

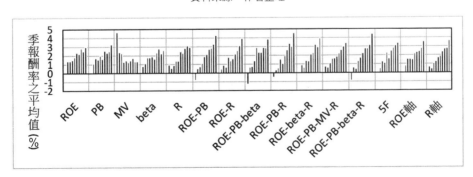

圖 4（b）十等分投組之季報酬率平均值：後 22 季（全部股）

資料來源：作者整理

16-2-2 大型股

圖 5 的散布圖同圖 2，但以大型股為選股範圍。可以發現在前 22 季表現佳的選股模型在後 22 季仍然表現佳，反之亦然，但比全部股來得散亂。

圖 6 的散布圖同圖 3，但以大型股為選股範圍。一樣可以發現，在前 22 季差額大的選股模型在後 22 季仍然大，反之亦然，但比全部股來得散亂。

圖 7 同圖 4，但以大型股為選股範圍。顯示：

- 單因子：股東權益報酬率在前、後期的選股能力都比股價淨值比佳。
- 雙因子：股東權益報酬率＋股價淨值比在前、後期均有明顯的綜效。
- 三因子：在後期股東權益報酬率＋股價淨值比＋前期季報酬率的選股能力較佳。
- 四因子：在後期股東權益報酬率＋股價淨值比＋總市值＋前期季報酬率的選股能力較佳。
- 五因子：在後期「股東權益報酬率軸點」的選股能力較佳。
- 綜論：（1）在前期表現佳的選股模型在後期仍然表現佳。（2）雖然在前期選股模型的報酬率較高，但在後期選股模型的選股能力較佳。

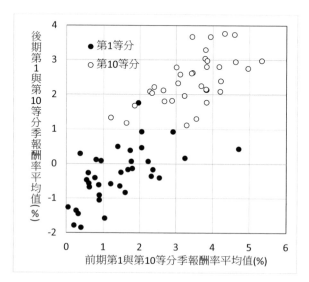

圖 5 第 1 等分與第 10 等分的前、後期的季報酬率平均值（大型股）

資料來源：作者整理

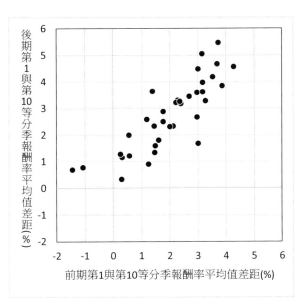

圖 6 前、後期的第 10 等分對第 1 等分的季報酬率平均值差額（大型股）

資料來源：作者整理

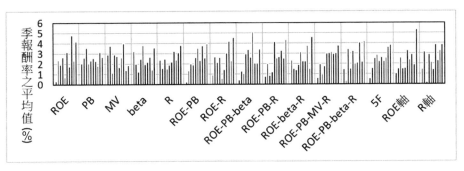

圖 7（a）十等分投組之季報酬率平均值：前 22 季（大型股）

資料來源：作者整理

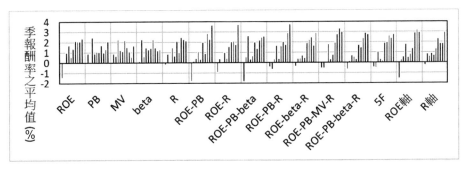

圖 7（b）十等分投組之季報酬率平均值：後 22 季（大型股）

資料來源：作者整理

16-3 多頭 / 盤整 / 空頭市場的比較

16-3-1 全部股

在多頭市場表現佳的選股模型在空頭市場仍表現佳嗎？為此先定義市場多空是指「第 t 季財報選股是在空頭 / 多頭的氛圍下交易」。因為本書回測時，以第 t 季財報選出的股票是假設在第 t+2 季季初交易。因此，交易當時的空頭 / 多頭的氛圍是以交易的前一季（第 t+1 季）的漲跌為依據，因此定義交易股票的前一季的大盤季報酬率＜-5%、-5%~5%、＞5%分別為空頭、盤整、多頭（參閱圖 8）。圖 9 是 2008/Q1~2018/Q4 共 44 季的空頭、盤整、多頭市場的認定。例如：

・2008/Q3 財報的交易在 2009/Q1，因此交易股票的前一季是 2008/Q4，該季正值金融海嘯而大跌，因此 2008/Q3 財報選股是在「空頭」的氛圍下交易。

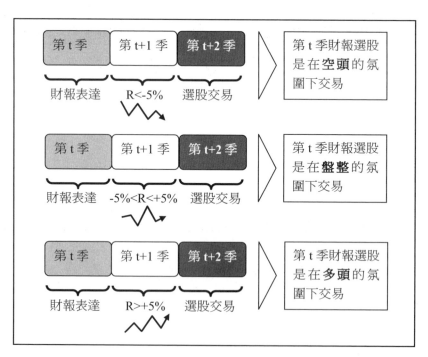

圖 8 空頭、盤整、多頭市場的認定方式

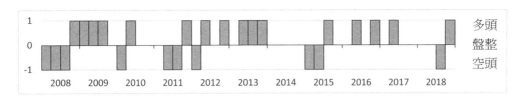

圖 9 空頭、盤整、多頭市場的認定（時間軸為財報表達的季，第 1 季是 2008/Q1）

- 2008/Q4 財報的交易在 2009/Q2，因此交易股票的前一季是 2009/Q1，該季正值金融海嘯後的反彈而大漲，因此 2008/Q4 財報選股是在「多頭」的氛圍下交易。

　　首先計算選股模型各季的報酬率，再分成空頭、盤整、多頭進行統計，我們延續前一章的做法，只探討比較重要的 15 種模型，將其十等分投組之季報酬率平均值繪成圖 10。首先，從市場的角度來看：

- **空頭市場**：單因子中，股東權益報酬率選股效果佳，股價淨值比無效，β 與前期季報酬率發生與預期相反的結果。多因子中，股東權益報酬率＋股價淨值比選股效果很好。其他選股模型普遍不佳。

- **盤整市場**：單因子中，股東權益報酬率、股價淨值比、β、前期季報酬率選股效果佳。多因子中，股東權益報酬率＋股價淨值比、股東權益報酬率＋股價淨值比＋β、股東權益報酬率＋股價淨值比＋前期季報酬率、股東權益報酬率＋股價淨值比＋β＋前期季報酬率都有綜效，其中股東權益報酬率＋股價淨值比＋β、股東權益報酬率＋股價淨值比＋前期季報酬率選股效果最佳。

- **多頭市場**：單因子中，股東權益報酬率、股價淨值比、β、前期季報酬率選股效果佳，其中股價淨值比最佳。多因子中，股東權益報酬率＋股價淨值比、股東權益報酬率＋股價淨值比＋β、股東權益報酬率＋股價淨值比＋前期季報酬率、股東權益報酬率＋股價淨值比＋β＋前期季報酬率都有明顯的綜效，其中股東權益報酬率＋股價淨值比＋β、股東權益報酬率＋股價淨值

比＋前期季報酬率選股效果最佳。

- **綜論**：在空頭的氛圍下，選股模型的表現普遍不佳，在盤整、多頭下，則表現普遍很好。

從因子的角度來看：

- **獲利因子、價值因子**：交易的前一季如是空頭市場，則獲利因子效果佳；如是盤整市場，則獲利因子、價值因子效果均佳；如是多頭市場，則價值因子效果較佳。一個可能的解釋是，交易的前一季如是空頭市場，則市場信心受挫，回歸理性，重視公司獲利能力，偏好賺錢公司的股票；前一季如是多頭市場，則市場信心大增，充滿樂觀氣氛，重視股票的比價效果，偏好相對便宜的股票。

- **風險因子**：交易的前一季如是空頭市場，則風險因子選小發生與預期方向相反的結果，其他市場如預期，報酬率較高。一個可能的解釋是，交易的前一季如是空頭市場，則風險小的股票跌幅較小，交易當季如果反彈，漲幅也較小。

- **慣性因子**：交易的前一季如是空頭市場，則慣性因子選大發生與預期方向相反的結果，其他市場如預期，報酬率較高。一個可能的解釋是，交易的前一季如是空頭市場，則慣性選大會選出跌幅較小的股票，交易當季如果反彈，漲幅也較小。交易的前一季如是多頭市場，則慣性選大會選出漲幅較大的股票，此時市場充滿樂觀氣氛，偏好漲幅較大的股票。

- **多因子模型**：只有股東權益報酬率＋股價淨值比無論在空頭、盤整、多頭市場的表現都很好，具有明顯的綜效。

16-3-2 大型股

圖 11 同圖 10，但以大型股為選股範圍。首先，從市場的角度來看，可以發現

- **空頭市場**：單因子中，股東權益報酬率、股價淨值比選股效果都不好，β 與前期季報酬率發生與預期相反的結果。多因子中，股東權益報酬率＋股價淨

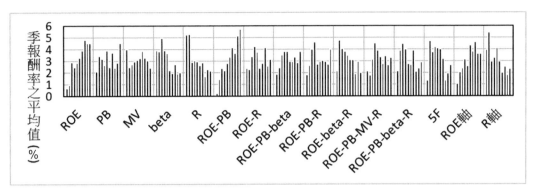

圖 10（a）十等分投組之季報酬率平均值：前一季為空頭市場（全部股）

資料來源：作者整理

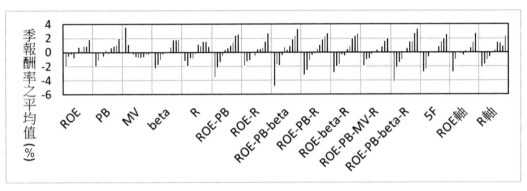

圖 10（b）十等分投組之季報酬率平均值：前一季為盤整市場（全部股）

資料來源：作者整理

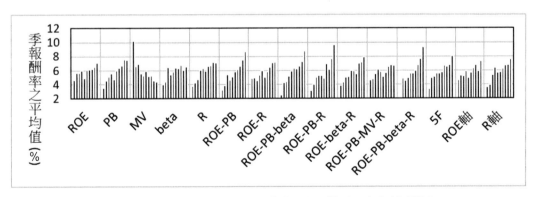

圖 10（c）十等分投組之季報酬率平均值：前一季為多頭市場（全部股）

資料來源：作者整理

值比選股效果尚可。其他選股模型都發生與預期相反方向選股。

- **盤整市場**：單因子中，股東權益報酬率、β、前期季報酬率選股效果佳，股價淨值比選股效果不好。多因子中，股東權益報酬率＋β、股東權益報酬率＋前期季報酬率、股東權益報酬率＋β＋前期季報酬率、股東權益報酬率＋股價淨值比＋β＋前期季報酬率、5F 都有綜效，其中股東權益報酬率＋前期季報酬率選股效果最佳。

- **多頭市場**：單因子中，股東權益報酬率、前期季報酬率選股效果佳，股價淨值比選股效果不好。多因子中，股東權益報酬率＋股價淨值比、股東權益報酬率＋前期季報酬率、股東權益報酬率＋股價淨值比＋總市值、股東權益報酬率＋股價淨值比＋前期季報酬率、股東權益報酬率＋總市值＋前期季報酬率都有綜效，其中股東權益報酬率＋股價淨值比＋前期季報酬率選股效果最佳。

- **綜論**：在空頭的氛圍下，選股模型的表現普遍不佳，在盤整、多頭下，則表現普遍很好。

從因子的角度來看：

- **單因子模型**：價值因子（股價淨值比）無論在空頭、盤整、多頭市場的表現都不好，獲利因子（股東權益報酬率）、慣性因子（前期季報酬率）在盤整、多頭市場的表現佳。

- **多因子模型**：只有股東權益報酬率＋股價淨值比無論在空頭、盤整、多頭市場的表現都很好，具有明顯的綜效。

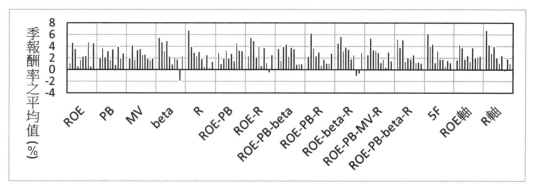

圖 11（a）十等分投組之季報酬率平均值：前一季為空頭市場（大型股）

資料來源：作者整理

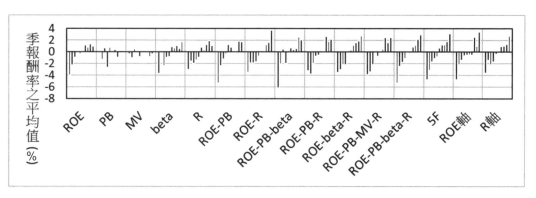

圖 11（b）十等分投組之季報酬率平均值：前一季為盤整市場（大型股）

資料來源：作者整理

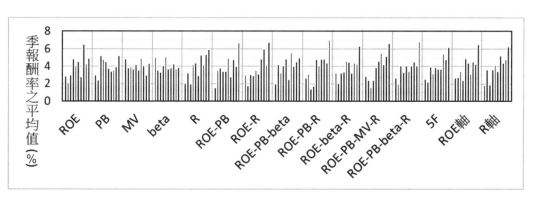

圖 11（c）十等分投組之季報酬率平均值：前一季為多頭市場（大型股）

資料來源：作者整理

16-4 四季市場的比較

16-4-1 全部股

選股模型在各季節的表現不同嗎？為此先定義所謂四季是指財報表達的季節，因此 2008/Q1 的財報，在 2008/Q3 交易，但被稱「第 1 季」，而非「第 3 季」。

首先計算選股模型各季的報酬率，再分成第 1 季~第 4 季，進行統計，我們延續前一章的做法，只探討比較重要的 15 種模型，將其十等分投組之季報酬率平均值繪成圖 12，顯示：

- **第 1 季**：單因子中，股東權益報酬率、股價淨值比、β、前期季報酬率選股效果都佳，股價淨值比最佳。多因子中，股東權益報酬率＋股價淨值比綜效最強，股東權益報酬率＋股價淨值比＋β、股東權益報酬率＋股價淨值比＋前期季報酬率綜效次之。

- **第 2 季**：單因子中，股價淨值比、β、前期季報酬率選股效果都佳，股價淨值比最佳，股東權益報酬率差。多因子中，股東權益報酬率＋股價淨值比綜效最強，股東權益報酬率＋股價淨值比＋β、股東權益報酬率＋股價淨值比＋前期季報酬率綜效次之。

- **第 3 季**：單因子中，股東權益報酬率優於股價淨值比，而 β 無效，前期季報酬率發生與預期相反方向選股。多因子中，股東權益報酬率＋股價淨值比綜效強，其他多因子都無效。

- **第 4 季**：單因子中，股東權益報酬率優於 β、前期季報酬率，而股價淨值比效果差。多因子表現均很好，其中股東權益報酬率＋股價淨值比＋β＋前期季報酬率綜效最強。

- **綜論**：股東權益報酬率＋股價淨值比選股效果最穩健。

這 15 個模型的第 10 等分對第 1 等分的季報酬率平均值差額如圖 13，顯示選股模型在第 1、4 季財報的選股效果最佳，在第 3 季財報的選股效果最差。

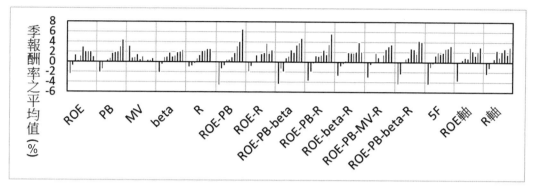

圖 12（a）十等分投組之季報酬率平均值：財報 Q1（投資 Q3）（全部股）

資料來源：作者整理

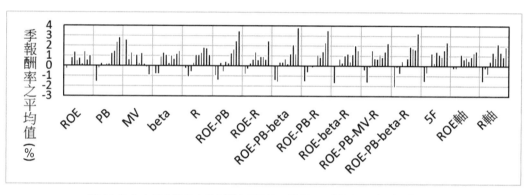

圖 12（b）十等分投組之季報酬率平均值：財報 Q2（投資 Q4）（全部股）

資料來源：作者整理

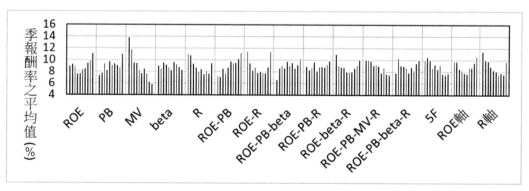

圖 12（c）十等分投組之季報酬率平均值：財報 Q3（投資隔年 Q1）（全部股）

資料來源：作者整理

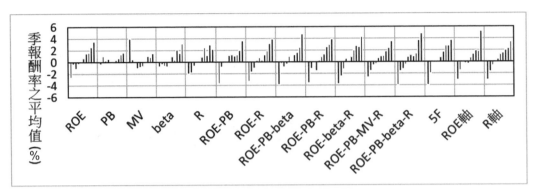

圖 12（d）十等分投組之季報酬率平均值：財報 Q4（投資隔年 Q2）（全部股）

資料來源：作者整理

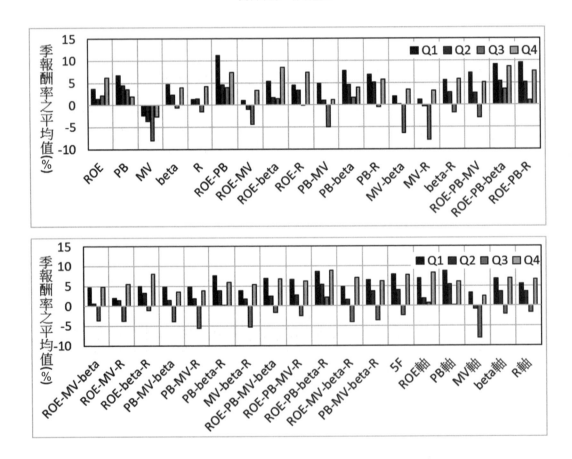

圖 13 第 10 等分對第 1 等分的季報酬率平均值差額（Q1、2、3、4 是指財報的季節）（全部股）

資料來源：作者整理

16-4-2 大型股：

圖 14 同圖 12，但以大型股為選股範圍。可以發現

- **第 1 季**：單因子中，股東權益報酬率、股價淨值比、β、前期季報酬率選股效果都差。多因子中，股東權益報酬率＋股價淨值比綜效強，股東權益報酬率＋股價淨值比＋前期季報酬率最佳。

- **第 2 季**：單因子中，股價淨值比尚可，股東權益報酬率差。多因子中，股東權益報酬率＋股價淨值比＋β 綜效強。

- **第 3 季**：單因子中，股東權益報酬率尚可。多因子中，股東權益報酬率＋前期季報酬率綜效強。

- **第 4 季**：單因子中，股東權益報酬率、前期季報酬率效果佳，股價淨值比差。多因子中，股東權益報酬率＋前期季報酬率綜效強。

- **綜論**：股東權益報酬率＋股價淨值比選股效果最穩健。

圖 15 同圖 13，但以大型股為選股範圍。可以發現選股模型在第 1、4 季財報的選股效果佳，在第 3 季財報的選股效果差。

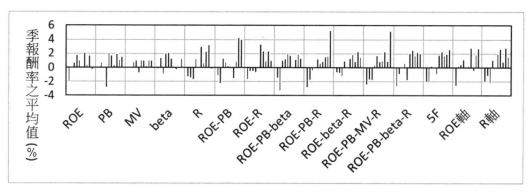

圖 14（a）十等分投組之季報酬率平均值：財報 Q1（投資 Q3）（大型股）

資料來源：作者整理

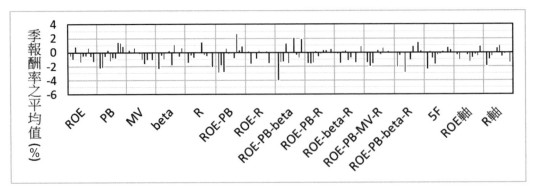

圖 14（b）十等分投組之季報酬率平均值：財報 Q2（投資 Q4）（大型股）
資料來源：作者整理

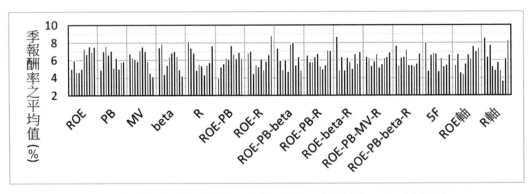

圖 14（c）十等分投組之季報酬率平均值：財報 Q3（投資隔年 Q1）（大型股）
資料來源：作者整理

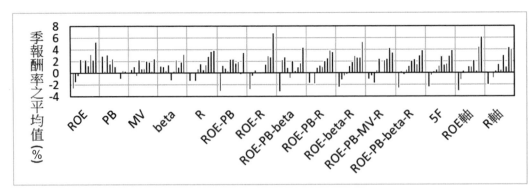

圖 14（d）十等分投組之季報酬率平均值：財報 Q4（投資隔年 Q2）（大型股）
資料來源：作者整理

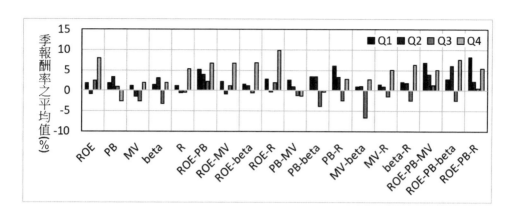

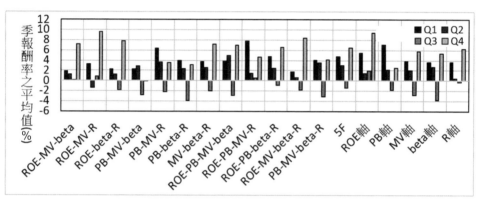

圖 15 第 10 等分對第 1 等分的季報酬率平均值差額（Q1、2、3、4 是指財報的季節）（大型股）

資料來源：作者整理

16-5 股市的價值股與成長股之風格輪動

對於為何基於成長股概念的股東權益報酬率、基於價值股概念的股價淨值比的單因子模型的時間軸穩健性差，而結合成長股與價值股概念的股東權益報酬率＋股價淨值比的雙因子模型穩健性佳？一個可能的解釋是「風格輪動」。股市的「風格輪動」是指：市場有時成長股概念佔優勢，有時價值股概念佔優勢。

例如圖 16 是股東權益報酬率、股價淨值比、股東權益報酬率＋股價淨值比三種選股模型的第 10 等分與第 1 等分的各季的季報酬率平均值，圖 17 是其第 10 等分減去第 1 等分的差額，可見股東權益報酬率＋股價淨值比雙因子模型比單因子模型更為穩健。

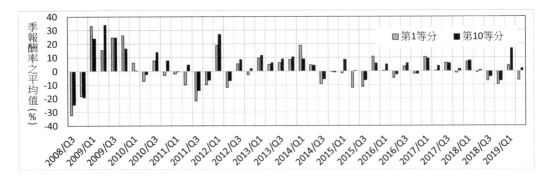

(a)股東權益報酬率選股模型

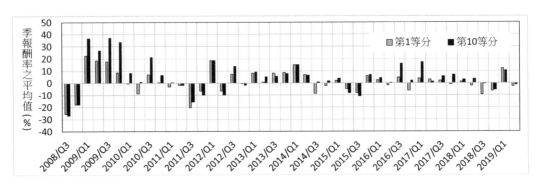

(b)股價淨值比選股模型

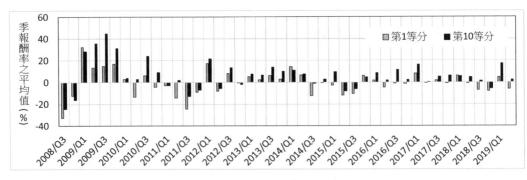

(c)股東權益報酬率＋股價淨值比選股模型

圖 16 三種選股模型的第 10 等分與第 1 等分的各季的季報酬率平均值

資料來源：作者整理

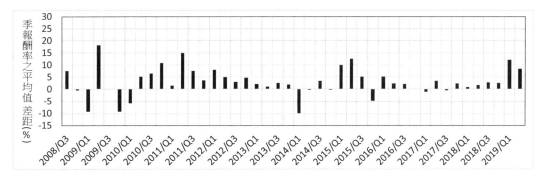

(a)股東權益報酬率選股模型

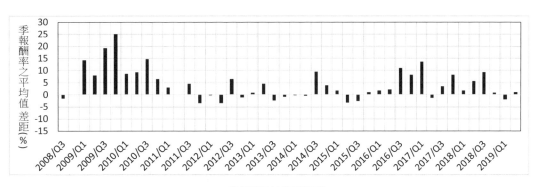

(b)股價淨值比選股模型

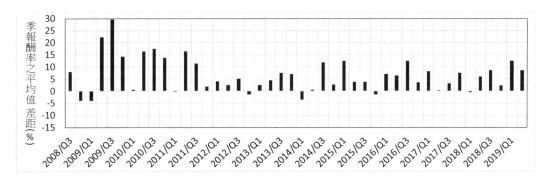

(c)股東權益報酬率＋股價淨值比選股模型

圖 17 三種選股模型的第 10 等分減去第 1 等分的各季的季報酬率平均值的差額

資料來源：作者整理

接著將股價淨值比選股模型的第 10 等分的各季的季報酬率平均值減去股東權益報酬率選股模型得到差額，如圖 18，此值為正代表是價值股概念佔優勢。為了讓趨勢更明顯，取連續四季的移動平均值如圖 19，顯示在 2009 年金融海嘯後的反彈期持續了 7 季明顯是價值股概念佔優勢，接著持續了 7 季明顯是成長股概念佔優勢，展現了明顯的「風格輪動」現象。

圖 20 是股東權益報酬率、股價淨值比二種選股模型的第 10 等分減去第 1 等分的各季的季報酬率平均值的差額之散布圖，可見兩者略呈負相關，也就是股市傾向於成長股概念、價值股概念輪流佔優勢。

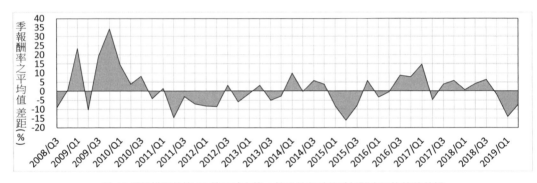

圖 18 選股模型的第 10 等分減去第 1 等分的各季的季報酬率平均值的差額
資料來源：作者整理

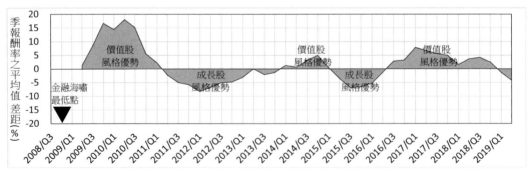

圖 19 選股模型的第 10 等分減去第 1 等分的各季的季報酬率平均值的差額之四季移動平均值
資料來源：作者整理

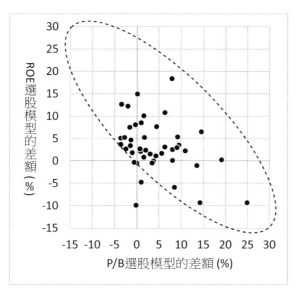

圖 20 選股模型的第 10 等分減去第 1 等分的各季的季報酬率平均值的差額
平均值 資料來源：作者整理

對於「風格輪動」現象的成因解說如下：

1. 股東權益報酬率與股價淨值比之關係

之前曾提過股東權益報酬率越大，合理的股價淨值比越大，因此以股東權益報酬率為橫軸，股價淨值比為縱軸，圖 21 與圖 22 中虛線為股東權益報酬率與合理股價淨值比的關係線，虛線上方市場股價高於內在價值，未來股價上漲機率小，報酬率低；下方市場股價低於內在價值，未來上漲機率大，報酬率高。

2. 價值股概念佔優勢的局面

市場有時股價淨值比差異大，股東權益報酬率差異小，此時市場股票聚集的橢圓長軸較垂直，如圖 21。這時股價淨值比選小的策略選出的股票大多在虛線之下，是市場股價低於內在價值的股票，因此未來股價上漲機率大，報酬率高。形成了價值股概念佔優勢的局面。

3. 成長股概念佔優勢的局面

市場有時股價淨值比差異小，股東權益報酬率差異大，此時市場股票聚集的橢

圓長軸較水平，如圖 22。這時股東權益報酬率選大的策略選出的股票大多在虛線之下，是市場股價低於內在價值的股票，因此未來股價上漲機率大，報酬率高。形成了成長股概念佔優勢的局面。

4. 股東權益報酬率＋股價淨值比雙因子模型

　　結合成長股與價值股概念的股東權益報酬率＋股價淨值比雙因子模型在上述兩種市場的情況，如圖 23 與圖 24。可見無論在價值股、成長股概念佔優勢的局面，股東權益報酬率＋股價淨值比評分選大的策略選出的股票大多在虛線之下，因此未來股價上漲機率大，報酬率高。

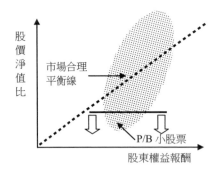

圖 21 價值股概念佔優勢的市場
資料來源：作者整理

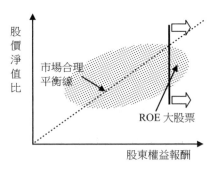

圖 22 成長股概念佔優勢的市場
資料來源：作者整理

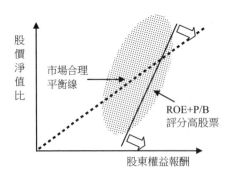

圖 23 股東權益報酬率＋
股價淨值比模型在價值股佔優勢市場
資料來源：作者整理

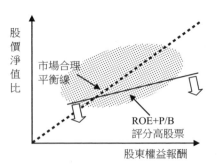

圖 24 股東權益報酬率＋
股價淨值比模型在成長股佔優勢市場
資料來源：作者整理

上面的解說給「風格輪動」與「單因子模型的時間軸穩健性差，而結合成長股與價值股概念的股東權益報酬率＋股價淨值比雙因子模型穩健性佳」，提供了鮮活的視覺化說明。

16-6 對投資人的啟發：多因子模型可提升時間軸上的穩健性

本章從三個角度來評估選股模型在時間軸上的穩健性。歸納上述回測實證結果，對投資人使用多因子選股模型有以下的啟發：

（一）全部股
原則 1 前期／後期之比較

在前 22 季表現佳的選股模型在後 22 季仍然表現佳，反之，表現差者在後 22 季仍然表現差。選股模型具有前期／後期之穩健性。

原則 2 多頭／盤整／空頭之比較

交易的前一季如是空頭市場，則獲利因子效果佳；如是盤整市場，則獲利因子、價值因子效果均佳；如是多頭市場，則價值因子效果較佳。交易的前一季如是空頭市場，則風險因子、慣性因子發生與預期相反的結果。只有股東權益報酬率＋股價淨值比無論在空頭、盤整、多頭市場的表現都很好，具有明顯的綜效。

原則 3 四季之比較

選股模型在第 1、4 季財報的選股效果最佳，在第 3 季財報的選股效果最差。股東權益報酬率＋股價淨值比選股效果最穩健。

（二）大型股
原則 4 前期／後期之比較

在前 22 季表現佳的選股模型在後 22 季仍然表現佳，但比全部股來得散亂。

原則 5 多頭／盤整／空頭之比較

價值因子（股價淨值比）無論在前一季是空頭、盤整、多頭市場的表現都不好，獲利因子（股東權益報酬率）、慣性因子（前期季報酬率）在盤整、多頭市場的表現佳。股東權益報酬率＋股價淨值比無論在空頭、盤整、多頭市場的表現都很好，具有明顯的綜效。

原則 6 四季之比較

選股模型在第 1、4 季財報的選股效果佳，在第 3 季財報的選股效果差。股東權益報酬率＋股價淨值比選股效果最穩健。

（三）綜論

原則 7 多因子模型具有前期／後期市場之穩健性

選股模型，特別是多因子模型，具有前期／後期市場之穩健性。回測的目的在於產生有用的經驗法則，即知識，幫助投資人在未來進行投資。知識與資訊的差異在於知識具有重複使用性，資訊則否。因為在前期表現好的選股模型如果不能在後期持續表現好，則回測得到的經驗法則對投資人就不具意義，因此，好的選股模型持續表現好，這一點對投資人非常重要。

原則 8 多因子模型具有多頭／盤整／空頭市場之穩健性

單因子模型在交易的前一季是多頭／盤整／空頭市場時之表現差異很大，而結合成長股與價值股概念的股東權益報酬率＋股價淨值比雙因子模型之表現具有穩健性。選股模型在交易的前一季是空頭時，表現普遍平平，在盤整、多頭時表現普遍很好。

原則 9 多因子模型具有四季市場之穩健性

結合成長股與價值股概念的股東權益報酬率＋股價淨值比雙因子模型選股效果最穩健。選股模型在第 1、4 季財報的選股效果佳，在第 3 季財報的選股效果差。

第十七章　選股模型的績效會隨選股池改變嗎？

17-1 理論基礎

　　我們的財報資料從 2008/Q1~ 2018/Q4 有 44 季，約 58,500 筆，前一章探討了五因子選股模型在時間軸上的穩健性。本章將從三個角度來評估選股模型在選股池上的穩健性（參閱圖 1）：

- **產業之比較**：選股模型在傳統產業、科技產業股票的表現不同嗎？
- **交易市場之比較**：選股模型在上櫃、上市股票的表現不同嗎？
- **股票特性之比較**：選股模型在獲利大小、價值大小、規模大小、風險大小、慣性大小股票的表現不同嗎？

17-2 不同產業股票的比較

17-2-1 全部股

　　選股模型在傳統產業、科技產業股票的表現不同嗎？為此先將資料分成傳統產業、科技產業股票，分別約 27,000、31,500 筆資料。再以選股模型分別回測，得到各季的報酬率。我們延續前一章的做法，只探討比較重要的 15 種模型，將其十等分投資組合之季報酬率平均值繪成圖 2，顯示：

- **傳統產業**：單因子中股東權益報酬率選股效果佳，股價淨值比、β、前期季報酬率選股效果較差。多因子中股東權益報酬率＋股價淨值比、股東權益報酬率＋股價淨值比＋β、股東權益報酬率＋股價淨值比＋前期季報酬率、股

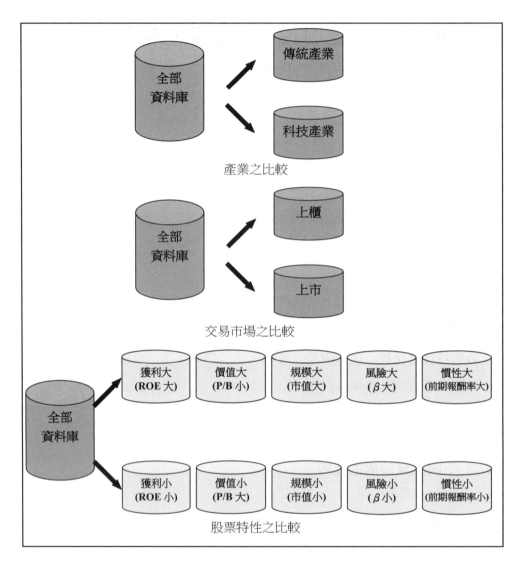

圖 1 從三個角度來評估選股模型在選股池上的穩健性

東權益報酬率＋股價淨值比＋β＋前期季報酬率都有綜效，其中股東權益報酬率＋股價淨值比選股效果最佳。

- **科技產業**：單因子中股東權益報酬率、股價淨值比、β、前期季報酬率選股效果均佳，股價淨值比選股效果最佳。多因子中股東權益報酬率＋股價淨值比、股東權益報酬率＋股價淨值比＋β、股東權益報酬率＋股價淨值比＋前

期季報酬率、股東權益報酬率＋股價淨值比＋β＋前期季報酬率都有綜效。

- **綜論**：單因子中傳統產業以獲利因子股東權益報酬率選股效果最佳，科技產業以價值因子股價淨值比選股效果最佳。選股模型在科技產業股票的選股能力優於在傳統產業。

17-2-2 大型股

先將資料分成傳統產業、科技產業股票，分別約 6,100、5,600 筆資料。圖 3 同圖 2，但以大型股為選股範圍。可以發現：

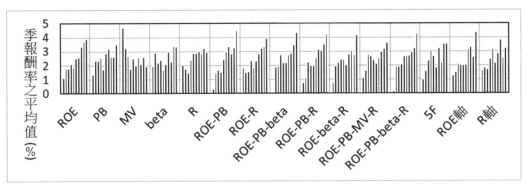

圖 2（a）十等分投資組合之季報酬率平均值：傳統產業股票（全部股）
資料來源：作者整理

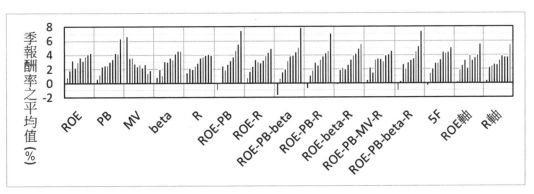

圖 2（b）十等分投資組合之季報酬率平均值：科技產業股票（全部股）
資料來源：作者整理

- **傳統產業**：單因子中股東權益報酬率選股效果佳，前期季報酬率選股效果較差，股價淨值比、β 無效。多因子中只有股東權益報酬率軸點最佳，股東權益報酬率＋前期季報酬率次之，股東權益報酬率＋股價淨值比＋前期季報酬率再次之，其餘選股效果都不好。

- **科技產業**：單因子中股東權益報酬率、股價淨值比、β、前期季報酬率選股效果均不佳。多因子中股東權益報酬率＋股價淨值比、股東權益報酬率＋股價淨值比＋β、股東權益報酬率＋股價淨值比＋前期季報酬率、股東權益報酬率＋股價淨值比＋β＋前期季報酬率都有綜效，其中以股東權益報酬率＋

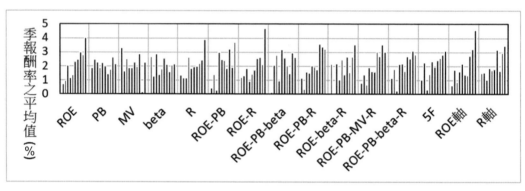

圖 3（a）十等分投資組合之季報酬率平均值：傳統產業股票（大型股）

資料來源：作者整理

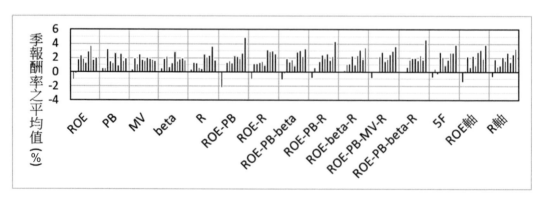

圖 3（b）十等分投資組合之季報酬率平均值：科技產業股票（大型股）

資料來源：作者整理

股價淨值比最佳。

- **綜論**：單因子中傳統產業以獲利因子股東權益報酬率優於價值因子股價淨值比，科技產業兩者都不佳。但多因子選股模型在科技產業股票的綜效較為明顯，選股能力優於在傳統產業。

17-3 不同市場股票的比較

17-3-1 全部股

選股模型在上櫃、上市股票的表現不同嗎？為此先將資料分成上櫃、上市股票，分別約 25,500、33,000 筆資料。再以選股模型分別回測，得到各季的報酬率。我們延續前一章的做法，只探討比較重要的 15 種模型，將其十等分投資組合之季報酬率平均值繪成圖 4，顯示：

- **上櫃股票**：單因子中選股效果依序是股價淨值比＞股東權益報酬率＞前期季報酬率＞β，價值因子股價淨值比最佳。多因子中股東權益報酬率＋股價淨值比、股東權益報酬率＋股價淨值比＋β、股東權益報酬率＋股價淨值比＋前期季報酬率、股東權益報酬率＋股價淨值比＋β＋前期季報酬率都有綜效，其中股東權益報酬率＋股價淨值比＋β 選股效果最佳。

- **上市股票**：單因子中選股效果依序是股東權益報酬率＞股價淨值比＞前期季報酬率＞β，獲利因子股東權益報酬率選股效果最佳。多因子中股東權益報酬率＋股價淨值比、股東權益報酬率＋股價淨值比＋β、股東權益報酬率＋股價淨值比＋前期季報酬率、股東權益報酬率＋股價淨值比＋β＋前期季報酬率都有綜效，其中股東權益報酬率＋股價淨值比選股效果最佳。

- **綜論**：單因子中上櫃股票以價值因子股價淨值比選股效果最佳，上市股票以獲利因子股東權益報酬率選股效果最佳。值得注意的是，前期季報酬率對上櫃股票報酬率的影響大，但對上市股票影響小。

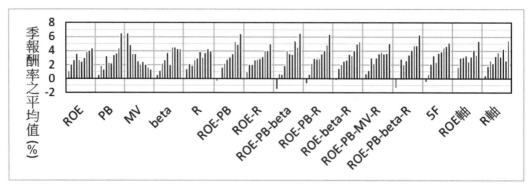

圖 4（a）十等分投資組合之季報酬率平均值：上櫃股票（全部股）

資料來源：作者整理

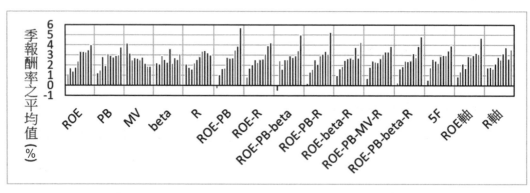

圖 4（b）十等分投資組合之季報酬率平均值：上市股票（全部股）

資料來源：作者整理

17-3-2 大型股

　　先將資料分成上櫃、上市股票，分別約 1,500、10,200 筆資料。因為上櫃股票規模較小，因此符合大型股的比例較低，資料數很少。圖 5 同圖 4，但以大型股為選股範圍。可以發現：

- **上櫃股票**：因為資料過少，單因子中無因子選股效果明顯。但多因子中仍有許多具有選股效果，其中股東權益報酬率＋股價淨值比最佳，股東權益報酬率＋前期季報酬率次之。

- **上市股票**：單因子中獲利因子股東權益報酬率選股效果很好，慣性因子前期

季報酬率次之，但股價淨值比、β 無效。多因子都有綜效，其中股東權益報酬率＋股價淨值比、股東權益報酬率＋前期季報酬率、股東權益報酬率軸點的選股效果最佳。

- **綜論**：上櫃股票單因子無效，但股東權益報酬率＋股價淨值比選股效果佳；上市股票單因子以股東權益報酬率選股效果最佳，多因子效果普遍佳。

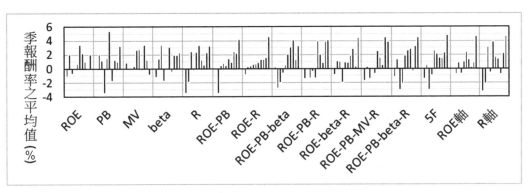

圖 5（a）十等分投資組合之季報酬率平均值：上櫃股票（大型股）

資料來源：作者整理

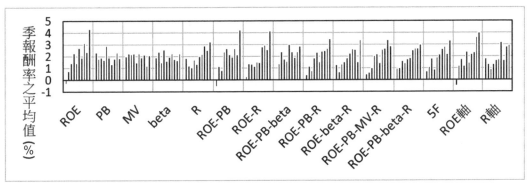

圖 5（b）十等分投資組合之季報酬率平均值：上市股票（大型股）

資料來源：作者整理

17-4 不同性質股票的比較

選股模型在獲利大／小、價值大／小、規模大／小、風險大／小、慣性大／小股票的表現不同嗎？為此先將資料以股東權益報酬率（ROE）、股價淨值比（P/B）、前期季報酬率、市場風險因子 β、前期季報酬率，各選出最大、最小的前20%的股票，再以選股模型分別回測。將全部 36 種模型的第 10 等分投資組合之季報酬率平均值繪成圖 6，可以發現：

- **獲利大／小選股池**：單因子中股價淨值比選股效果優於股東權益報酬率。這是很合理的，因為已經先用股東權益報酬率區隔成獲利大、小兩個選股池，因此同一個選股池內股東權益報酬率的差異較小，自然選股效果較低。

- **價值大／小選股池**：單因子中股東權益報酬率選股效果優於股價淨值比。其原因與上述獲利大／小選股池相似。

- **規模大／小選股池**：在規模小的股票，股價淨值比選股效果優於股東權益報酬率；反之，股東權益報酬率優於股價淨值比。

- **風險大／小選股池**：無論風險大小，股價淨值比選股效果優於股東權益報酬率。

- **慣性大／小選股池**：在慣性小的股票，股價淨值比選股效果優於股東權益報酬率。

- **綜論**：多因子模型普遍比單因子模型對不同選股池有較佳的穩健性，例如股東權益報酬率＋股價淨值比、股東權益報酬率＋股價淨值比＋β、股東權益報酬率＋股價淨值比＋前期季報酬率、股東權益報酬率＋股價淨值比＋β＋前期季報酬率等模型。

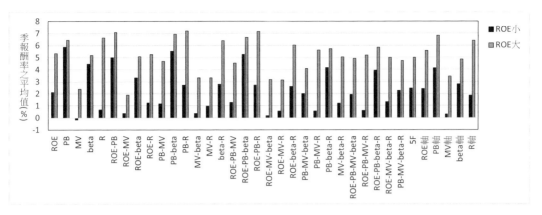

圖 6（a）十等分投資組合之季報酬率平均值：獲利大／小選股池

資料來源：作者整理

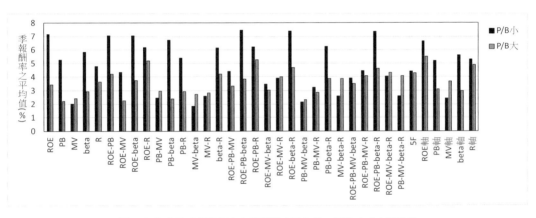

圖 6（b）十等分投資組合之季報酬率平均值：價值大／小選股池

資料來源：作者整理

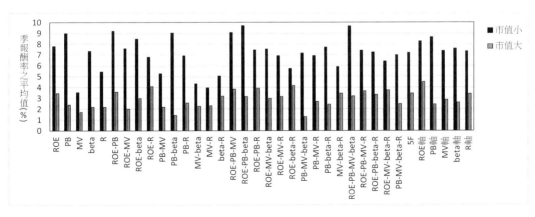

圖 6（c）十等分投資組合之季報酬率平均值：規模大／小選股池

資料來源：作者整理

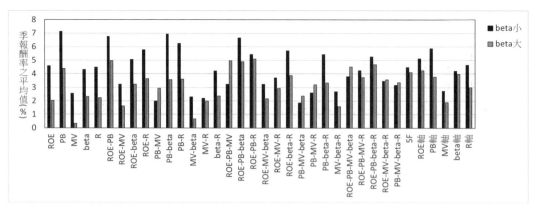

圖 6（d）十等分投資組合之季報酬率平均值：風險大／小選股池
資料來源：作者整理

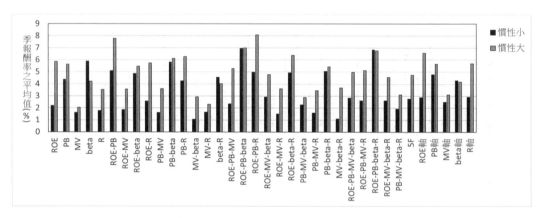

圖 6（e）十等分投資組合之季報酬率平均值：慣性大／小選股池
資料來源：作者整理

17-5 股市的不足反應與過度反應

對於為何「傳統產業以獲利因子股東權益報酬率選股效果最佳，科技產業以價值因子股價淨值比選股效果最佳」，以及「上市股票以獲利因子股東權益報酬率選股效果最佳，上櫃股票以價值因子股價淨值比選股效果最佳」？一個可能的合理解釋是：不足反應（under-reaction）與過度反應（over-reaction）。

- 不足反應（under-reaction）與成長股（參閱圖 7）

　　股票之所以成為成長股，經常是因為它們通常歷經了股價對「例行性」好消息反應不足的過程，接著而來的補償修正造成了較高的報酬率。

- 過度反應（over-reaction）與價值股（參閱圖 8）

　　股票之所以成為價值股，經常是因為它們通常歷經了因為「非例行性」壞消息而股價過度下跌的過程，導致市值降低，而有較低的股價淨值比，接著而來的反向修正造成了較高的報酬率。

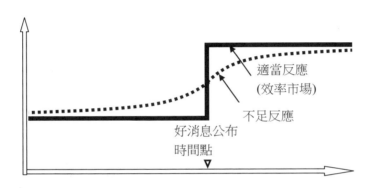

圖 7 市場對好消息的不足反應造成「成長股」
資料來源：作者整理

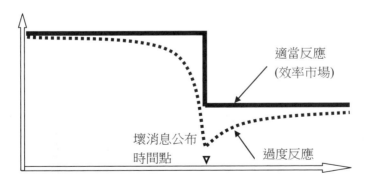

圖 8 市場對壞消息的過度反應造成「價值股」
資料來源：作者整理

根據表 1 的統計，科技產業的系統風險 β 中位數 0.92 遠高於傳統產業的 0.67，上櫃股票的企業市值中位數 15 億元遠低於上市股票的 54 億元。系統風險高、企業市值低造成科技產業、上櫃股票的股價相對不穩定，對「非例行性」壞消息經常過度反應，產生了價值股，使得價值因子股價淨值比的選股效果較佳。相反地，系統風險低、企業市值高造成傳統產業、上市股票的股價相對穩定，對「非例行性」壞消息較少發生過度反應，反而是對「例行性」的基本面消息反應不足，產生了成長股，使得獲利因子股東權益報酬率的選股效果較佳。

另一種可能的解釋是科技產業、上櫃股票比起傳統產業、上市股票有更多的新創公司，產品推陳出新、市場興衰起伏的速度也更快，因此突發性、轟動性的消息較多，股價越有可能因為壞消息而股價過度下跌，而有較低的股價淨值比，接著而來的反向修正造成了較高的報酬率。此外科技產業、上櫃股票因為高風險、低市值

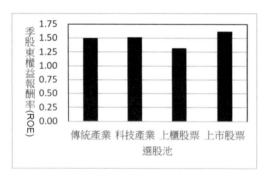

(a)季股東權益報酬率（ROE）%

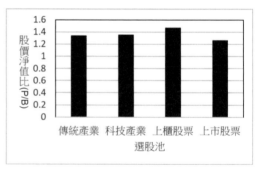

(b)股價淨值比（P/B）

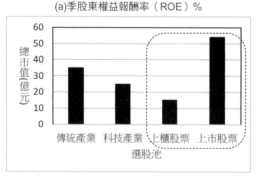

(c)前期季報酬率（億元）

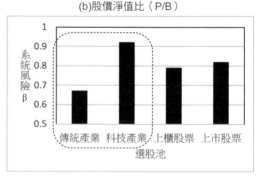

(d)系統風險 β

圖 9 科技產業／傳統產業以及上市股票／上櫃股票之中位數比較（2003~2019 年台灣股市）

資料來源：作者整理

選股池	季股東權益報酬率 （ROE）%	股價淨值比 （P/B）	前期季報酬率 （億元）	系統風險 β
傳統產業	1.49	1.34	35	0.67
科技產業	1.51	1.35	25	0.92
上櫃股票	1.31	1.47	15	0.79
上市股票	1.61	1.26	54	0.82

表 1 科技產業／傳統產業以及上市股票／上櫃股票之中位數比較（2003~2019 年台灣股市）

資料來源：作者整理

的特性，財報中的股東權益報酬率（ROE）的持續性比起傳統產業、上市股票來得低，而持續性又是以股東權益報酬率選股的重要條件，因此股東權益報酬率在科技產業、上櫃股票的選股效果比起傳統產業、上市股票來得差。

17-6 對投資人的啟發：多因子模型可提升選股池上的穩健性

本章從三個角度來評估選股模型在選股池上的穩健性。歸納上述回測實證結果，對投資人使用多因子選股模型有以下的啟發：

（一）全部股

原則 1 不同產業股票

單因子中，傳統產業以獲利因子股東權益報酬率選股效果最佳，科技產業以價值因子股價淨值比選股效果最佳。許多多因子模型的選股效果明顯優於單因子模型。選股模型在科技產業股票的選股能力優於在傳統產業。

原則 2 不同市場股票

單因子中，上市股票以獲利因子股東權益報酬率選股效果最佳，上櫃股票以價值因子股價淨值比選股效果最佳。許多多因子模型的選股效果明顯優於單因子模型。

原則 3 不同性質股票

　　多因子模型普遍比單因子模型對不同選股池有較佳的穩健性，例如股東權益報酬率＋股價淨值比、股東權益報酬率＋股價淨值比＋β、股東權益報酬率＋股價淨值比＋前期季報酬率、股東權益報酬率＋股價淨值比＋β＋前期季報酬率等模型。

（二）大型股

原則 4 不同產業股票

　　單因子中，傳統產業以獲利因子股東權益報酬率優於價值因子股價淨值比，科技產業兩者都不佳。許多多因子模型的選股效果明顯優於單因子模型。選股模型在科技產業股票的選股能力優於在傳統產業。

原則 5 不同市場股票

　　單因子中，上市股票以獲利因子股東權益報酬率選股效果最佳，上櫃股票單因子無效。多因子模型普遍有綜效，股東權益報酬率＋股價淨值比選股效果佳。

第十八章　選股模型的操作參數

18-1 理論基礎

前面各章的回測基本上都基於以下三個假設：

- **交易延遲之假設**：每季交易一次，在財報當季的後兩季交易，並持有一季。
- **個股權重之假設**：以等比例分配資金給入選的股票，因此投資組合的報酬率為所有股票報酬率的平均值。
- **入選比例之假設**：以十等分選股，因此最佳投組是由評分最高的 10%股票構成，對全部股而言，大約 100 多支股票；大型股則約 20 多支股票。

從實務上來看，這三個假設都是可以改變的，因此可視為選股模型的三個操作參數。本章將改變這三個假設，探討其影響，以改善選股模型的績效。

1. 交易延遲之假設

前面各章的回測都假設每季交易次，在財報當季的後兩季交易。例如 2008/Q1 的財報用來在 2008/Q3 季初選股，然後持有一季。如果在財報當季的後三季交易，例如 2008/Q1 的財報用來在 2008/Q4 季初選股，然後持有一季，效果會如何呢？從邏輯上來看，多延遲一季的選股效果會因為市場對財報的充分反應而降低，但降低多少呢？如果效果只微幅降低，則我們可以改成每二季交易一次，在財報當季的後兩季交易，並持有二季。這樣做可以減少交易成本，或許反而提升整體投資績效。此外，交易時間點多延遲一季，哪些模型仍然有效呢？也就是哪些模型更「長效」呢？這些都值得我們去回測實證。

2. 個股權重之假設

前面各章的回測都假設以等比例分配資金給入選的股票，因此投資組合的報酬率為所有股票報酬率的平均值。實際上有兩種個股權重方法：個股相同權重、市值比重權重。市值比重權重以市值比例分配資金給入選的股票，因此投資組合的報酬

率為所有股票報酬率的市值加權平均值。合理的猜測是個股相同權重的方式於小型股會占投資金額的大部分，在小型股效應的影響下，報酬率會較高，我們之前的回測都是採用此方式。不過讀者不用擔心。首先，之前的回測除了對全部股作回測，也都有針對大型股再作一次回測。在大型股回測時，因為候選的股票市值都超過百億元規模，因此個股相同權重、市值比重權重兩種方式的差異不會太大。其次，即使這兩種方式的績效確實有些差異，也不太會影響哪些因子是最佳因子等結論，讀者大可放心。但是如果採用市值比重權重，效果會如何呢？此外，哪些模型仍然有效呢？也就哪那些模型更適合「市值比重權重」選股呢？這些都值得我們去回測實證。

3. 入選比例之假設

　　前面各章的回測都假設最佳的等分是取十等分投資組合中的最佳等分，例如股東權益報酬率是選最大的 10%，股價淨值比、本益比是選最小的 10%。您一定會想，如果更極端一點，只選 5%或 2.5%，甚至 1%會更好嗎？直覺的想法是會更好，唯一的缺點是台股上市上櫃合計不過一千多股，當取 1%時，大概只剩 10 股左右了，會有流動性不足，以及無法達到多元分散投資的缺點。我們實測的結果顯示，基本上這個猜測是對的，選更極端一點的，即更少的股票，報酬率確實較高。但出人意表的是選非常極端的股票，例如 1%，報酬率反而經常降低。所以合理的猜測是有一個比 10%更小，但比 1%更大的選股比率其報酬率最高。因此實際回測不同選股比率是不可少的。

　　上述三個選股模型的操作參數都會大大影響模型的績效。本章將逐一回測這些參數對報酬率的影響。

（18-2 交易延遲之影響

　　前面各章的回測都假設每季交易一次，在財報當季的後兩季交易。本節將回測實證在財報當季的後三季交易的效果（參閱圖 1）。

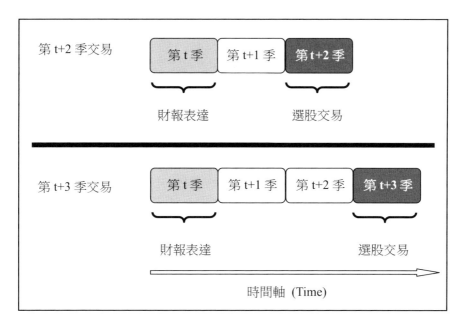

圖 1 交易延遲之影響

18-2-1 全部股

首先計算選股模型延遲 2 季、3 季的各季報酬率，分別統計。我們延續前一章的做法，只探討比較重要的 15 種模型，將其十等分投資組合之季報酬率平均值繪成圖 2，可以發現：

- **延遲 2 季**：單因子中獲利因子股東權益報酬率、價值因子股價淨值比的選股效果最佳，β、前期季報酬率的選股效果次佳。多因子中，各模型均有綜效，其中股東權益報酬率＋股價淨值比最佳。

- **延遲 3 季**：單因子中價值因子股價淨值比的選股效果仍然很好，β、前期季報酬率的選股效果次佳，但獲利因子股東權益報酬率失效。多因子中，各模型均有綜效，其中股東權益報酬率＋股價淨值比＋β 最佳，股東權益報酬率＋股價淨值比次佳。

- **綜論**：價值因子在延遲 3 季時仍有效，但獲利因子失效。一個解釋是：獲利因子是例行性的資訊，市場雖然一開始反應不足，但隨後很快完全反應這

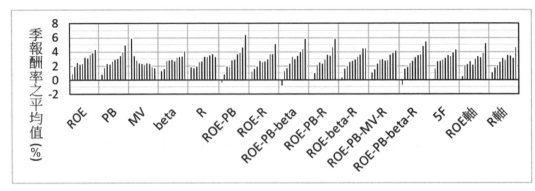

圖 2（a）十等分投資組合之季報酬率平均值：延遲 2 季（全部股）

資料來源：作者整理

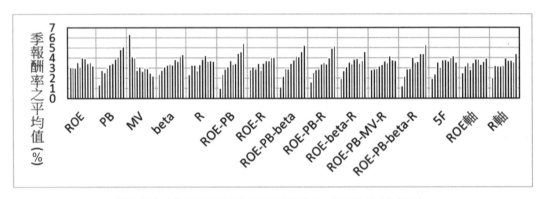

圖 2（b）十等分投資組合之季報酬率平均值：延遲 3 季（全部股）

料來源：作者整理

種資訊，因此在延遲 3 季時失效。而股票變得有價值，經常是因為出現聳動性的壞消息，導致市場一開始過度反應，造成股價偏離內在價值，市場需要更長的時間才能完全反應這種資訊，因此在延遲 3 季時仍有效。

18-2-2 大型股

圖 3 同圖 2，但以大型股為選股範圍。可以發現：

- **延遲 2 季**：單因子中選股效果股東權益報酬率＞前期季報酬率＞股價淨值比，而 β 無效。多因子中，股東權益報酬率＋股價淨值比、股東權益報酬率

＋前期季報酬率、股東權益報酬率＋股價淨值比＋前期季報酬率、股東權益報酬率＋β＋前期季報酬率、股東權益報酬率軸點均佳，但股東權益報酬率＋股價淨值比＋β略差一些。

- **延遲 3 季**：單因子均無顯著效果。多因子中，股東權益報酬率＋前期季報酬率、股東權益報酬率＋股價淨值比＋前期季報酬率，以及前期季報酬率軸點較佳，但股東權益報酬率＋股價淨值比綜效弱。

- **綜論**：大型股延遲 3 季的報酬率明顯低於延遲 2 季。一個解釋是：市場對大型股的關注較多，較快反應各種選股資訊，調整股價到合理價位，導致選股效果迅速消失。

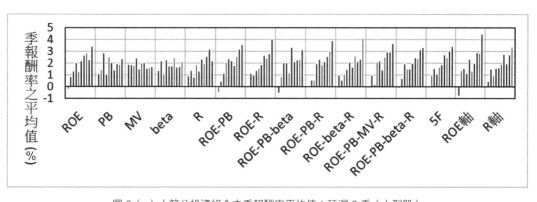

圖 3（a）十等分投資組合之季報酬率平均值：延遲 2 季（大型股）

資料來源：作者整理

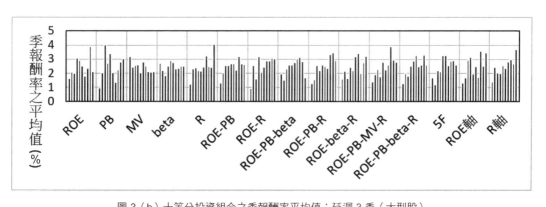

圖 3（b）十等分投資組合之季報酬率平均值：延遲 3 季（大型股）

資料來源：作者整理

18-3 個股權重之影響

前面各章的回測都假設以等比例分配資金給入選的股票，因此投資組合的報酬率為所有股票報酬率的平均值。本節將回測實證市值比重權重下，即投資組合的報酬率為所有股票報酬率的市值加權平均值的選股效果（參閱圖4）。

18-3-1 全部股

首先計算選股模型等權組合、加權組合的各季報酬率，分別統計。我們延續前一章的做法，只探討比較重要的 15 種模型，將其十等分投資組合之季報酬率平均值繪成圖5，顯示：

- **等權組合**：單因子中股東權益報酬率、股價淨值比的選股效果最佳，β、 前期季報酬率的選股效果次佳。多因子中，各模型均有綜效，其中股東權益報

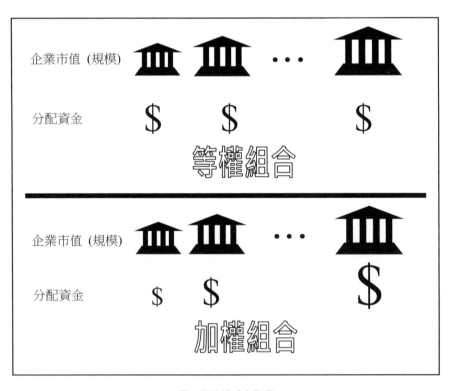

圖 4 個股權重之影響

酬率＋股價淨值比最佳。

- **加權組合**：圖 5（b）顯示結果十分紛亂，這是因為市值加權組合會造成報酬率平均值被超大規模的公司的報酬率控制，例如市值 10,000 億元的權重是 10 億元的 100 倍，使得市值加權平均值由入選的一兩家超大規模的公司的報酬率決定，而顯得不穩定。因此改成市值以 1,000 億元為限，大於 1,000 億元的超大規模的公司其加權市值仍取 1,000 億元，其結果如圖 5（c）。顯示單因子中股東權益報酬率的選股效果最佳，β、前期季報酬率的選股效果次佳，股價淨值比失效。股價淨值比選股在等權組合表現佳，但在加權組合表現差，這代表股價淨值比選小常選出微型股，由於微型股報酬率高，但市值小，因此等權組合的報酬率高，但加權組合時低。多因子中，各模型均有綜效，其中股東權益報酬率＋股價淨值比最佳。

- **綜論**：等權組合的季報酬率可超過 6%，但加權組合最多只能接近 4%。

18-3-2 大型股

圖 6 同圖 5，但以大型股為選股範圍。可以發現：

- **等權組合**：單因子中選股效果股東權益報酬率＞前期季報酬率＞股價淨值比，而 β 無效。多因子中，股東權益報酬率＋股價淨值比、股東權益報酬率＋前期季報酬率、股東權益報酬率＋股價淨值比＋前期季報酬率、股東權益報酬率＋β＋前期季報酬率、股東權益報酬率軸點均佳，但股東權益報酬率＋股價淨值比＋β 略差一些。

- **加權組合**：圖 6（b）顯示結果十分紛亂，因此加權市值改成以 1,000 億元為限，其結果如圖 6（c），顯示單因子中股東權益報酬率的選股效果最佳，β 的選股效果次佳，股價淨值比、前期季報酬率失效。多因子中，各模型均有綜效，其中股東權益報酬率＋β＋前期季報酬率最佳。

- **綜論**：等權組合的季報酬率可超過 4%，但加權組合最多只能超過 3%。

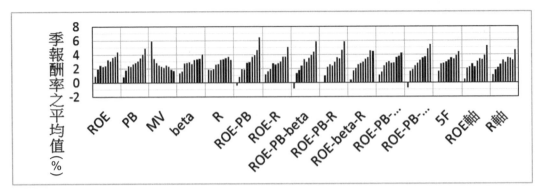

圖 5（a）十等分投資組合之季報酬率平均值：等權組合（全部股）

資料來源：作者整理

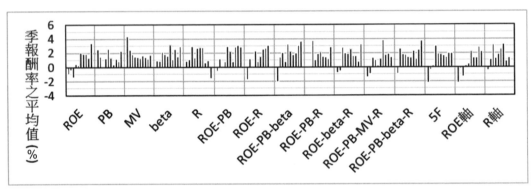

圖 5（b）十等分投資組合之季報酬率平均值：加權組合（全部股）

資料來源：作者整理

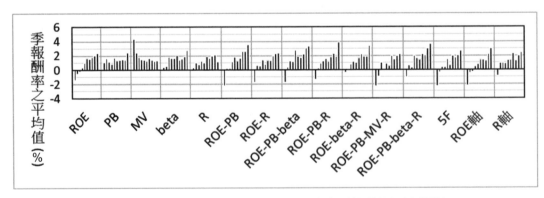

圖 5（c）十等分投資組合之季報酬率平均值：市值限制加權組合（全部股）

資料來源：作者整理

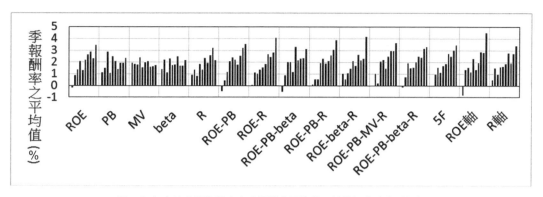

圖 6（a）十等分投資組合之季報酬率平均值：等權組合（大型股）

資料來源：作者整理

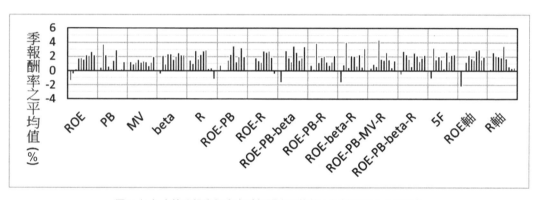

圖 6（b）十等分投資組合之季報酬率平均值：加權報酬（大型股）

資料來源：作者整理

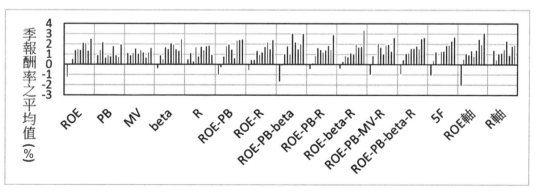

圖 6（c）十等分投資組合之季報酬率平均值：市值限制加權報酬（大型股）

資料來源：作者整理

18-4 入選比例之影響

前面各章的回測都假設以十等分選股，因此最佳投組是由評分最高的 10%股票構成。本節將回測實證入選比例之影響。

18-4-1 全部股

本節將回測實證以評分最低的 1/64、1/32、1/16、1/8、1/4、1/2，以及評分

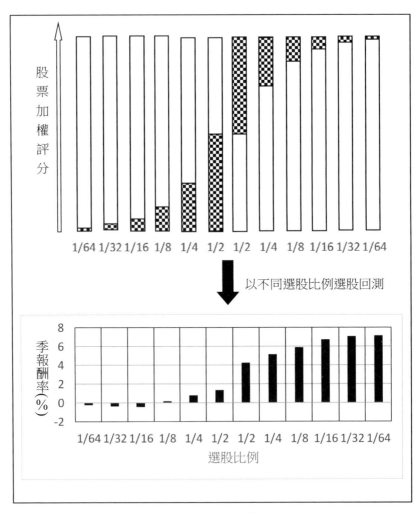

圖 7 入選比例之影響

最高的 1/2、1/4、1/8、1/16、1/32、1/64 等 12 種比例來選股的績效，選 1/64 時大約會有 20 股入選（參閱圖 7）。首先計算選股模型上述 12 種比例來選股的各季報酬率，分別統計。我們延續前一章的做法，只探討比較重要的 15 種模型，將其 12 種比例之季報酬率平均值繪成圖 8（a）。可以發現，有些選股模型在選更少股下，其報酬率會更極端化，例如股東權益報酬率＋股價淨值比＋前期季報酬率；有些選股模型則不變，例如慣性因子前期季報酬率。為了深入探討，我們改成將全部 36 種模型的結果列在圖 8（b），發現：

- **單因子模型**：股東權益報酬率、股價淨值比、β 的選股越少，選股能力可以進一步小幅提升。但慣性因子前期季報酬率無效。一個可能的解釋是，漲幅偏大的股票因慣性效應在下一季有偏高的報酬率，但漲幅特別大的股票可能因市場部分投資人認為漲幅已經很高，股價已無太多上漲空間，因此後續股價漲幅並不會比「漲幅只是偏高而非特別高者」更高。

- **多因子模型**：股東權益報酬率＋股價淨值比的選股越少，選股能力越佳，但比例少於 1/16 之後，進步很小。股東權益報酬率＋股價淨值比＋β＋前期季報酬率在比例少於 1/8 之後，不再進步。股東權益報酬率＋股價淨值比＋β 與股東權益報酬率＋股價淨值比＋前期季報酬率都是選股越少，選股能力越好。其中股東權益報酬率＋股價淨值比＋β 對於選出低報酬股票最有效，最

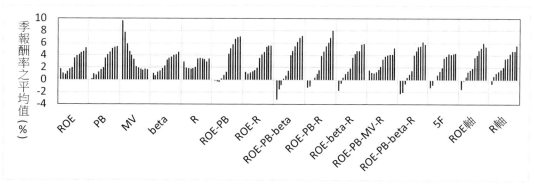

圖 8（a）十等分投資組合之季報酬率平均值：入選比例之影響（全部股）

資料來源：作者整理

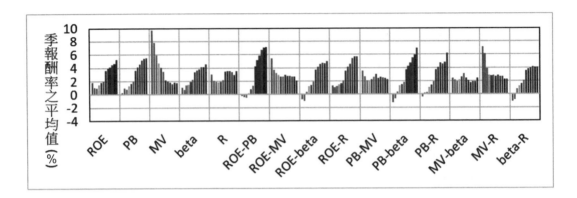

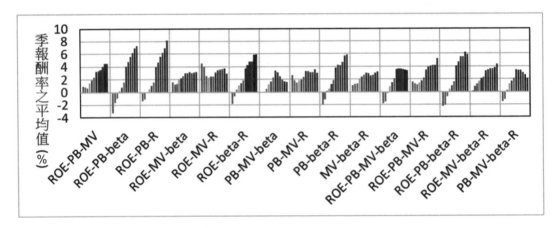

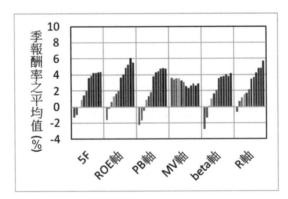

圖 8（b）十等分投資組合之季報酬率平均值：入選比例之影響（全部股）

資料來源：作者整理

低低於-3%；股東權益報酬率＋股價淨值比＋前期季報酬率對於選出高報酬股票的效果特別好，最高達到 8%。

- **綜論**：在選股比例越少下，多因子模型提升選股能力的潛力大於單因子模型。

18-4-2 大型股

本節將回測實證以評分最低的 1/128、1/64、1/32、1/16、1/8，以及評分最高的 1/8、1/16、1/32、1/64、1/128 等 10 種比例選股的績效，選 1/128 時大約只有 2 股入選。圖 9 同圖 8，但以大型股為選股範圍。可以發現：

- **單因子模型**：股價淨值比、β 的選股越少，選股能力可以進一步提升。但股東權益報酬率與前期季報酬率無效。值得注意的是，雖然獲利因子股東權益報酬率在選出評分最高的 1/128 下，無法選出報酬率更高的股票，但是在選出評分最低的 1/128 下，可以選出報酬率更低的股票。一個可能的解釋是，大型股受市場的關注度高，特別是重視基本面的法人機構。因此對於大型股中股東權益報酬率特別高的股票，市場早已在股價上反應，享有很高的股價淨值比，股價已無太多低估，後續股價漲幅反而不如股東權益報酬率只是偏高，而非特別高者。但對於大型股中股東權益報酬率特別低的股票，市場在

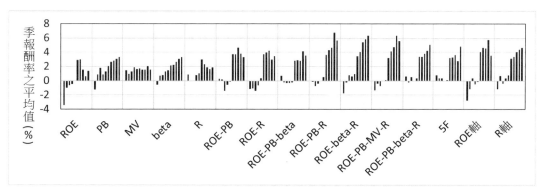

圖 9（a）十等分投資組合之季報酬率平均值：入選比例之影響（大型股）

資料來源：作者整理

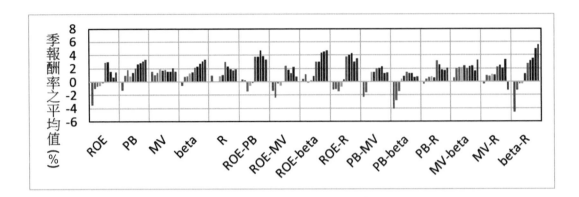

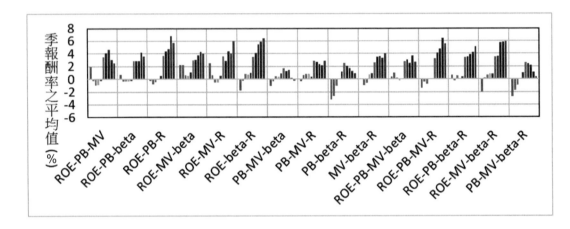

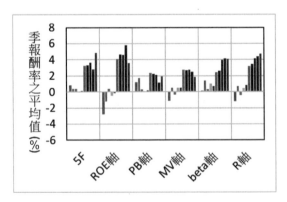

圖9（b）十等分投資組合之季報酬率平均值：入選比例之影響（大型股）

資料來源：作者整理

股價上的反應顯得遲鈍，未能立即達到合理價位，股價仍大幅高估，但市場終究反應了股東權益報酬率特別低的這個事實，股價因此大跌。

- **多因子模型**：股東權益報酬率＋股價淨值比以 1/32 比例最佳。股東權益報酬率＋股價淨值比＋β 與股東權益報酬率＋股價淨值比＋前期季報酬率以 1/64 比例最佳。股東權益報酬率＋β＋前期季報酬率與股東權益報酬率＋股價淨值比＋β＋前期季報酬率以 1/128 比例最佳，股東權益報酬率＋β＋前期季報酬率也是所有模型中的最佳者，季報酬率超過 6%。值得注意的是，能夠在減少選股下提升選股能力的模型大都含系統風險因子 β 因子。一個可能的解釋是，系統風險較低的股票報酬率較穩定，因此減少選股數目能進一步提升選股能力。

- **綜論**：在選股比例越少下，多因子模型提升選股能力的潛力大於單因子模型。

18-5 平均值與中位數之影響

　　前面各章的回測還有一個假設：以平均值來表達投資組合的報酬率。事實上，中位數（Median）可能更為適合。中位數代表一群數字資料中，大於與小於該數字的資料數目相等之值，如果資料數目為偶數，則中位數通常取最中間的兩個數值的平均數作中位數。圖 10 是典型的台灣股市季報酬率的統計分布，平均值＝2.8%，中位數＝1.2%，中位數遠小於平均值。這是因為股票季報酬率最高點右側的頻率高於左側，為右偏分布，具有中位數＜平均值的特性。例如圖 10 表面看起來似乎相當對稱，其實它不對稱。圖 11 以方框標示-20%~0%以及與其對稱的0%~20%，右側曲線與左側曲線是對稱映射的假設曲線，可以清楚看出其右側的頻率高於左側，是右偏分布。本節將探討以中位數代替平均值下，各選股模型的表現。

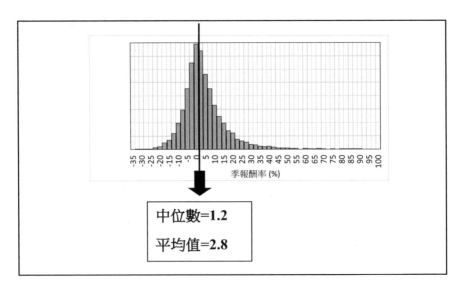

圖 10 股票季報酬率的平均值與中位數

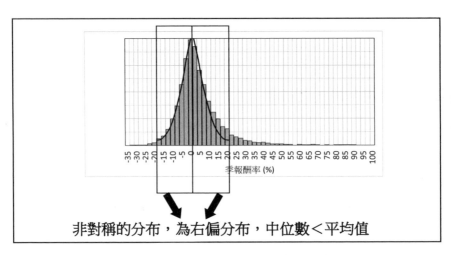

圖 11 股票季報酬率為右偏分布,中位數＜平均值

18-5-1 全部股

首先計算選股模型的各季報酬率的平均值與中位數。我們延續前一章的做法,只探討比較重要的 15 種模型,將其十等分投資組合之季報酬率平均值與中位數繪成圖 12,顯示:

- **平均值**：單因子中，股東權益報酬率、股價淨值比的選股效果最佳，β、前期季報酬率的選股效果次佳。多因子中，各模型均有綜效，其中股東權益報酬率＋股價淨值比最佳。

- **中位數**：單因子中，選股效果股東權益報酬率＞股價淨值比＞β，而前期季報酬率無效。多因子中，各模型均有綜效，其中股東權益報酬率＋股價淨值比與股東權益報酬率＋股價淨值比＋β最佳。

- **綜論**：第 10 等分的季報酬率平均值最高可達 6%，但中位數最高只能達到 2%。代表第 10 等分的個股季報酬率可能出現一些極端大的值，使得股票季報酬率為右偏分布，造成中位數＜平均值。第 1 等分更為明顯，中位數

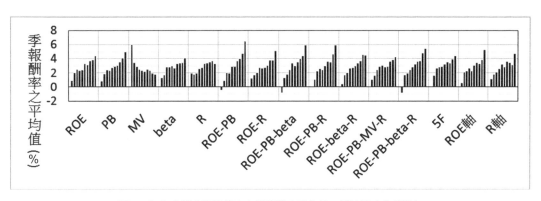

圖 12（a）十等分投資組合之季報酬率平均值：平均值（全部股）
資料來源：作者整理

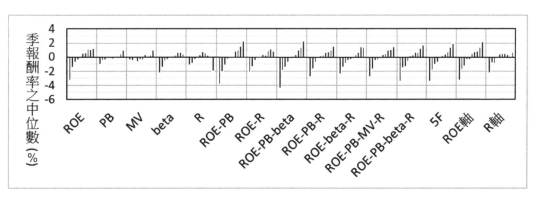

圖 12（b）十等分投資組合之季報酬率平均值：中位數（全部股）
資料來源：作者整理

遠小於平均值。

18-5-2 大型股

圖 13 同圖 12，但以大型股為選股範圍。可以發現：

- **平均值**：單因子中選股效果股東權益報酬率＞前期季報酬率＞股價淨值比，
  β 無效。多因子中，股東權益報酬率＋股價淨值比、股東權益報酬率＋前期
  季報酬率、股東權益報酬率＋股價淨值比＋前期季報酬率、股東權益報酬率
  ＋β＋前期季報酬率、股東權益報酬率軸點均佳，但股東權益報酬率＋股價
  淨值比＋β 略差一些。

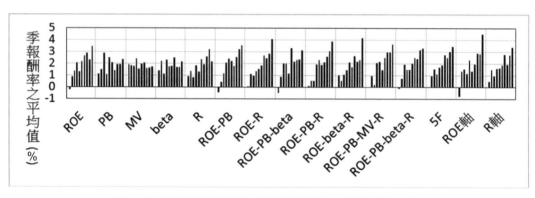

圖 13（a）十等分投資組合之季報酬率平均值：平均值（大型股）
資料來源：作者整理

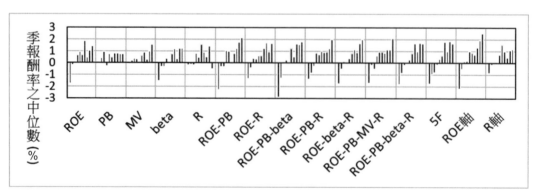

圖 13（a）十等分投資組合之季報酬率平均值：中位數（大型股）
資料來源：作者整理

- **中位數**：單因子中選股效果股東權益報酬率＞β，但股價淨值比與無效。多因子中，各模型均有明顯綜效。
- **綜論**：大型股的第 10 等分的季報酬率與全部股有相似的分布特性，平均值最高可達 4.5%，但中位數最高只能達到 2.5%。雖然中位數也小於平均值，但差距遠比全部股小。一個可能的解釋是，大型股較受市場關注，市場效率較高，第 10 等分的個股季報酬率出現極端大的值的機率較小，使得平均值比較不會因為少數極端大的值而遠大於中位數。

18-6 對投資人的啟發：多因子模型的菁英選股可提升報酬

本章探討了三個選股模型的操作參數。歸納上述回測實證結果，對投資人使用多因子選股模型有以下的啟發：

（一）全部股

原則 1 交易延遲之影響

價值因子在延遲 3 季時仍有效，但獲利因子失效。價值因子比獲利因子更具長效性。

原則 2 個股權重之影響

等權組合的季報酬率（可超過 6%）高於加權組合（最多接近 4%）。包含股價淨值比選小策略的多因子模型在加權組合表現較差。

原則 3 入選比例之影響

多因子模型的菁英選股效果大於單因子模型。最佳比例約 2%。

原則 4 平均值與中位數之影響

股票季報酬率為右偏分佈，中位數與平均值的差距很大。代表第 10 等分的個股季報酬率可能出現一些極端大的值，使得平均值遠大於中位數。

（二）大型股

原則 5 交易延遲之影響

大型股延遲 3 季的報酬率明顯低於延遲 2 季。大型股的市場效率較佳。

原則 6 個股權重之影響

等權組合的季報酬率（可超過 4%）高於加權組合（最多超過 3%）。

原則 7 入選比例之影響

多因子模型的菁英選股效果大於單因子模型，包含系統風險選低策略的多因子模型特別顯著。最佳比例約 2%。

原則 8 平均值與中位數之影響

股票季報酬率為右偏分布，中位數小於平均值，但差距比全部股小。

第十九章　選股模型的操作策略

19-1 理論基礎

股票市場有兩種相反的操作策略：

1. 作多策略（Long Strategy）

指投資人買入證券後，持有股票一段時間後賣出，期望能獲得股利報酬以及賣出時能賣出比買入更高的價格之價差報酬。因此，投資人自然會買入後市看漲的股票。當股市處於多頭時，作多容易獲利；但空頭時，作多當然經常損失。作多是基本的證券操作方式，絕大多數的股票交易屬於這種方式。前面各章的回測都是採用作多的操作方式。

2. 作空策略（Short Strategy）

除了作多，還有一種完全相反的操作方式—作空（或放空），指投資人在自己沒有持有證券的情況下，向券商借入證券後賣出。放空的股票需於一定時間內回補或事先向第三方借入股票，否則構成違約交割。放空的投資人期待能在買回股票回補時，能買入比早先借入證券後賣出價格更低的價格，以賺取價差。因此，投資人自然會放空後市看跌的股票。但是如果股價不跌反升，須付出更多的金額重購股票還給券商，損失慘重，因此風險大，投機性高。例如市場漲幅為 M%，看壞的投資組合的股票其漲幅比市場低出 b%，則獲利為 b%-M%。

例如：

- 成功的作空：如果股市下跌 10%，即報酬率－10%，看壞的投資組合跌幅比市場低出 3%，即報酬率－13%，即獲利為 b%－M%＝3%－（－10%）＝13%

- 失敗的作空：如果股市上漲 10%，即報酬率 10%，看壞的投資組合跌幅比市場低出 3%，即報酬率 7%，則獲利為 b%－M%＝3%－10%＝－7%

因此即使選股正確，即看壞的投資組合的股票平均漲幅比市場低，遇到股市下跌當然獲利很好，遇到股市上漲仍然可能虧損。所以當股市處於空頭時，作空容易獲利；但多頭時，作空經常損失。但因為股市長期而言，年化報酬率約 7~8%，因此作空的報酬率（b%-M%）並不易高於作多的報酬率（a%＋M%）。放空因以市場下跌獲利，給人「以他人的損失獲利」的負面印象。但放空股票仍有正面意義，這有助於提早找出經營作假誇大的企業。

因作空投機性高，不是每個證券交易所都允許放空買賣；即使允許，往往也有許多限制。由於作空在實務上有很多限制，使得放空操作很困難，回測系統無法完全精確模擬。因此，模擬出來的結果只能說是作空的樂觀估計結果，實際上的結果可能更糟。但讀者不用感到遺憾，因為實證的結果告訴我們，即使沒有這些限制，長期下來，用前面各章提到的選股模型選擇預期報酬最差 10%股票，形成作空投組進行作空操作，其獲利遠不如以選股模型選擇預期報酬最高 10%股票，形成作多投組進行作多操作，放空操作的獲利潛力遠低於作多操作。

3. 市場中立策略（Long/Short Strategy）

指投資人將資金分成兩部分，一部分用於作多看好的股票，一部分用於作空看壞的股票。例如市場季報酬率為 M%，作多模型選出的股票其季報酬率比市場高 a%，作空模型選出的股票其季報酬率比市場低 b%，各占 50%的資金，則

作多模型的季報酬率 L%＝M%＋a%

作空模型的季報酬率 S%＝b%－M%

市場中立策略獲利為（L%＋S%）/2＝（（M%＋a%）＋（b%－M%））/2 ＝（a%＋b%）/2

其中除以 2 是因作多、作空資金各半。

因此不論市場的漲幅 M%是正是負，都因作多與作空投組的操作方向相反而互相抵銷。只要看好的股票報酬率高於市場 a%，且看壞的股票報酬率低於市場 b%，就可獲利（a%＋b%）/2，而與市場的漲跌無關，因此又稱「市場中立策略」。由於股市長期而言，年化報酬率約 7~8%，因此如果看好、看壞的股票年化

報酬率分別比市場高出 5% 與低於 5%，則市場中立策略的年化報酬率＝（a%＋b%）/2＝（5%＋5%）/2＝5%，仍然低於單純作多能得到的 7~8%。因此這種策略長期而言難以打敗市場，但因為市場的漲跌波動因作多與作空組的操作方向相反而互相抵銷，可以創造一個低系統風險的投資組合。

4. 避險策略（Hedge Strategy）

上述策略都是只選股不擇時，即無論作多操作、作空操作、或多空操作都假設從一而終，即無論市場多空，永遠作多、作空或多空操作。如果能夠配合擇時，在股市處於多頭時作多，空頭時作空，自然獲利很大。但是擇時真的太難了，試想在網路泡沫化的最高峰，股價明明高得離譜時，有誰敢放空？相反的，在金融海嘯最嚴重的谷底，股價明明低得離譜時，有誰敢作多。雖然事後回頭看，很多人都覺得擇時很容易，但說實在的，多數是放馬後炮，後知之明罷了。

本章將測試市場中立策略的選股效果。

19-2 實證結果 I：全部股

本節採用三種選股模型進行市場中立策略回測：

- 股東權益報酬率單因子模型（ROE）
- 股價淨值比單因子模型（P/B）
- 股東權益報酬率結合股價淨值比雙因子模型（ROE＋P/B）

接著計算選股模型的第 10 等分、第 1 等分的各季報酬率平均值 L% 與 S%。然後以（L%-S%）/2 做為市場中立策略各季報酬率平均值的估計值。將回測績效列在表 1 與圖 1，圖 2~圖 4 為累積資本圖，可以發現：

- 報酬

股東權益報酬率、股價淨值比、股東權益報酬率＋股價淨值比三種模型的市場中立策略的年化報酬率分別為 6.2%、8.4%、13.9%，而以第 10 等分進行作多策略的年化報酬率分別為 15.5%、18.0%、24.6%，可見市場中立策略的報酬率遠低

於作多策略。這段時間的市場年化報酬率 8.5%，因此只有股東權益報酬率＋股價淨值比雙因子模型的市場中立策略的報酬高於市場，股東權益報酬率、股價淨值比單因子模型低於市場。

・風險

市場中立策略的各季報酬率系統風險 β 比作多策略低很多，很接近預期的 β＝0，顯示其漲跌與大盤無關。各季報酬率標準差也低很多，只有作多策略的 1/3 不到。市場中立策略的累積資本歷程波動很小，接近長期向上的單調函數。股東權益報酬率＋股價淨值比雙因子模型波動最小（風險），斜率最大（報酬），因此表現最佳。即使在 2008/Q3~Q4 的金融海嘯期間，也未出現明顯虧損。因此具有很低的風險。

・勝率

市場中立策略的各季報酬率相對勝率比作多策略低更低，不到 50%，顯示無法經常打敗大盤。季絕對勝率則更高，單因子模型都在 70%以上，多因子模型可以達到 84%，顯示可以經常產生正報酬。值得注意的是，此一市場中立策略是對

策略	績效指標	市場	股東權益報酬率	股價淨值比	股東權益報酬率＋股價淨值比
作多策略	年化報酬率（%）	8.5	15.5	18.0	24.6
	各季報酬率系統風險 β	1.00	0.95	1.15	1.13
	各季報酬率標準差 σ（%）	11.3	11.2	13.3	13.1
	各季報酬率相對勝率（%）	50	59	68	89
	各季報酬率絕對勝率（%）	61	68	73	68
市場中立策略	年化報酬率（%）	—	6.2	8.4	13.9
	各季報酬率系統風險 β	—	-0.07	0.15	0.09
	各季報酬率標準差 σ（%）	—	2.9	3.2	3.5
	各季報酬率相對勝率（%）	—	46	48	50
	各季報酬率絕對勝率（%）	—	77	72	84

表 1 作多策略與市場中立策略之比較：全部股

資料來源：作者整理

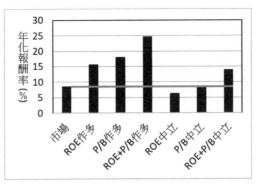

(a)年化報酬率（%）

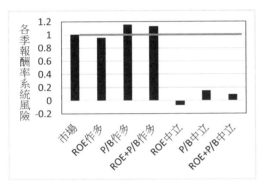

(b)各季報酬率系統風險 β

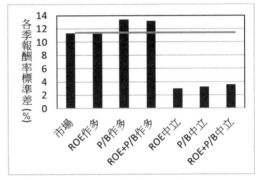

(c)各季報酬率標準差 σ（%）

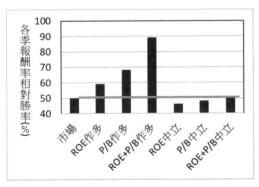

(d)各季報酬率相對勝率（%）

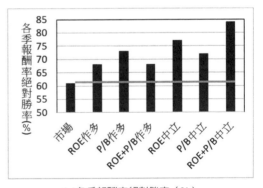

(e)各季報酬率絕對勝率（%）

圖 1 作多策略與市場中立策略之比較：全部股

資料來源：作者整理

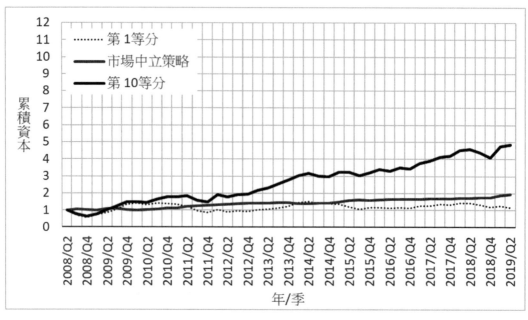

圖 2 股東權益報酬率單因子模型的累積資本：全部股

資料來源：作者整理

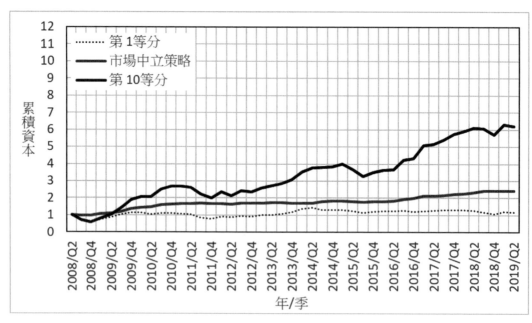

圖 3 股價淨值比單因子模型的累積資本：全部股

資料來源：作者整理

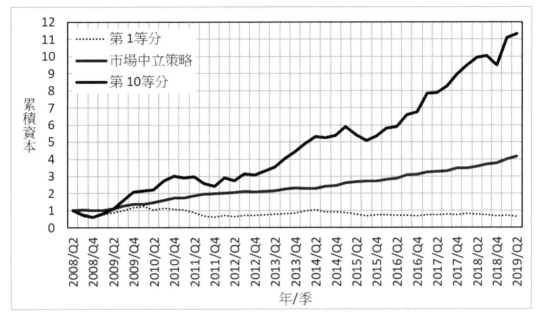

圖 4 股東權益報酬率＋股價淨值比雙因子模型的累積資本：全部股
資料來源：作者整理

加權評分最高的 1/10 股票作多，對最低的 1/10 股票作空，季絕對勝率只達到
84%，而非 100%，顯示還有 16%左右的季，加權評分最高的 1/10 股票的季報酬
率平均值低於最低的 1/10 股票。

19-3 實證結果 II：大型股

　　首先，在前面已經指出在以大型股為選股池時，股東權益報酬率軸點五因子選
股模型的選股能力佳。股東權益報酬率軸點是指權重如下的五因子選股模型

・股東權益報酬率選大（權重 40%）

・股價淨值比選小（權重 15%）

・市場風險因子 β 選小（權重 15%）

・前期季報酬率選大（權重 15%）

· 前期季報酬率選大（權重 15%）

可視為以「股東權益報酬率選大」為主，其他四個策略為輔的模型。

因此本節採用三種選股模型進行市場中立策略回測：

· 股東權益報酬率單因子模型（ROE）

· 股價淨值比單因子模型（P/B）

· 股東權益報酬率軸點五因子選股模型（簡稱 ROE 軸點）

表 2 與圖 5~8 同表 1 與圖 1~4，但以大型股為選股範圍。可以發現：

1. 報酬

股東權益報酬率、股價淨值比、股東權益報酬率軸點三種模型的市場中立策略的年化報酬率分別為 8.6%、2.8%、10.3%，而以第 10 等分進行作多策略的年化報酬率分別為 12.6%、8.1%、16.7%，可見市場中立策略的報酬率遠低於作多策略。這段時間的大型股的市場年化報酬率 5.6%，因此只有股東權益報酬率單因子模型與股東權益報酬率軸點五因子模型的市場中立策略的報酬高於市場，股價淨值比單因子模型低於市場。

2. 風險

市場中立策略的各季報酬率系統風險 β 比作多策略低很多，很接近預期的 β＝0，顯示其漲跌與大盤無關。各季報酬率標準差也低很多，只有作多策略的 1/3 左右。市場中立策略的累積資本歷程波動比全部股大，不再是接近長期向上的單調函數。股東權益報酬率軸點模型波動最小（風險小），斜率最大（報酬大），因此表現最佳。即使在 2008/Q3~Q4 的金融海嘯期間，也未出現明顯虧損。因此具有很低的風險。

3. 勝率

市場中立策略的各季報酬率相對勝率比作多策略低更低，只在 50%上下，顯示無法經常打敗大盤。季絕對勝率則更高，單因子模型只略高一些，多因子模型可以從 73%提升到 80%，顯示可以經常產生正報酬。

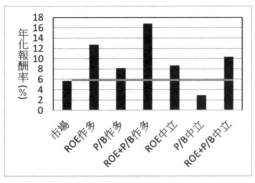

(a)年化報酬率（％）

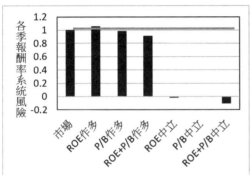

(b)各季報酬率系統風險 β

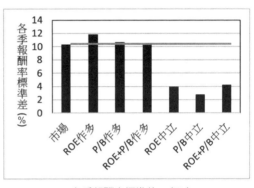

(c)各季報酬率標準差 σ（％）

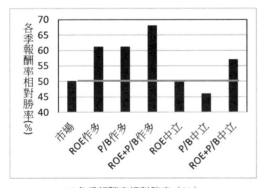

(d)各季報酬率相對勝率（％）

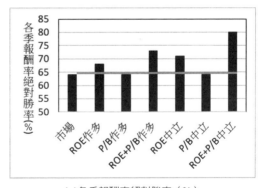

(e)各季報酬率絕對勝率（％）

圖 5 作多策略與市場中立策略之比較：大型股

資料來源：作者整理

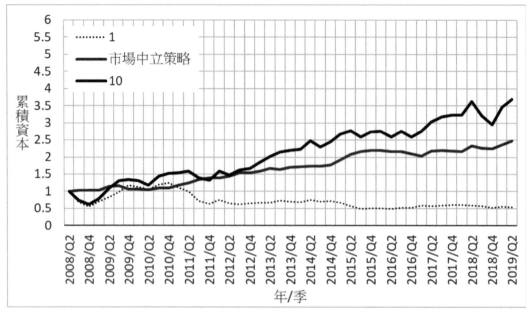

圖 6 股東權益報酬率單因子模型的累積資本：大型股

資料來源：作者整理

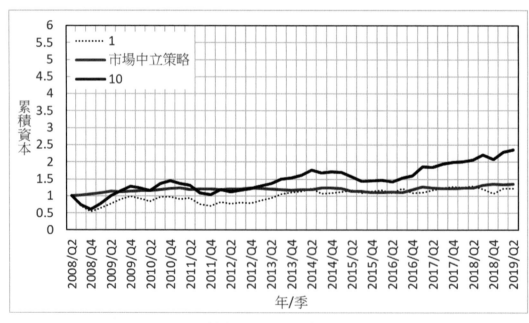

圖 7 股價淨值比單因子模型的累積資本：大型股

資料來源：作者整理

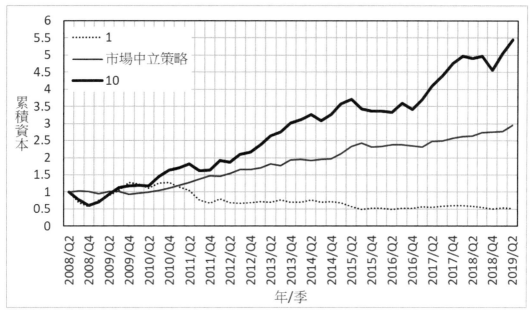

圖 8 股東權益報酬率軸點五因子模型的累積資本：大型股

資料來源：作者整理

策略	績效指標	市場	股東權益報酬率	股價淨值比	股東權益報酬率＋股價淨值比
作多策略	年化報酬率（％）	5.6	12.6	8.1	16.7
	各季報酬率系統風險 β	1.00	1.05	0.98	0.91
	各季報酬率標準差 σ（％）	10.3	11.8	10.6	10.4
	各季報酬率相對勝率（％）	50	61	61	68
	各季報酬率絕對勝率（％）	64	68	64	73
市場中立策略	年化報酬率（％）	—	8.6	2.8	10.3
	各季報酬率系統風險 β	—	-0.01	0.00	-0.10
	各季報酬率標準差 σ（％）	—	3.9	2.7	4.2
	各季報酬率相對勝率（％）	—	50	46	57
	各季報酬率絕對勝率（％）	—	71	64	80

表 2 作多策略與市場中立策略之比較：大型股

資料來源：作者整理

19-4 市場中立策略的年化報酬率估計

本章用下式來估計市場中立策略的各季報酬率平均值 N%

N%＝（L%−S%）/2

其中 L% 與 S%為作多投組與作空投組的各季報酬率平均值。

如果 L% 與 S%改為作多投組與作空投組的年化報酬率，上述公式也可以用來估計市場中立策略的年化報酬率嗎？如果可以，就可以在回測市場中立策略前先估計其潛力，不需對潛力低的策略進行回測了。為了驗證此一猜測，在此以前面第 15 章的兩個模型為例：

· 全部股

股東權益報酬率＋股價淨值比模型在第 10 等分、第 1 等分的年化報酬率分別為 24.6%（L%）與-3.6%（S%），因此以第 10 等分作多、第 1 等分作空之市場中立策略的年化報酬率估計值為

（L%−S%）/2＝（24.6%−（−3.6%））/2＝14.1%

此估計值與本章回測的 13.9%十分接近。

· 大型股

股東權益報酬率軸點五因子選股模型在第 10 等分、第 1 等分的年化報酬率分別為 16.7%（L%）與-5.8%（S%），因此市場中立策略的年化報酬率估計值為

（L%−S%）/2＝（16.7%−（−5.8%））/2＝11.3%

此估計值與本章回測的 10.3%差距不大。

由以上例子可知，可以使用（L%−S%）/2 來估計市場中立策略的年化報酬率。

19-5 對投資人的啟發：多因子模型的市場中立策略風險低

綜合以上分析，對投資人有以下的啟發：

原則 1 作多策略的報酬率遠高於作空策略

雖然多因子模型的選股能力良好，理論上可以配合作多或作空策略，但由於市場長期而言是正報酬，因此作多策略的報酬率遠高於作空策略。

原則 2 市場中立策略的報酬中等但風險低

多因子模型配合「市場中立策略」是一個風險很低的投資策略，它可以經常產生正報酬，但無法經常打敗大盤，因此報酬率只能略高於市場。

原則 3 市場中立策略的報酬率估計

市場中立策略的報酬率可用下式估計：

市場中立策略的報酬率＝（作多投組的報酬率－作空投組的報酬率）/2

因此第 10 與第 1 等分報酬率差額越大的選股模型其市場中立策略潛力越大。

第二十章　選股模型的最佳化

20-1 理論基礎

之前各章回測了 36 個由五個因子以不同權重組合構成的選股模型，但是否存在更好的權重組合？理論上有數學方法可以達成（詳細方法參考章末文獻），也就是

1. 執行回測

先以有系統的權重組合進行一系列的回測，例如之前的 36 個由五個因子以不同權重組合構成的選股模型。

2. 迴歸建模

接著建立報酬率（Y）與權重組合（X）迴歸分析模式 $Y = f(X)$。

3. 優化求解

再以數學規劃法求解能使 Y 最大化的 X，即最佳權重組合。

但這個方法太複雜，一般讀者難以理解。實務上，一個能使過去報酬率最大化的最佳權重組合在未來未必最佳，因此太精密的估計也不需要。因此，本章使用一個簡單且直覺的方法來估計最佳權重組合。方法如下（參閱圖 1）：

1. 執行回測

先以有系統的權重組合進行一系列的回測，例如之前的 36 個由五個因子以不同權重組合構成的選股模型。

2. 選優排序

接著依照報酬率將選股模型由大到小排序。

3. 估計權重

選出部分報酬率最高的組合，計算選股因子權值的平均值。例如可以選前 3 個、6 個、9 個。

4. 優化微調

參考上述選股因子權值的平均值，微調權重，找出更佳的權重組合。

20-1-1 選股模型的最佳化：全部股

1. 執行回測

先以有系統的權重組合進行一系列的回測，即第 15 章的 36 個由五個因子以不同權重組合構成的選股模型。結果如第 15 章表 1。

2. 選優排序

依照報酬率將選股模型由大到小排序。結果如表 1。

3. 估計權重

選出部分報酬率最高的前 3 個、6 個、9 個選股模型，計算選股因子權值的平均值，結果如圖 2。可見各因子的估計最佳權重值股東權益報酬率＞股價淨值比＞前期季報酬率＞β。

4. 優化微調

參考上述選股因子權值的平均值，微調權重，進行回測，以找出報酬率更高的權重組合。結果如表 2。雖然權重組合（0.5, 0.2, 0, 0.1, 0.2）報酬率最高，但權重組合（0.5, 0.25, 0, 0, 0.25）報酬率次高，且只需三個因子，因此是一個不錯的選擇。

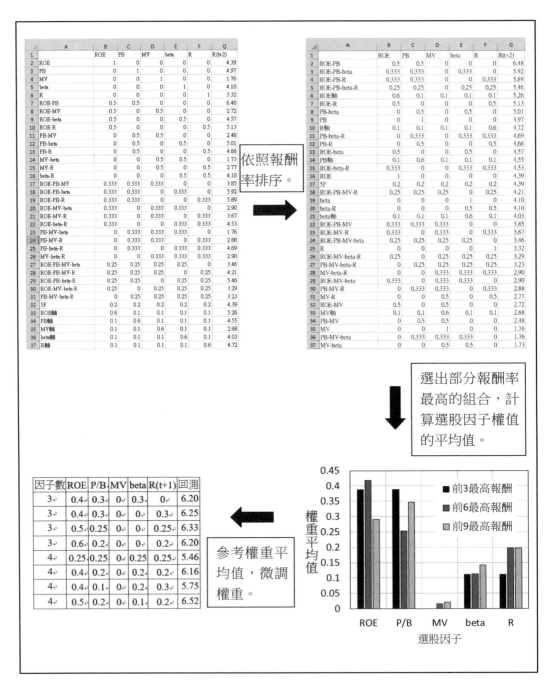

圖 1 選股模型的最佳化方法

	股東權益報酬率（ROE）	股價淨值比（P/B）	總市值（MV）	市場風險因子（β）	前期季報酬率（R）	回測季報酬率平均值（%）
ROE-P/B	0.5	0.5	0	0	0	6.48
ROE-P/B-β	0.333	0.333	0	0.333	0	5.92
ROE-P/B-R	0.333	0.333	0	0	0.333	5.89
ROE-P/B-β-R	0.25	0.25	0	0.25	0.25	5.46
ROE 軸點	0.6	0.1	0.1	0.1	0.1	5.26
ROE-R	0.5	0	0	0	0.5	5.13
P/B-β	0	0.5	0	0.5	0	5.01
P/B	0	1	0	0	0	4.97
R 軸點	0.1	0.1	0.1	0.1	0.6	4.72
P/B-β-R	0	0.333	0	0.333	0.333	4.69
P/B-R	0	0.5	0	0	0.5	4.66
ROE -β	0.5	0	0	0.5	0	4.57
P/B 軸點	0.1	0.6	0.1	0.1	0.1	4.55
ROE -β-R	0.333	0	0	0.333	0.333	4.53
ROE	1	0	0	0	0	4.39
5F	0.2	0.2	0.2	0.2	0.2	4.39
ROE-P/B-MV-R	0.25	0.25	0.25	0	0.25	4.21
β	0	0	0	1	0	4.10
β-R	0	0	0	0.5	0.5	4.10
β 軸點	0.1	0.1	0.1	0.6	0.1	4.03
ROE -P/B-MV	0.333	0.333	0.333	0	0	3.85
ROE -MV-R	0.333	0	0.333	0	0.333	3.67
ROE -P/B-MV-β	0.25	0.25	0.25	0.25	0	3.46
R	0	0	0	0	1	3.32
ROE -MV-β-R	0.25	0	0.25	0.25	0.25	3.29
PB-MV-β-R	0	0.25	0.25	0.25	0.25	3.23
MV-β-R	0	0	0.333	0.333	0.333	2.90
ROE -MV-β	0.333	0	0.333	0.333	0	2.90
P/B-MV-R	0	0.333	0.333	0	0.333	2.88
MV-R	0	0	0.5	0	0.5	2.77
ROE -MV	0.5	0	0.5	0	0	2.72
MV 軸點	0.1	0.1	0.6	0.1	0.1	2.68
P/B-MV	0	0.5	0.5	0	0	2.48
MV	0	0	1	0	0	1.76
P/B-MV-β	0	0.333	0.333	0.333	0	1.76
MV-β	0	0	0.5	0.5	0	1.73

表 1 36 種投資組合的績效（依照績效由大到小排序）：全部股

資料來源：作者整理

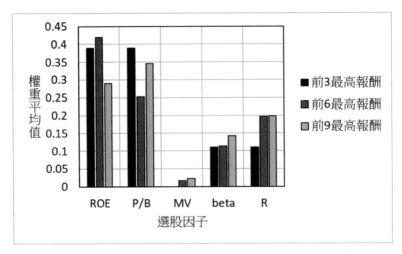

圖 2 選出部分報酬率最高的組合，計算選股因子權值的平均值：全部股

資料來源：作者整理

因子數	ROE	P/B	MV	β	R（t+1）	回測季報酬率 平均值（%）
3	0.4	0.3	0	0.3	0	6.20
3	0.4	0.3	0	0	0.3	6.25
3	0.5	0.25	0	0	0.25	6.33
3	0.6	0.2	0	0	0.2	6.20
4	0.25	0.25	0	0.25	0.25	5.46
4	0.4	0.2	0	0.2	0.2	6.16
4	0.4	0.1	0	0.2	0.3	5.75
4	0.5	0.2	0	0.1	0.2	6.52

表 2 參考權重平均值，微調權重：全部股

資料來源：作者整理

20-1-2 選股模型的最佳化：大型股

1. **執行回測**：先以有系統的權重組合進行一系列的回測，即第 15 章的 36 個由 5 個因子以不同權重組合構成的選股模型。結果如第 15 章表 2。

2. **選優排序**：依照報酬率將選股模型由大到小排序。結果如表 3。

	股東權益報酬率（ROE）	股價淨值比（P/B）	總市值（MV）	市場風險因子（β）	前期季報酬率（R）	回測季報酬率平均值（%）
ROE 軸點	0.6	0.1	0.1	0.1	0.1	4.50
ROE-β-R	0.333	0	0	0.333	0.333	4.17
ROE-R	0.5	0	0	0	0.5	4.07
ROE-P/B-R	0.333	0.333	0	0	0.333	3.92
ROE-P/B-MV	0.333	0.333	0.333	0	0	3.83
ROE-MV-β-R	0.25	0	0.25	0.25	0.25	3.74
ROE-P/B-MV-R	0.25	0.25	0.25	0	0.25	3.67
ROE-P/B	0.5	0.5	0	0	0	3.58
ROE	1	0	0	0	0	3.46
5F	0.2	0.2	0.2	0.2	0.2	3.46
MV-β-R	0	0	0.333	0.333	0.333	3.45
R 軸點	0.1	0.1	0.1	0.1	0.6	3.40
ROE-P/B-β-R	0.25	0.25	0	0.25	0.25	3.33
β-R	0	0	0	0.5	0.5	3.21
ROE-P/B-MV-β	0.25	0.25	0.25	0.25	0	3.18
ROE-MV-R	0.333	0	0.333	0	0.333	3.17
ROE-P/B-β	0.333	0.333	0	0.333	0	3.15
ROE-β	0.5	0	0	0.5	0	3.01
ROE-MV-β	0.333	0	0.333	0.333	0	2.99
MV 軸點	0.1	0.1	0.6	0.1	0.1	2.88
P/B-MV-R	0	0.333	0.333	0	0.333	2.69
β 軸點	0.1	0.1	0.1	0.6	0.1	2.61
P/B-R	0	0.5	0	0	0.5	2.58
P/B-MV-β-R	0	0.25	0.25	0.25	0.25	2.48
P/B-β-R	0	0.333	0	0.333	0.333	2.45
P/B 軸點	0.1	0.6	0.1	0.1	0.1	2.44
P/B	0	1	0	0	0	2.39
MV-R	0	0	0.5	0	0.5	2.31
MV-β	0	0	0.5	0.5	0	2.29
P/B-MV	0	0.5	0.5	0	0	2.20
R	0	0	0	0	1	2.19
β	0	0	0	1	0	2.18
ROE-MV	0.5	0	0.5	0	0	2.04
MV	0	0	1	0	0	1.73
P/B-β	0	0.5	0	0.5	0	1.41
P/B-MV-β	0	0.333	0.333	0.333	0	1.30

表 3 36 種投資組合的績效（依照績效由大到小排序）：大型股

資料來源：作者整理

3. **估計權重**：選出部分報酬率最高的前 3 個、6 個、9 個選股模型，計算選股因子權值的平均值，結果如圖 3。可見各因子的權重估計值中，股東權益報酬率＞前期季報酬率，其餘因子都很小。

4. **優化微調**：參考上述選股因子權值的平均值，微調權重，進行回測，以找出報酬率更高的權重組合。結果如表 4。雖然權重組合（0.5, 0.2, 0, 0.1, 0.2）報酬率最高，但權重組合（0.5, 0.25, 0, 0, 0.25）報酬率差距不大，且只需 3 個因子，因此是一個不錯的選擇。

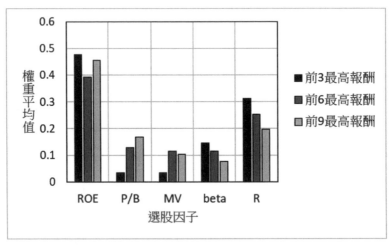

圖 3 選出部分報酬率最高的組合，計算選股因子權值的平均值：大型股

資料來源：作者整理

因子數	ROE	P/B	MV	β	R（t+1）	回測季報酬率平均值（%）
3	0.4	0.3	0	0.3	0	3.47
3	0.4	0.3	0	0	0.3	4.30
3	0.5	0.25	0	0	0.25	4.93
3	0.6	0.2	0	0	0.2	4.93
4	0.25	0.25	0	0.25	0.25	3.32
4	0.4	0.2	0	0.2	0.2	4.95
4	0.4	0.1	0	0.2	0.3	4.41
4	0.5	0.2	0	0.1	0.2	5.18

表 4 參考權重平均值，微調權重：大型股

資料來源：作者整理

20-1-3 選股模型的最佳化：全部股與大型股的整體考量

　　將圖 2 與圖 3 整合在圖 4，可以概估最佳權重組合大約（0.5, 0.25, 0, 0, 0.25）。本章將採用這個選股模型回測全部股與大型股選股池。

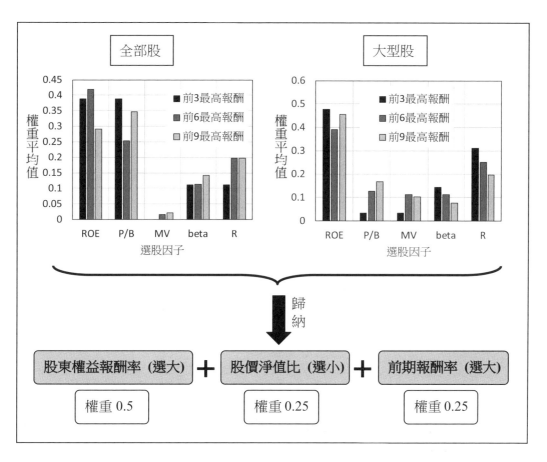

圖 4 選股因子權值的平均值之整合　資料來源：作者整理

20-2 實證結果 Ⅰ：全部股

我們以最佳權重組合（0.5, 0.25, 0, 0, 0.25）進行回測，其績效評估如圖 5。這個模型顯示了對報酬的強大選股能力，主要缺點是系統風險略為偏高，流動性略有不足。

接著進行模擬，其結果如圖 6 與圖 7。可以看出最高、最低的等分之間的差距隨時間逐漸拉開，越來越大。其年化報酬率分別為-0.3%與 24.7%。

此外，將十個等分投組的季報酬率分季繪於圖 8，很多季都出現第 1 等分到第 10 等分，報酬率規則地遞增的現象，顯示通常此模型的選股能力佳。另外，值得注意的是，在金融海嘯大跌初期（2008/Q3）、反彈的後期（2009/Q2~Q3）的表現良好，但在 2008/Q4~2009/Q1 無效。或許可以解釋成在大盤大跌之末與反彈之前，市場陷入恐慌，即使通常表現良好的選股模型也會失效。

20-3 實證結果 Ⅱ：大型股

我們以最佳權重組合（0.5, 0.25, 0, 0, 0.25）進行回測，其績效評估如圖 9。這個模型顯示了對報酬的強大選股能力，而且風險也低。

接著進行模擬，其結果如圖 10 與圖 11。可以看出最高、最低的等分之間的差距隨時間逐漸拉開，越來越大。其年化報酬率分別為-4.7%與 17.2%。

此外，將十個等分投組的季報酬率分季繪於圖 12，很多季都出現第 1 等分到第 10 等分，報酬率規則地遞增的現象，顯示通常此模型的選股能力佳。但大型股與全部股一樣，在金融海嘯期間，大盤大跌之末與反彈之前，市場陷入恐慌，即使通常表現良好的選股模型也會失效。

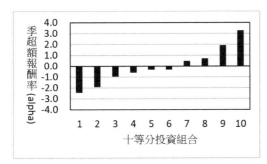

報酬率超額報酬（alpha）

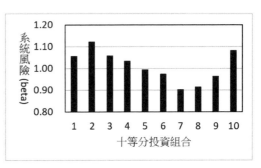

報酬率系統風險（beta）

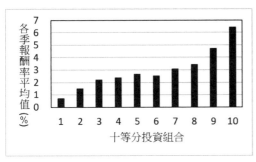

各季報酬率的平均值

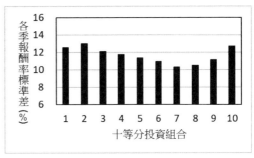

各季報酬率的標準差

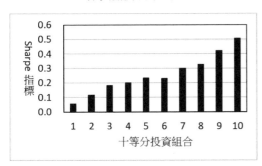

報酬率夏普（Sharpe）指標

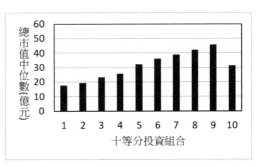

總市值中位數

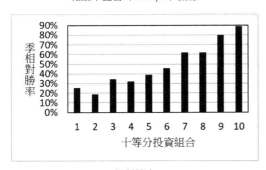

相對勝率

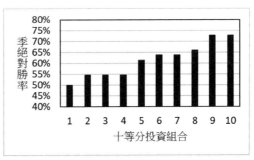

絕對勝率

圖 5 最佳權重組合的績效：全部股

資料來源：作者整理

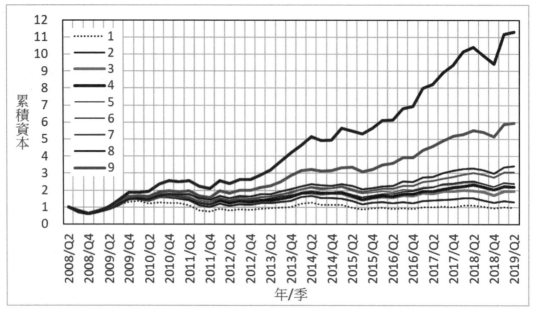

圖 6 最佳權重組合的累積資本：全部股

資料來源：作者整理

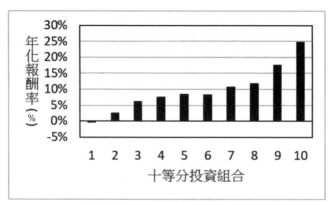

圖 7 最佳權重組合的年化報酬率：全部股

資料來源：作者整理

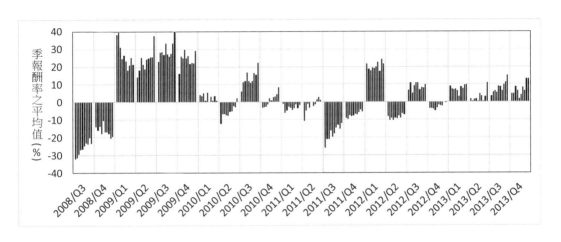

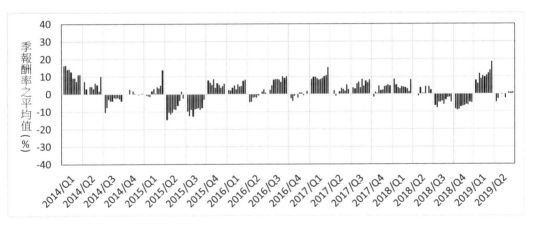

圖 8 最佳權重組合的每一季的報酬率：全部股

資料來源：作者整理

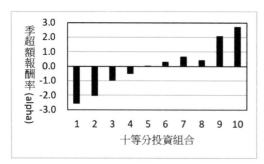

報酬率超額報酬（alpha）

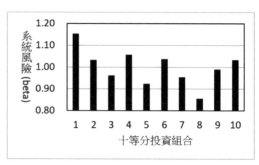

報酬率系統風險（beta）

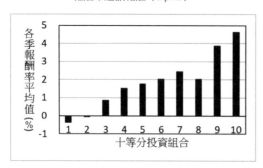

各季報酬率的平均值

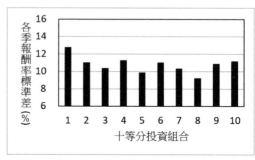

各季報酬率的標準差

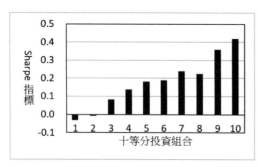

報酬率夏普（Sharpe）指標

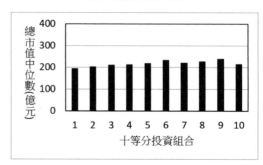

總市值中位數

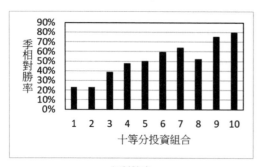

相對勝率

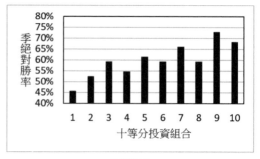

絕對勝率

圖 9 最佳權重組合的績效：大型股

資料來源：作者整理

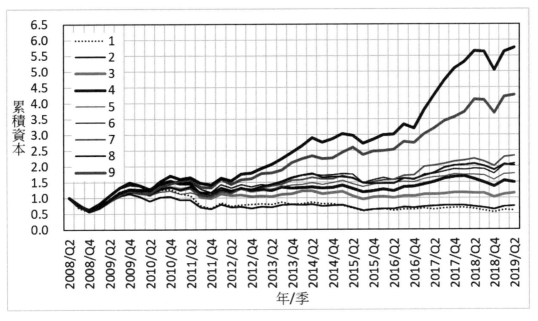

圖 10 最佳權重組合的累積資本：大型股

資料來源：作者整理

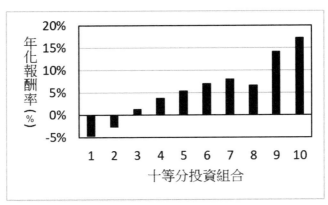

圖 11 最佳權重組合的年化報酬率：大型股

資料來源：作者整理

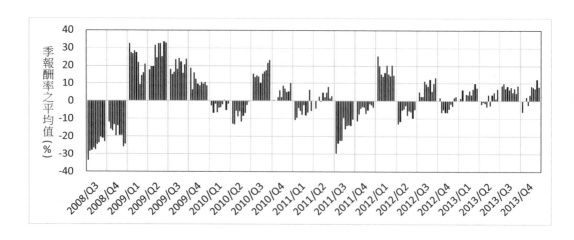

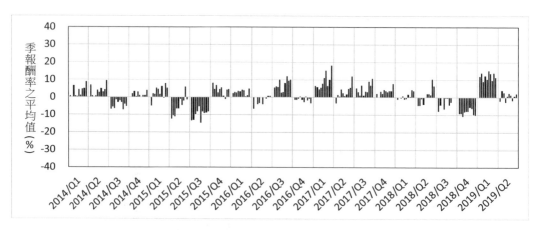

圖 12 最佳權重組合的每一季的報酬率：大型股

資料來源：作者整理

⌒20-4 選股比例之最佳化

之前曾探討選股比例之影響，發現多因子模型在選股減少下，可以提升選股能力。因此針對上述最佳權重組合，再次分析其影響，結果如圖 13 與圖 14。顯示在全部股，選股比例 1/64 最佳，對目前台股有一千多支股票而言，這大約是 20 支股票。在大型股，選股比例也是 1/64 最佳，因為大型股是市值最大的前 20% 的股票，因此這大約是 4 支股票。

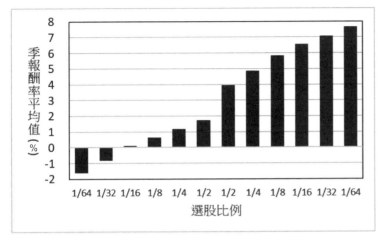

圖 13 選股比例之影響：全部股
資料來源：作者整理

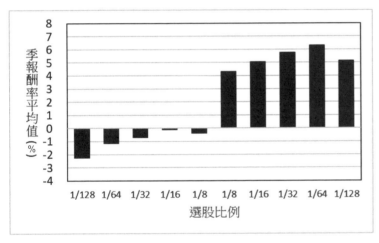

圖 14 選股比例之影響：大型股
資料來源：作者整理

20-5 對投資人的啟發：優化權重組合與選股比例

綜合以上分析，對投資人有以下的啟發：

原則 1 最佳權重組合原則

無論全部股或大型股都可考慮以下三因子選股模型：

· 股東權益報酬率選大（權重 50%）

· 股價淨值比選小（權重 25%）

・前期季報酬率選大（權重 25%）

原則 2 最佳選股比例原則

無論全部股或大型股都可考慮以 1/64 選股比例。對目前台股有一千多支股票而言，這大約是全部股 20 支，大型股 4 支股票。但是 4 支股票可能不足達到多元分散，因此大型股以 10 支股票為宜。

參考文獻

1. 葉怡成、鄒宗穎、許瑞麟（2017）。以配方設計法建構加權評分法選股模式—台灣股市之實證，貨幣觀測與信用評等，第 127 期，第 125-143 頁。

2. 葉怡成（2017）。以配方設計法建構選股決策模式—美國股市之實證、貨幣觀測與信用評等，第 124 期，第 107-130 頁。

3. 葉怡成、顏依君（2016）。以實驗設計與二階迴歸分析建立多因子選股模型—美國股市之實證，貨幣觀測與信用評等，第 118 期，第 67-84 頁。

4. 葉怡成、劉泰男（2016）. 以實驗計畫法與迴歸分析建構多因子選股系統，Journal of Data Analysis, 11（1）, 168-205.

5. Yeh, I-Cheng, Hsu, Tzu-Kuang, Yen, Jeng-Xiang, and Tsai, Chin-Chang（2018）. "Building Multi-factor Stock Selection System Using Mixture Design and Neural Networks," Journal of Data Analysis, 13 (4), 1-27.

6. Liu, Y. C. and Yeh, I. C.（2017）. "Using mixture design and neural networks to build stock selection decision support systems," Neural Computing and Applications, 28 (3), 521–535.

第二十一章　選股模型的可靠性

21-1 理論基礎

本書前面提到，讀者可以依據本書的回測結果啟發的原則進行投資，期望在

1. **長期持續投資**：至少 3 年，但並非持有同一投資組合或股票 3 年，而是連續 3 年，每季定期選股並交易，組成新投組。

2. **多元分散投資**：至少平均分配資金持有 20 種股票。

這兩個條件下，獲得相對較高的報酬。

但為何需要這兩條規則呢？這就牽涉到選股模型的兩個不確定性：

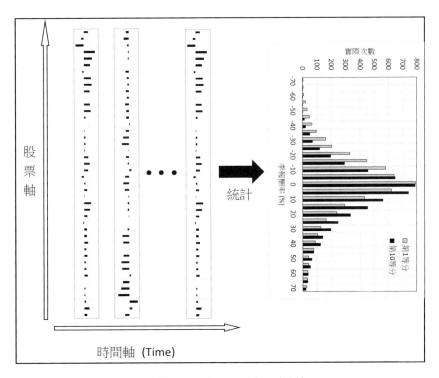

圖 1 績效的橫向（個股間）不確定性

1. 績效的橫向（個股間）不確定性（參閱圖1）

即使是最好的選股模型選出來的股票，並非個個都是「人中龍鳳」，總有些「濫竽充數」者，甚至是地雷股穿插其中。與其費心篩選地雷股，不如持有足夠檔數的股票，例如 20 檔，即使運氣不好遇到一個地雷股，頂多損失 5%，雖傷膚髮，不傷筋骨，仍保有繼續奮戰的元氣，因此多元分散投資是必要的。

2. 績效的縱向（時間軸）不確定性（參閱圖2）

即使是最好的基本面選股模型都有遇到連續一兩年「龍困淺灘遭蝦戲」的時候，但熬過「反基本面」的尷尬期後，股價回歸基本面，選股模型常有亮麗的演出，因此長期持續投資是必要的。

本章將探討這兩個不確定性，讓讀者了解投資股票需要耐心（長期持續投資）

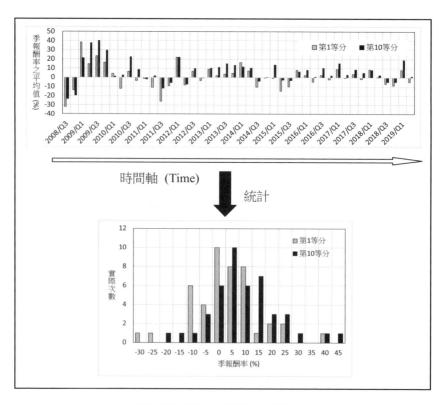

圖2 績效的縱向（時間軸）不確定性

與毅力（多元分散投資）。本章將分析前一章提出的股東權益報酬率＋股價淨值比＋前期季報酬率（0.5, 0.25, 0.25）三因子模型的這兩種不確定性。選股比例為10%。

㉑-2 實證結果Ⅰ：績效的橫向不確定性

21-2-1 不分季下的報酬率分布

我們統計了股東權益報酬率＋股價淨值比＋前期季報酬率（0.5, 0.25, 0.25）三因子模型的第 10 與第 1 等分的個股季報酬率的頻率，繪成直方圖（參閱圖3），再依據統計理論繪出理論分布圖（參閱圖4），並計算第 10 與第 1 等分的個股季報酬率頻率差額，繪成直方圖（參閱圖5），發現

· **季報酬率直方圖**

第 10 等分的季報酬率雖然在平均值上超越第 1 等分，但兩者的分布十分重疊。理論分布圖也強化了這個發現。個股的季報酬率統計如表1。

· **季報酬率差額直方圖**

第 10 等分的季報酬率在報酬率大於 0 的右側，頻率高於第 1 等分；小於 0 的左側，頻率低於第 1 等分。

· **綜論**

選股是靠投組內的各股的報酬率平均值取勝，不是每一支選股都能打敗大盤，因此分散持有 20 支股票，提高平均值的穩定性是有必要的。

圖 6~圖 8 同圖 3~圖 5，但以大型股為選股範圍。可以發現

· **季報酬率直方圖**

無論直方圖或理論分布圖都說明，第 10 等分的季報酬率雖然在平均值上超越第 1 等分，但兩者的分布十分重疊。個股的季報酬率統計如表1。

- 季報酬率差額直方圖

　　第 10 等分的季報酬率在報酬率大於 0 的右側，頻率高於第 1 等分；小於 0 的左側，頻率低於第 1 等分。

- 綜論

　　選股模型選出股票並非每一支都能打敗大盤，因此分散持有 10 支股票，提高平均值的穩定性是有必要的。

選股池	第 1 等分		第 10 等分	
	平均值（％）	標準差（％）	平均值（％）	標準差（％）
全部股	0.12	27.8	5.95	25.6
大型股	-0.31	20.4	4.58	20.7

表 1 績效的橫向不確定性（不分季下的報酬率分布）

資料來源：作者整理

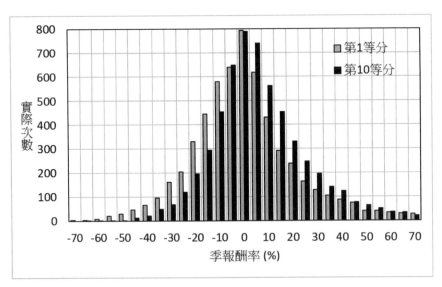

圖 3 第 10 與第 1 等分的個股季報酬率直方圖：全部股

資料來源：作者整理

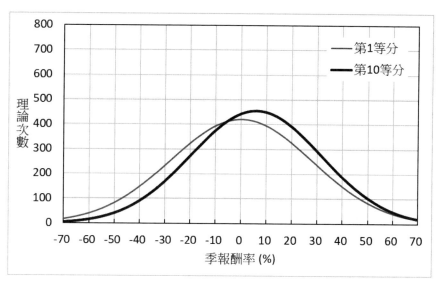

圖 4 第 10 與第 1 等分的個股季報酬率理論分布圖：全部股

資料來源：作者整理

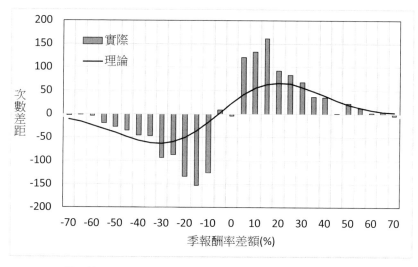

圖 5 第 10 與第 1 等分的個股季報酬率頻率差額直方圖：全部股

資料來源：作者整理

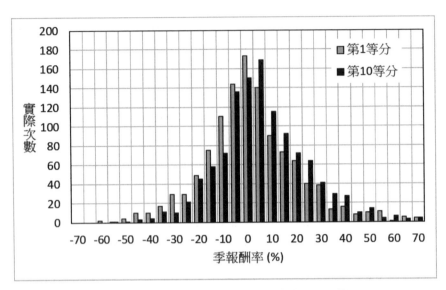

圖 6 第 10 與第 1 等分的個股季報酬率直方圖：大型股

資料來源：作者整理

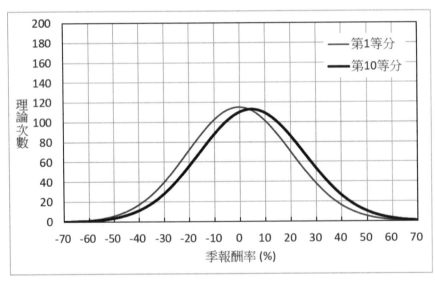

圖 7 第 10 與第 1 等分的個股季報酬率理論分布圖：大型股

資料來源：作者整理

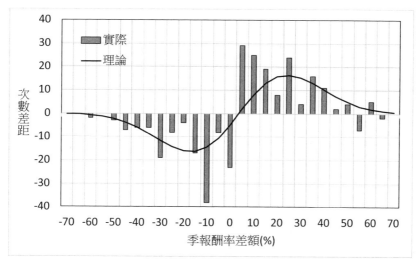

圖 8 第 10 與第 1 等分的個股季報酬率頻率差額直方圖：大型股

資料來源：作者整理

21-2-2 分季下的報酬率排序值的分布

在五因子實測時曾指出，即使是最好的選股模型選出來的股票，贏過大盤的比例也只能達到大約 60%。為了瞭解選股模型選股的各季的投資組合內，個股之間的績效分布，我們將上述選股模型的第 1 與第 10 投組的第 t＋2 季的個股報酬率排序值，從 0~1 每增加 0.1 為一個區間，共 10 個區間，統計其機率。如果選股模型沒有選股能力，那麼 10 個區間的機率應該都是 10%左右；如果有選股能力，那麼第 1、第 10 投組應該分別是左高右低、左低右高分布，兩者的差額應該遞增排列。

全部股的結果如圖 9。正如預期第 1、第 10 投組分別是左高右低、左低右高分布，其差額遞增排列。顯示選股模型具有選股能力，但選出的第 10 投組內股票的報酬率位居前 1/10 的機率也只有 14.5%，只比隨機選股的 10%略高，仍然有相當高的機率（8.2%）會選出報酬率位居後 1/10 的股票。

大型股的結果如圖 10。大型股與全部股的結果相似，但大型股的第 1、第 10 投組左高右低、左低右高，分布比全部股更對稱，其差額遞增排列更規律。選出的第 10 投組內股票的報酬率位居前 1/10 的機率也只有 15.0%，只比隨機選股的 10%略高，仍然有相當高的機率（8.0%）會選出報酬率位居後 1/10 的股票。

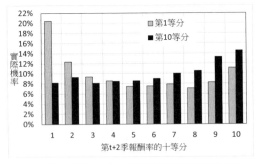

（a）第 1 與第 10 投組的個股報酬率排序值分布

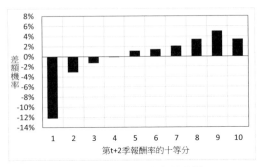

（b）第 1 與第 10 投組的差額

圖 9 最佳權重組合的個股報酬率排序值：全部股　資料來源：作者整理

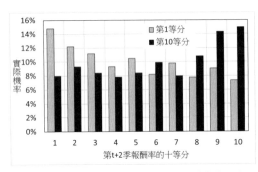

（a）第 1 與第 10 投組的個股報酬率排序值分布

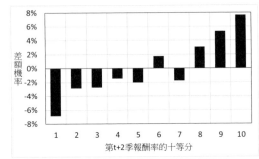

（b）第 1 與第 10 投組的差額

圖 10 最佳權重組合的個股報酬率排序值：大型股　資料來源：作者整理

21-3 實證結果 II：績效的縱向不確定性

21-3-1 全部股

我們將股東權益報酬率＋股價淨值比＋前期季報酬率（0.5, 0.25, 0.25）三因子模型的第 10 與第 1 等分的季報酬率的歷程繪成柱狀圖（參閱圖 11），並計算第 10 與第 1 等分的季報酬率差額繪成柱狀圖（參閱圖 12），發現絕大多數的季節，第 10 與第 1 等分的季報酬率差額為正值，選股是成功的。值得注意的是，雖然在 2009/Q1 股市大反彈時，其季報酬率差額為負值，但是隨後的 2009/Q2~Q4 連續 3 季出現大正值，證實前述最好的基本面選股模型也會遇到反基本面的尷尬期，但市場會很快回歸基本面，而有亮麗的演出，因此長期持續投資是必要的。

我們統計了圖 9 的股東權益報酬率＋股價淨值比＋前期季報酬率（0.5, 0.25, 0.25）三因子模型的第 10 與第 1 等分的各季報酬率的頻率，繪成直方圖（參閱圖 13），再依據統計理論繪出理論分布圖（參閱圖 14），並統計圖 10 的第 10 與第 1 等分的各季報酬率差額的頻率，繪成直方圖（參閱圖 15），發現

- **各季報酬率直方圖**

第 10 等分的各季報酬率雖然在平均值上超越第 1 等分，但兩者的分布十分重疊。理論分布圖也強化了這個發現。個股的季報酬率統計如表 2。

- **各季報酬率差額直方圖**

第 10 等分的季報酬率在報酬率大於 0 的右側，頻率高於第 1 等分；小於 0 的左側，頻率低於第 1 等分。

- **綜論**

選股是靠各季報酬率的平均值取勝，不是每一季都能打敗大盤，因此長期持續投資是必要的。這算是在時間軸上的「多元分散」。

選股池	第 1 等分		第 10 等分	
	平均值（%）	標準差（%）	平均值（%）	標準差（%）
全部股	0.69	12.5	6.41	12.7
大型股	-0.37	12.7	4.65	11.1

表 2 績效的縱向不確定性

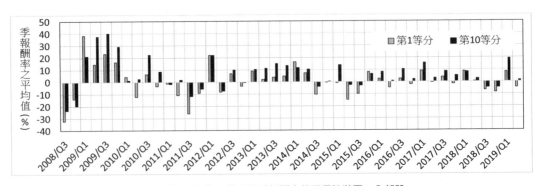

圖 11 第 10 與第 1 等分的季報酬率的歷程柱狀圖：全部股

資料來源：作者整理

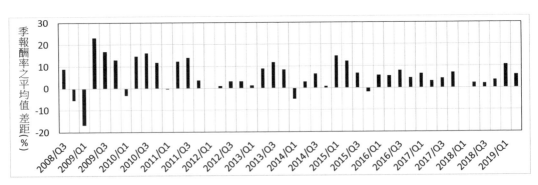

圖 12 第 10 與第 1 等分的季報酬率的差額歷程柱狀圖：全部股

資料來源：作者整理

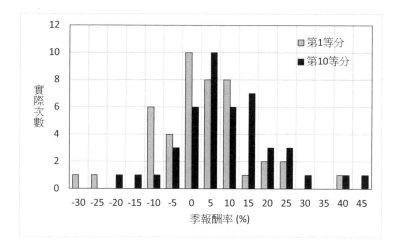

圖 13 第 10 與第 1 等分的各季
報酬率直方圖：全部股
資料來源：作者整理

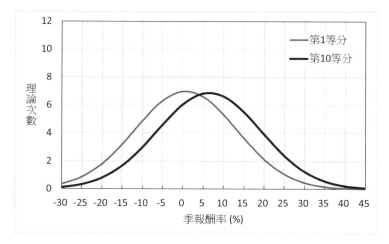

圖 14 第 10 與第 1 等分的各季
報酬率理論分布圖：全部股
資料來源：作者整理

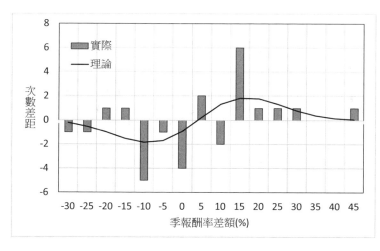

圖 15 第 10 與第 1 等分的各季
報酬率頻率差額直方圖：全部股
資料來源：作者整理

21-3-2 大型股

圖 16~圖 20 同圖 11~圖 15，但以大型股為選股範圍。可以發現絕大多數的季節，第 10 與第 1 等分的季報酬率差額為正值，選股是成功的。

· **各季報酬率直方圖**

第 10 等分的各季報酬率雖然在平均值上超越第 1 等分，但兩者的分布十分重疊。理論分布圖也強化了這個發現。個股的季報酬率統計如表 2。

· **各季報酬率差額直方圖**

第 10 等分的季報酬率在報酬率大於 0 的右側，頻率高於第 1 等分，小於 0 的左側，頻率低於第 1 等分。

圖 16 第 10 與第 1 等分的季報酬率的歷程柱狀圖：大型股

資料來源：作者整理

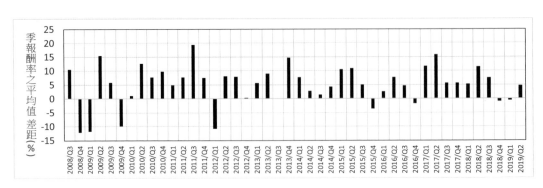

圖 17 第 10 與第 1 等分的季報酬率的差額歷程柱狀圖：大型股

資料來源：作者整理

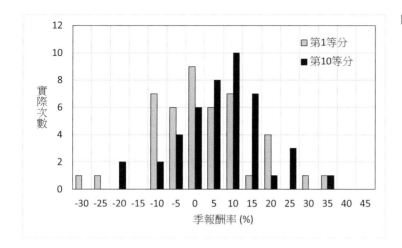

圖 18 第 10 與第 1 等分的各季
報酬率直方圖：大型股
資料來源：作者整理

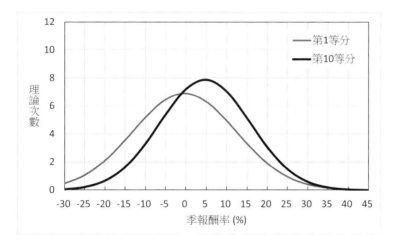

圖 19 第 10 與第 1 等分的各季
報酬率理論分布圖：大型股
資料來源：作者整理

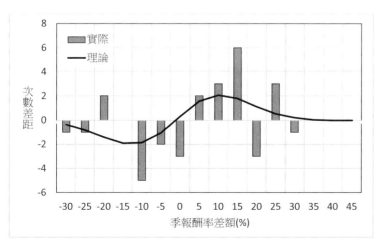

圖 20 第 10 與第 1 等分的各季
報酬率頻率差額直方圖：大型股
資料來源：作者整理

· 綜論

　　選股是靠各季報酬率的平均值取勝，不是每一季都能打敗大盤，因此在時間軸上實施「多元分散」，即長期持續投資是必要的。

21-4 投資人的疑問：為何選股模型時常無法擊敗大盤？

　　在五因子實測時曾指出，即使是最好的選股模型選出來的股票，贏過大盤的比例也只能達到大約 60%。為何最好的選股模型的投資組合中有多達 40%的股票無法擊敗大盤？合理的解釋包括：

1. 個股的基本面良好，但投資人不認同

　　有些公司獲利能力很好的股票從成長面來看很值得買入，但這些股票可能因為過去的獲利能力長期不佳，即使最新的獲利能力真的變好，投資人仍不免猶豫不決。例如股東權益報酬率長期很低，即使最新的股東權益報酬率真的變好，投資人也不認同，造成股票雖被選股模型選中，但在持有期間，因市場不認同，股價沒有上漲。

2. 個股的基本面良好，但利空因素干擾

　　有些便宜的股票從價值面來看很值得買入，但這些股票之所以便宜，有一部分的原因可能是最近股價因利空消息而下跌，因此這些個股最近的報酬率很差，很難獲得投資人青睞。例如低股價淨值比的股票經常遇到這種情形，造成股票雖被選股模型選中，但在持有期間，因市場不青睞，很少人買進，股價不會上漲，報酬率低，無法擊敗大盤。

3. 個股的基本面良好，但在持有期惡化

　　有些個股可能基本面良好，但在持有期間，市場傳出基本面惡化的訊息，投資人競相賣出這些股票，股價下跌，當然無法擊敗大盤。

4. 個股的基本面不良，而投資人已洞察

　　有些個股可能是財報誇大不實，例如營收、盈餘與淨值高估，並且已被投資人

洞察到，投資人自然不會買進這些股票，造成這些股票雖被選股模型選中，但在持有期間，因很少人買進，股價不會上漲，無法擊敗大盤。也可以說，這些股票是因為誇大不實才被選股模型選中的，選股模型本身沒問題，而是資料真實性有問題。

回測的實證結果告訴我們，最好的選股模型從縱向（時間軸）來看，以季為單位下只有約 80%機率可以擊敗大盤。為何最好的選股模型在以季為單位下還有約 20%機率輸給大盤？合理的解釋包括：

1. 大多頭與大空頭時的全面上漲與下跌

當市場進入大多頭階段時，此時被吸引進入股市的新投資人可能大多數投資知識不足，只是因一時衝動而投入股市，他們的選股自然沒有邏輯可言，導致股票全面上漲，選股模型選出的股票當然無法擊敗市場。相反地，當市場進入大空頭階段時，人們在恐慌心理下，缺少持股信心，賣股也沒有邏輯可言，導致股票全面下跌，選股模型選出的股票當然也無法擊敗市場。

2. 市場狂熱之「反基本面」選股

在市場對某一題材狂熱時，市場可能進入「反基本面」選股，市場不再遵循「賺錢公司的便宜股票具有投資價值」這條天經地義的原則，反而追逐一些看似明日之星的產業的「賠錢公司的昂貴股票」，導致以「賺錢公司的便宜股票」為邏輯的選股模型績效低於市場。最明顯的例子是網路泡沫化，當時投資人對一些賠錢的網路股趨之若鶩。

21-5 股市的「勝多敗少」到「必勝」之路 — 大數定律

讀者看完本章後應該了解到，為什麼很多專家在教人買賣股票時談到投資紀律（discipline），強調投資股票需要耐心（長期持續投資）與毅力（多元分散投資）。因為再好的投資方法也沒有必勝這回事，如果真有這回事，那麼它應該是一個祕密。試想如果您有一個必勝的投資方法，您會告訴別人嗎？當然不會。好的選股模型雖然沒有必勝這回事，但達到常勝，至少「勝多敗少」是可能的。回測的實

證結果告訴我們，最好的選股模型從縱向（時間軸）來看，只有約 80%的季可以擊敗大盤。最好的選股模型從橫向（個股間）來看，只有約 60%的股票可以擊敗大盤。就是因為只能「勝多敗少」，所以才需要常戰（長期持續投資）、多戰（多元分散投資），透過統計學上的「大數定律」，達「必勝」的終極目標（參閱圖 21）。

大數定律是指在隨機試驗中，每次出現的結果不同，但是大量重複試驗出現的結果的平均值卻幾乎總是接近於某個確定的值。例如一個錢幣丟 10 次，出現正面的機率未必接近 50%，但丟一萬次，機率必然接近 50%。大數定律可用一個實例來說明。假設您有一個不公平的骰子，勝率是 60%，只擲一次並不能保證您會贏，但是

· **擲 100 次不公平的骰子**（參閱圖 22）

如果只能擲一個，但允許您擲 100 次一個不公平的骰子，以總勝數超過 50 個算贏家，那麼您的勝算極大。

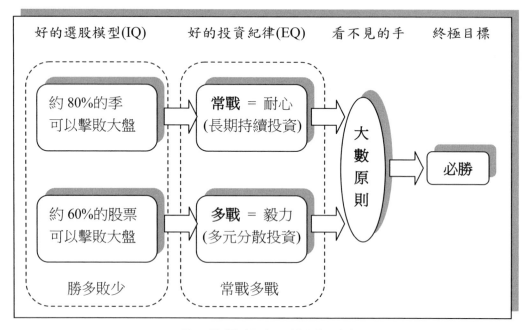

圖 21 從「勝多敗少」到「必勝」之路

- **擲 100 個不公平的骰子（參閱圖 23）**

　　如果只能擲一次，但允許您一次擲 100 個不公平的骰子，以總勝數超過 50 個算贏家，那麼您的勝算也極大。

　　前者就是「常戰」策略，後者是「多戰」策略。一個勝多敗少的骰子，在常戰與多戰的策略下，也能達成必勝。投資也一樣，一個勝多敗少的選股模型在長期持續投資（常戰）與多元分散投資（多戰）的策略下，也可達到必勝的終極目標。

　　有一位財務教授說得好，如果投資只需 IQ，那麼財務金融系裡的教授都該是富翁了。投資不只需要 IQ，也需要 EQ。當網路泡沫化時期，「本夢比」橫行，本益比屢戰屢敗，縱向（時間軸）不確定性在作怪時，多少基本面投資人能堅持到底？但事實證明，當夢醒之後，按照基本面選股的投資人在市場反彈過程中獲利遠超大盤。當選出的股票數目不夠多，其中一兩個股票因為橫向（個股間）不確定性作怪，把平均報酬率拉到被大盤擊敗時，多少基本面投資人能維持信心？但這種偶然發生的事情總會被大數定律抹平。

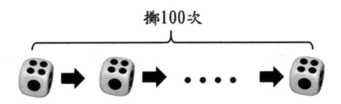

圖 22 「勝多敗少」的玩法在「常玩」之下可「必勝」

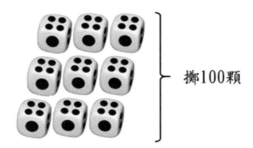

圖 23 「勝多敗少」的玩法在「多玩」之下可「必勝」

圖 24 雞蛋不要放在同一個籃子

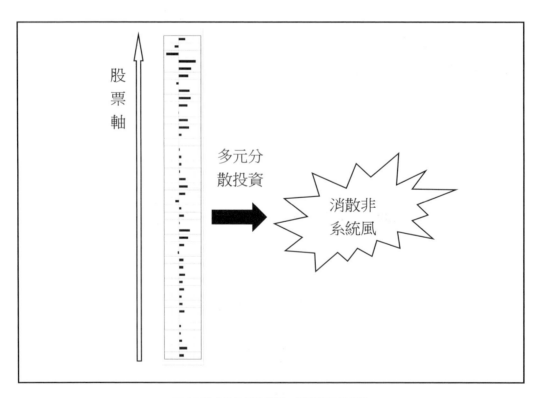

圖 25 以「多元分散投資」消散非系統風險

有人說，不願意冒險的人不會成為企業家，胡亂冒險的人會成為失敗的企業家，願意冒合理風險的人才有機會成為成功的企業家。這個說法對股市也適用，只有願意冒合理風險的人才有機會成為成功的投資人。但要真正成為成功的投資人，就必需懂得如何控制，甚至消除風險。股市的風險有兩種：非系統風險（可分散風險）、系統風險（不可分散風險）。前者大家都知道「雞蛋不要放在同一個籃子」的道理（參閱圖24），多元分散投資可以克服非系統風險（參閱圖25）。

　　但很少人知道「柳暗花明又一村」的道理，長期持續投資可以克服系統風險。雖然股市具有「劇烈起伏」的特性，但也具有「長期向上」的特性。我們無法預期黑天鵝何時出現，企圖躲過黑天鵝也必然失去更多的白天鵝（參閱圖26）。從30年的角度來看，股市很可能已經歷經了好多個空頭、多頭年分。如果把每年的投資視為一個股票，則30年的投資可視為一個包含30個股票的投資組合，因此「長期持續投資」策略可以讓系統風險變成「可分散風險」（參閱圖27）。

　　例如美國股市從1985年到2020年的35年內，歷經了1987年股災、2000年網路泡沫、2008年金融海嘯、2020年新冠肺炎，災情可謂慘烈，哀鴻遍野。但大跌之後經常緊接著反彈大漲，之後多年也經常可以累積可觀的漲幅。例如2008年金融海嘯道瓊指數從2007年10月的高點（13,900）到2009年2月的低點（7,060），跌幅高達50%。但隔年跌幅漲回一半，到2019年12月的高點（28500），漲幅高達300%。因此如果把每季的投資視為一個股票，則30年的

2004 2005 2006 2007 2008 2009 2010 2011 2012 2013 2014 2015 2016 2017 2018 2019
時間軸 (Time)

圖26 企圖躲過黑天鵝也必然失去更多的白天鵝
（圖中天鵝的面積與漲跌百分比成正比，黑色為跌，白色為漲）

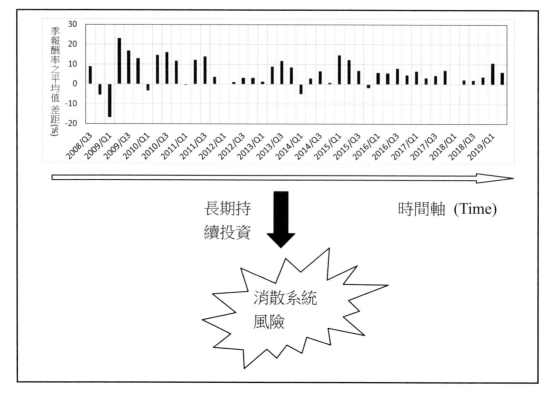

圖 27 以「長期持續投資」消散系統風險

120 季的投資可視為一個包含 120 個股票的投資組合，看似不可分散的系統風險也變得可分散。

　　投資人懂得如何消除非系統風險與系統風險，再配合具有綜效的多因子選股模型，自然可以立於不敗之地，成為成功的投資人。

21-6 對投資人的啟發：嚴守長期持續投資與多元分散投資紀律

　　綜合以上分析，對投資人有以下的啟發：

（一）縱向（時間軸）不確定性

原則 1 選股模型具有相當高的績效的縱向（時間軸）不確定性

即使選股能力最強的模型都具頗高的績效的縱向（時間軸）不確定性。投組的報酬率在不同時期的差異很大，最佳投組的報酬率只是擊敗大盤的時間比較多，而非總是擊敗大盤。這代表投資人不能期望選股模型一定能在短期（數月）之內打敗大盤，但長期（數年）投資下來，選股能力強的模型都能打敗大盤。

原則 2 長期持續投資是克服績效的縱向（時間軸）不確定性的有效方法

投資人應該每季或每月定期選股並交易，組成新投組，長期持續投資股票至少 3 年，以消減市場的縱向（時間軸）不確定性。

原則 3 選股能力強的模型都具較低的績效的縱向（時間軸）不確定性

這代表投資人可以用較短的投資期間消減縱向（時間軸）不確定性，達到長期持續投資的目的。

（二）橫向（個股間）不確定性

原則 4 選股模型具有相當高的績效的橫向（個股間）不確定性

即使選股能力最強的模型都具頗高的績效的橫向（個股間）不確定性。最佳投組的報酬率分布與最差投組者嚴重重疊，最佳投組的報酬率只是在平均值上擊敗最差投組，而非投組內每個股票都擊敗最差投組內的股票。但多元分散投資下，選股能力強的模型在平均值上打敗大盤的機會很高。

原則 5 多元分散投資是克服績效的橫向（個股間）不確定性的有效方法

投資人應該多元分散投資，將資金至少平均分配到 10~20 種股票，以消減投組的橫向（個股間）不確定性。

原則 6 選股能力強的模型都具較低的績效的橫向（個股間）不確定性

這代表投資人可以用較少的投組內個股消減橫向（個股間）不確定性，達到多元分散投資的目的。

第二十二章　如何使用選股模型？

22-1 理論基礎

本書的大多數選股模型都建立在價值構面（如股價淨值比）與成長構面（如股東權益報酬率）之上。事實上，成長構面也只是價值構面的動態觀點而已，中心概念仍是價值。物理學裡有「物質不滅」定律，投資學裡也該有「價值不滅」定律。賺錢公司的便宜股票具有投資價值是天經地義。選股模型不是什麼魔術，也不是預測未來的水晶球，它們不過是遵守「價值不滅」定律的應用。股市中如果有人超額報酬率為正，就一定有人超額報酬率為負。因此，一個有效的選股模型的十等分投組中，如果第 10 投組的超額報酬率為正，那麼第 1 投組就一定為負；反之亦然。

22-1-1 投資人的疑問 1：選股模型真的那麼強？

讀者可能會問，本書的最佳選股模型的年化報酬率大型股超過 15%，全部股超過 24%，這個結果與國外相似研究的結論相近。但為何實務上卻不易達到？原因解析如下：

原因一：投資組成

「個股相同權重」年化報酬率大多比「市值比重權重」高出約 3~6%。實務上，大型投資人因資金太多，可能無法以「個股相同權重」構成投組，因此無法達到上述年化報酬率。

原因二：交易延遲

回測時假設在一天內完成換股。實務上，大型投資人因資金太多，無法以在一天之內重組投資組合，因此無法達到上述年化報酬率。

原因三：市場流動性

回測時假設可以用當時的市場價格買入、賣出股票，但這個價格是當時市場買方與賣方力量平衡的結果。當回測時，買入、賣出都額外創造了歷史上不存在的買方與賣方，因此買入時，買方變多，資料庫內的歷史價格可能偏低；賣出時，賣方變多，資料庫內的歷史價格可能偏高，因此回測的報酬率會被高估，這對流動性不足的小型股更是致命問題。

22-1-2 投資人的疑問 2：回測模型是否值得信賴？

如果回測的報酬率會被高估，那麼投資人還是可以依據本書的回測結果啟發的原則進行投資嗎？基於二點理由，答案是「可以」。

理由一：選股模型滿足了必要的評估標準

回想我們在第一章提到的「如何判定一個選股模型是有效的」所提出的標準：

1. 最佳投組績效顯著性：產生的最佳投組的報酬率要明顯高於市場。
2. 最差投組績效顯著性：產生的最差投組的報酬率要明顯低於市場。
3. 投組之間績效連續性：產生的多個投組的報酬率要明顯線性變化。
4. 不同時間穩健性高：產生的最佳與最差投組的績效在不同期間都明顯有效。
5. 投組內部變異性低：產生的投組內股票的報酬率變異性低。

因此，前面各章的研究我們都強調十等分研究法，回測的結果顯示許多選股模型可以滿足這些標準，顯示選股模型是有效的，回測結果是可靠的。

理由二：回測績效只要相對大小正確就能幫助投資人提升獲利

雖然任何回測系統都無法完美地模擬真實的交易環境，但在謹慎仔細的設計下，還是可以相當逼真地模擬真實的交易環境。因此，雖然回測出來的報酬可能是樂觀的偏高估計，但不同選股模型與操作參數回測出來的績效指標之間的「相對」大小應該是正確的。由於投資股票的報酬率必定受到市場環境的制約，投資人的投資目標不可能是達到特定的報酬率，而是追求最大的報酬率。因此，回測得到的年化報酬率不必強調其絕對大小的正確性，而應重視其相對大小的正確性。因此，即

使回測無法告訴你最高的報酬率是多少，只要可以告訴你哪一種選股模型、操作參數下，會有最高的報酬率，對投資人而言仍然是非常有用的。

總之，雖然回測系統估計之報酬的絕對大小可能偏高，投資人仍然可以依據本書的回測結果啟發的原則進行投資，期望在長期持續投資、多元分散投資下，獲得相對較高的報酬。

22-2 選股模型

本書回測了許多選股模型在 2008/Q3~2019/Q2 共約 11 年的績效，以定量而非定性的方式解析了超過 100 個選股模型，並找出了許多具有「綜效」的多因子選股模型。這些績效良好的模型具有以下特徵：

1. 在全部股的年化報酬率高於在大型股，但風險（波動）也高於大型股，這與大多數的股票市場的經驗相符。雖然在大型股的年化報酬率較低，但最佳模型仍可以達到 15%以上。

2. 在空頭時期雖然也經常難逃虧損，但跌幅並不會高於市場大盤，而在空頭後的反彈期經常會有遠高於大盤的漲幅。

以股東權益報酬率＋股價淨值比＋前期季報酬率（0.5, 0.25, 0.25）三因子模型為例，其回測績效如表 1。為了比較，也列出股價淨值比單因子模型、股東權益報酬率單因子模型、市場大盤的回測績效。可以看出，這個結合了價值效應、成長效應、慣性效應的三因子模型，充分發揮了綜效，具有卓越的選股能力，不論在全部股或大型股，都遠優於典型的基於價值效應的股價淨值比單因子模型、基於成長效應的股東權益報酬率單因子模型。

績效指標	全部股				大型股			
	市場	股東權益報酬率	股價淨值比	3因子	市場	股東權益報酬率	股價淨值比	3因子
各季報酬率超額報酬 α（%）	0.0	1.5	1.7	3.2	0.0	1.7	0.7	2.7
各季報酬率系統風險 β	1.00	0.95	1.15	1.08	1.00	1.05	1.00	1.03
各季報酬率平均值 μ（%）	3.0	4.2	5.1	6.4	1.9	3.6	2.5	4.6
各季報酬率標準差 σ（%）	11.6	11.2	11.6	12.7	10.8	11.8	10.5	11.1
各季報酬率夏普指標	0.26	0.38	0.38	0.51	0.18	0.31	0.24	0.42
各季報酬率相對勝率（%）	50	59	68	89	50	61	61	80
各季報酬率絕對勝率（%）	62	68	73	73	59	68	64	68
年化報酬率（%）	8.5	15.5	18.0	24.7	5.6	12.6	8.1	17.2
總市值中位數（億元）	30	69	16	31	220	270	185	213

表 1 股東權益報酬率＋股價淨值比＋前期季報酬率（0.5, 0.25, 0.25）三因子模型回測績效

資料來源：作者整理

22-3 操作方式

前面各章的討論基本上都基於以下三個假設：

- **交易延遲之假設**：每季交易一次，在財報當季的後兩季交易，並持有一季。
- **個股權重之假設**：以等比例分配資金給入選的股票，因此，投資組合的報酬率為所有股票報酬率的平均值。
- **入選比例之假設**：以十等分選股，因此，最佳投組是由評分最高的 10%股票構成，對全部股而言，大約 100 多支股票；對大型股而言，大約 20 多支股票。

因為從實務上來看，這三個假設都是可以改變的，因此是選股模型的操作參數。回測發現：

- **交易延遲之影響**：延遲 3 季比 2 季報酬率更低。
- **個股權重之影響**：市值比重權重比個股相同權重報酬率更低。

・**入選比例之影響**：適度降低選股股數的「菁英選股策略」可以提升報酬率。

基於上述回測，對實際操作的建議如下：

・**交易延遲之原則**：以財報公布後儘快選股並持股為原則（參閱圖1）

為了充分利用財報資訊的「時效性」，交易時機為每季財報公布後，季儘快完成換股，以不超過 10 個交易日為原則，並持有到下一季財報公布後換股前。目前 一般上市櫃公司財報公布時間 為 Q1、Q2、Q3、Q4，分別為 5/15 前、8/14 前、11/14 前、隔年 3/31 前。如果連續兩季都在入選名單中，應檢視其財報合理性，如果合理，不必賣出，繼續持有。如果不能在選完股後的 10 日內完成交易，因為股價天天變動，股價淨值比等價值因子也天天不同，可能原本價值高的股票已

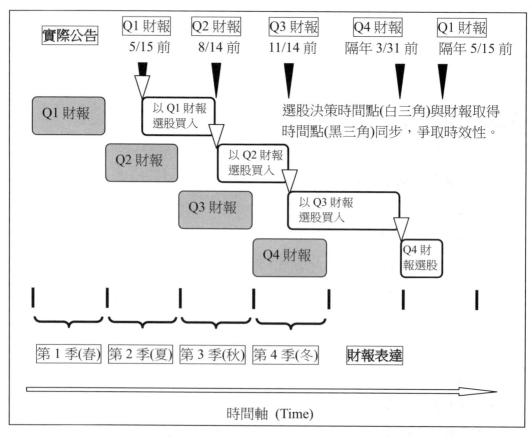

圖 1 交易延遲：交易時間以財報公布後儘快選股並持股為原則。

經因為股價上漲，變得不再有價值，因此應該依據最新資訊重新選股補齊，完成定期換股的動作。

‧**個股權重之原則**：分配資金以考慮流動性下等權組合為原則（參閱圖 2）

為了提高報酬率，以及使投資組合的報酬率不受少數股票控制，發揮「多元分散」的效果，儘量採用「個股相同權重」，即以等比例分配資金給入選的股票。當投資組合的資金規模小時，以個股相同權重組成投組並不困難；但資金規模很大時，每日交易金額小的個股並不易買到或賣出目標金額，因此以個股相同權重組成投組就不容易了。分配資金必須考量投資人的資金規模，不必強求等權組合。交易值太小的股票因難買難賣、流動性不足，可以排除。另一個避免流動性不足的方法是只交易大型股，即總市值在 100 億元以上者。

‧**入選比例之原則**：全部股選 20 支，大型股選 10 支股票為原則（參閱圖 3）

為了利用「菁英選股策略」提升報酬，如以全部股為投資範圍可選 20 支股票，如以大型股為投資範圍可選 10 支股票。投資人組成投資組合時應對選出股票一視同仁，不要再進一步篩選。因為極端型的股票有可能報酬率反而較低。例如選出 20 支股票，但資金只夠買 10 支，則不要選擇評分最大的 10 支，而應該從這 20 支中從產業平衡的觀點選出 10 支。

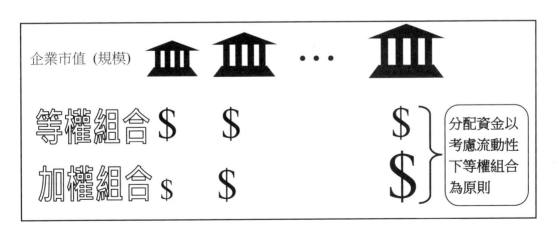

圖 2 個股權重：分配資金以考慮流動性下等權組合為原則。

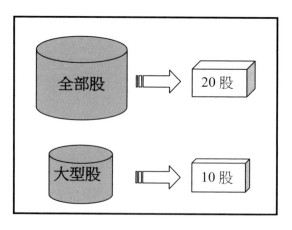

圖 3 入選比例：選股數目全部股以選 20 支，大型股以選 10 支股票為原則。

22-4 股市的長期股票投資報酬率

還記得本書的開頭說過，假定您每年投資 12 萬，投資 30 年，只要能把年報酬率從 5%（這是大部分投資人賺到的報酬率）提升到 15%（這是本書設定的目標報酬率），30 年後終值就可從 797 萬提升到 5,217 萬，多賺了 4,420 萬。本書的選股模型與投資原則是建立在透過股票交易歷史資料庫數千次回測的基礎上，回測結果證實許多選股模型都可以達到 15% 以上的年報酬率。讀者讀此書就是在閱讀這數千次回測得到的選股智慧。運用選股模型並不能快速致富，但可以慢速致富。雖然慢，但還是來得及在退休前致富。在當今世界各國為退休金問題搞得焦頭爛額下，靠政府發年金，不如靠自己投資致富。

讀者可能有一個疑問，本書的大多數選股模型都建立在財務報表的資訊上，如果報表的資訊不實，不會影響結果嗎？答案是：當然會，但其影響已經考慮到了。回測的資料庫是由公告的財報構成，公告的財報中當然也包含了人為操控的不實資訊，因此回測並不是建立在資訊完全正確的假設上，資訊不實的不利影響已經反應在回測的結果。此外，選股模型的評價是建立在對大量股票長時間資訊的回測結果之統計的基礎上，因此只要多數的資料是正確的，這些結論還是可靠的。

讀者可能還有一個疑問，如果大家都用相同的選股模式會怎樣？答案很簡單：市場會變得很有效率。賺錢多公司的股票都很昂貴，賺錢少公司的股票都很便宜，市場內股票集中在「高股東權益報酬率、高股價淨值比」與「低股東權益報酬率、低股價淨值比」的主軸線上（參閱圖 4）。不再有價格被大幅高估與低估的股票，自然也不再有超額報酬這回事。此時整個市場的股票投資報酬率會接近整個市場的股東權益報酬率，即年報酬率約為市場所有公司的年度總淨利除以總淨值。

　　事實上，第一章曾告訴我們，2004~2019 年的年報酬率統計顯示，台灣股市的年化報酬率為 8.5%（含股利報酬），這段時間所有上市上櫃公司股東權益報酬

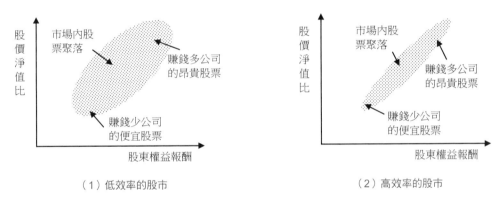

（1）低效率的股市　　　　　　　　　　（2）高效率的股市

圖 4 如果大家都用相同的選股模式，市場會變得很有效率。

圖 5 長期的整個市場的股票投資報酬率會接近長期的整個市場的股東權益報酬率

率的平均值為 7.4%，兩者十分接近。這並非巧合，而是市場的規律。試想買股票就是當股東，因此長期而言，在沒有超額報酬下，屬於投資人的整個市場的股票投資報酬率，接近屬於股東們的整個市場的股東權益報酬率，是再自然不過的事（參閱圖 5）。

例如 2003~2020 年初的台灣發行量加權報酬指數如圖 6，由於 2003 年年初的指數 4,525 點從長期趨勢來看是一個偏低的點，因此在此取 5,000 為起始值，以這段期間的台灣股市年化報酬率 8.5%（含股利報酬）為固定成長率，產生一條如圖 7 中的平滑曲線，可見此一固定成長率之指數與實際的股價報酬指數十分一致，只有在 2007 年向上偏離較遠，在 2008 年底向下偏離較遠，但都在一年左右修正到曲線附近。這說明了長期而言，股市的報酬率不會偏離一個固定值太遠。

如果將 2003 年年初的指數起始值取 5,500，以一個固定成長率產生一條最能匹配實際股價報酬指數的曲線，結果如圖 7 中的平滑曲線。此固定成長率為每年

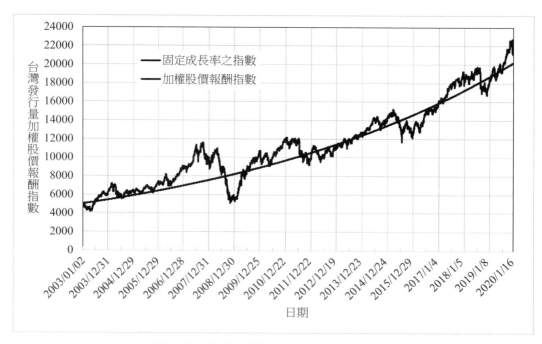

圖 6 台灣發行量加權報酬指數與以台灣股市年化報酬率成長之指數
資料來源：作者整理

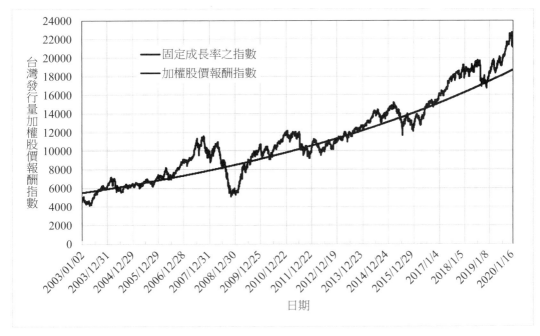

圖 7 台灣發行量加權報酬指數與以 7.4%固定成長率之指數　資料來源：作者整理

7.4%，正好就是這段時間所有上市上櫃公司股東權益報酬率的平均值 7.4%。

　　上圖說明了「長期而言，整個市場的股票投資報酬率接近整個市場的股東權益報酬率」假說具有相當的可能性。但要注意的是，此假說只是指兩者的平均值相近，不包括波動性，因為根據統計，前者的年化標準差高達 26%，而後者只有約 3%，市場的股票投資報酬率的波動性遠高於股東權益報酬率的波動性。

22-5 對投資人的啟發：以嚴明的投資紀律邁向年化報酬率 15%！

　　綜合以上分析，對投資人有以下的啟發：

原則 1 具有綜效的選股模型

　　無論全部股或大型股都可考慮以下三因子選股模型（參閱圖 8）：

・股東權益報酬率選大（權重 50%）

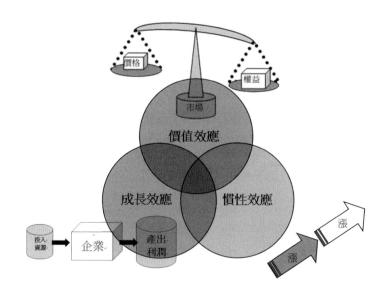

圖 8 股東權益報酬率＋股價淨值比＋前期季報酬率（0.5, 0.25, 0.25）三因子模型的效應

資料來源：作者整理

- 股價淨值比選小（權重 25%）
- 前期季報酬率選大（權重 25%）

原則 2 快穩準的操作方式

- **交易延遲之原則**：交易時間以財報公布後儘快選股並持股為原則。
- **個股權重之原則**：分配資金以考慮流動性下等權組合為原則。
- **入選比例之原則**：選股數目全部股以選 20 支，大型股以選 10 支股票為原則。

上述的三個操作參數可以彙整如圖 9。

原則 3 股票市場的長期報酬率

　　整體股票市場投資人的長期的股票投資報酬率（R），會接近整體實體企業股東們的長期的股東權益報酬率（ROE）。

　　總之，投資不只需 IQ，也需要 EQ。因為即使最好的選股模型都只有大約 80% 的季能擊敗大盤，也只有大約 60% 的股票能擊敗大盤。也就是投資 10 季，平

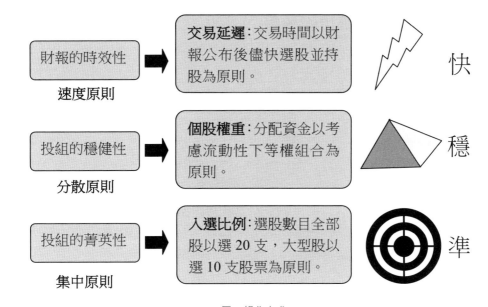

圖 9 操作方式

資料來源：作者整理

均會有 2 季輸給大盤；選出 10 股，平均會有 4 股輸給大盤。如果一位投資人只投資很短的時間，投資組合中只含很少的股票，那麼選股模型不能幫他／她打敗大盤並沒有什麼好驚訝的。為了克服這些不確定性，投資人有兩條紀律要遵守

1. **長期持續投資**：至少 3 年以上，即連續 3 年，每季定期選股並交易，組成新投組。

2. **多元分散投資**：至少平均分配資金持有 10~20 支股票。

上述規則可稱之為「123 原則」，即 10 到 20 種股票，連續投資 3 年。透過長期持續投資與多元分散投資，在「大數原則」那隻看不見的手的幫忙下，克服不確定性的干擾。大數定律（Law of Large Numbers）是指在隨機試驗中，每次出現的結果不同，但是大量重複試驗出現的結果的平均值卻幾乎總是接近於某個確定的值。**簡單地說，選股模型不能達到永勝，只能達到常勝；不能達到全勝，只能達到多勝，因此必須透過常戰（長期持續投資）與多戰（多元分散投資），達到投資必勝的終極目標。**

台灣廣廈 國際出版集團
Taiwan Mansion International Group

國家圖書館出版品預行編目資料

台股研究室：36種投資模型操作績效總體檢！
/葉怡成著，
-- 初版. -- 新北市：財經傳訊，2020.05
面；　公分. --（view；39）
ISBN 978-986-987-685-8（平裝）
1.股票　2.投資　3.統計方法
563.53　　　　　　　　　　　　　　　109003773

財經傳訊
TIME & MONEY

台股研究室

36種投資模型操作績效總體檢！

作　　者／葉怡成　　　　　編輯中心／第五編輯室
　　　　　　　　　　　　　編 輯 長／方宗廉
　　　　　　　　　　　　　封面設計／16設計　　內文排版／菩薩蠻
　　　　　　　　　　　　　製版・印刷・裝訂／東豪・弼聖／紘億・秉成

發 行 人／江媛珍
法律顧問／第一國際法律事務所 余淑杏律師・北辰著作權事務所 蕭雄淋律師
出　　版／台灣廣廈有聲圖書有限公司
　　　　　地址：新北市235中和區中山路二段359巷7號2樓
　　　　　電話：（886）2-2225-5777・傳真：（886）2-2225-8052

行企研發中心總監／陳冠蒨　　整合行銷組／陳宜鈴
媒體公關組／陳柔彣　　　　　綜合業務組／何欣穎

全球總經銷／知遠文化事業有限公司
　　　　　地址：新北市222深坑區北深路三段155巷25號5樓
　　　　　電話：（886）2-2664-8800・傳真：（886）2-2664-8801
　　　　　網址：www.booknews.com.tw（博訊書網）
郵 政 劃 撥／劃撥帳號：18836722
　　　　　　劃撥戶名：知遠文化事業有限公司（※單次購書金額未達500元，請另付60元郵資。）

■出版日期：2020年5月
ISBN：978-986-987-685-8